अन्तरंगता की भीतरी परतें

अन्तरंगता की भीतरी परतें

(काम सम्बन्धों की पंजाबी कहानियाँ)

चयन व अनुवाद

डॉ. जसविन्दर कौर बिन्द्रा

वाणी प्रकाशन

वाणी प्रकाशन

4695, 21-ए, दरियागंज, नयी दिल्ली 110 002

शाखा

अशोक राजपथ, पटना 800 004

फ़ोन: +91 11 23273167 फ़ैक्स: +91 11 23275710

www.vaniprakashan.in
vaniprakashan@gmail.com

ANTRANGTA KI BHEETARI PARTEN
Selected &Translated by Dr. Jasvindar Kaur Bindra

ISBN : 978-93-5000-808-9
Collection of Stories

प्रथम संस्करण

मूल्य : ₹ 395

शुभम् ऑफ़सेट, दिल्ली-110 032 में मुद्रित

वाणी प्रकाशन का लोगो मक़बूल फ़िदा हुसेन की कूची से

अनुक्रम

अन्तरंगता की परतों में...

सम्बन्धों का नाम ही समाज है। समाज से आगे फिर यह सिलसिला चलता ही जाता है। समाज, देश से बढ़ते अन्तर्देशीय होते हुए ही आज सारी दुनिया 'ग्लोबल विलेज' में तब्दील हो गयी है। देखा जाये तो, सम्बन्ध ही सृष्टि का मूल है, लगातार ज़ारी सम्बन्धों, रिश्ते-नातों का अनवरत सिलसिला जो पीढ़ी-दर-पीढ़ी मनुष्यों को आपस में जोड़ता है। मगर यह अन्तरंग सम्बन्ध ....?

ज़ाहिर-सी बात है, आदम-हव्वा के पहले 'अन्तरंग सम्बन्ध' ने ही इस सृष्टि का आगाज़ किया, इसलिए जब भी सम्बन्धों की बात की जाती है तो पहला सम्बन्ध आदिम स्त्री-पुरुष का ही स्वीकार किया जाता है। यह सम्बन्ध न सिर्फ मानव-जाति का आरम्भ है बल्कि जीवन के नैसर्गिक सुख का शिखर भी है। स्त्री-पुरुष में शारीरिक मिलन को कई तरह से परिभाषित किया गया है, जिसमें इसे चरमोत्कर्ष आनन्द की प्राप्ति भी कहा गया है, जिसमें असीम सुख में पलों के पश्चात् एक शून्य, एक अनन्तता का एहसास भी होता है, जो मनुष्य को विराटता से जोड़ देने की भी असीम क्षमता रखता है।

समाज में सम्बन्धों को एक सीमा में बाँधने के लिए विवाह नामक संस्था को जोड़ा गया। जिसके तहत ये सम्बन्ध एक नाम, एक पहचान, एक परिवार ग्रहण करते हैं। विवाह के बन्धन में बँध पति-पत्नी का रिश्ता पवित्र और जायज़ होने के साथ-साथ पारिवारिक, नैतिक, सामाजिक, आर्थिक, धार्मिक तथा कानूनी सुरक्षा तथा स्थायित्व प्रदान करता है। इसके बावजूद मानव-समाज में विवाहित जीवन के अतिरिक्त स्त्री-पुरुष के इन आपसी सम्बन्धों का इतिहास मनुष्य के समान ही पुराना तथा दिलचस्प रहा है। भारतीय ग्रन्थों, पुराणों में भी इन सम्बन्धों का बृहद् उल्लेख मिलता है। समाज के अन्य सदस्यों के चाहने न चाहने से इन सम्बन्धों पर कोई असर नहीं पड़ा। अगर पड़ा तो सिर्फ़ इतना कि इनमें गोपनीयता बढ़ गयी वरना यह बदस्तूर ज़ारी ही रहे, ढके-मूँदे, जायज़-नाजायज़ ढंगों से अपने नज़दीकी रिंश्तों तथा बाहरी सम्बन्धों से ये आज भी पनप रहे हैं, पल-बढ़ रहे हैं। इन सम्बन्धों को समाज, परिवार भी सहमति-असहमति या नाराज़गी से कोई बहुत ज्यादा फ़र्क नहीं पड़ता। यह अपनी मर्ज़ी को अधिक तरजीह देते हैं।

ऐसे सम्बन्धों के पनपने तथा लगातार रहने का कोई एक कारण नहीं है, अनेकों हैं जिनमें सिर्फ़ परस्पर लिंग आकर्षण ही मायने नहीं रखता, इसके पीछे मर्द की सामन्तवादी, शक्तिवादी, प्रभुत्व वर्चस्ववादी सोच भी होती है तो स्त्री की आर्थिक तंगी या विलासमयी जीवन की लालसा के साथ-साथ, अपने पति या पत्नी से शारीरिक असंतुष्टि और अधिक रोमांच के लिए वासनामयी भूख में से कोई न कोई अवश्य शामिल होता है।

जीवन के अनेक क्षेत्रों की तरह साहित्य भी इन सम्बन्धों से अछूता नहीं। हर भाषा के साहित्य में ऐसी अनेक रचनाएँ मिलती हैं जो इस तरह की अन्तरंगता को लेकर रची गयी हैं। इस परिकल्पना को लेकर रची गयी पंजाबी कहानियों का एक संग्रह तैयार करते समय चुनाव के साथ-साथ इन सम्बन्धों के सन्दर्भों, उन परिस्थितियों की जाँच-पड़ताल अधिक महत्त्व रखती थी जो इन सम्बन्धों के आरम्भ होने में मुख्य भूमिका निभाते रहे।

असल में इन कहानियों के द्वारा मुख्यतः उन सन्दर्भों, परिस्थितियों तथा कारणों को जानने पर ज़ोर दिया है जो इन सम्बन्धों के लिए उत्तरदायी रहे हैं। मज़े की बात यह है कि इन सम्बन्धों में कहीं भी एकतरफा पक्ष नहीं, कोई ज़बर्दस्ती, बलात्कार, हवस, दबाव नहीं बल्कि दोनों पक्षों की आपसी सहमति, रजामन्दी शामिल है। मगर इनकी गहराई में छुपी परतों की जड़ में पहुँचने पर कई भेद खुलते हैं, जिनमें अपने पति/पत्नी या किसी के द्वारा अपने किसी चाहने वाले को भोगना (पानी की दीवार, पुल), माँ-बेटी (दुर्ग टूट गये), पति-पत्नी के रिश्तों में आती दूरी तथा दरार (भूख), कहीं घर-परिवार चलाने की मजबूरी (पाप), यम-यमी की तरह अनजाने ही भाई-बहन के बने आपसी सम्बन्ध (वह परी कौन है?), कामदेव को वश में करने का भ्रम पालना (काम-बली) पत्नी में आया ठंडापन (अचानक सामने), मर्द समान औरत का भी मर्द को उसी ठसक से भोगना (तू कौन है?), किसी दूसरे मर्द संग सम्बन्ध में अपनी ही सन्तान की जान लेने का प्रयास (मायाजाल), सम्बन्ध के बाद जातिगत भावना का हावी होना (अनुष्ठान), एक स्त्री को सान्त्वना देते-देते अपनी ही पत्नी को (डिप्रेशन) दे देना, बच्चे की चाह में नज़दीकी रिश्ता कायम करना (पाए से बँधा काल), पति की सहमति से अपने मर्द-मित्र को सहारा देना (आइसबर्ग), सम्बन्ध बनाते ही हर मर्द की औरत पर अपना हक जमाने की आदिम प्रवृत्ति (मांसाहारी) के साथ-साथ एक गश्ती के साथ के सम्बन्ध को एक भावनात्मक रूप देने की भावुक-सी चाह (कहवा घर की हसीना) आदि सामने आते हैं। जो हमें चौंकाते भी हैं, उनसे जोड़ते भी हैं, सोचने पर मजबूर भी करते हैं, और अनेक भावनाओं—नफरत, प्यार, भावुकता, संवेदनशीलता, भावुकता के विभिन्न पहलुओं को समझने-समझाने का मौका भी देते हैं।

इन सबके बीच कहीं भी वह चरम सुख या आनन्द का अन्दाज़ा नहीं होता

जो सशक्त है। ये सम्बन्ध वक्ती तौर पर बनते और भोगे जाते हैं परन्तु इन अल्पावधि सम्बन्धों का प्रभाव अवश्य मनुष्य से सम्बन्धित विभिन्न पक्षों पर पड़ता है। जिनसे दु:ख, पीड़ा, परेशानी, नाराज़गी, लुकाव-छिपाव अधिक झेलना पड़ता है। इसीलिए इन सम्बन्धों से जुड़ते समय या जुड़े हुओं को जानने पर उनके पीछे छुपी परिस्थितियों को समझना भी अति आवश्यक है जो सिर्फ़ मौज-मस्ती के इरादे से नहीं जोड़े जाते शायद परिस्थितिवश और ज़रूरतवश जुड़ने पर मजबूर भी हो सकते हैं..........।

डॉ. जसविन्दर कौर बिन्द्रा

17/9/2013
नयी दिल्ली
मो. : 09868182835

कहवा घर की हसीना / *बलवन्त गार्गी*

जब रंडियों के पेशे के खिलाफ कानून पास हुआ तो लन्दन की सारी गश्तियों का धन्धा ठप हो गया।

इससे पहले वह रात के समय हाईड़ पार्क तथा रंगीन इलाकों में बिजली के खम्भों के नीचे खड़ी ग्राहकों का इन्तज़ार करती। मगर अब पुलिस की ओर से सख्ती होने के कारण वह लुप्त हो गयी थी। सड़कों को छोड़कर उन्होंने कहवा-घरों तथा शराबखानों को जा घेरा था।

रणधीर ने इन गश्तियों को सड़क पर खड़े रात को देखा था। उनकी नकली पलकें, शोख लिपस्टिक, चमकदार कान के बाले और सुनहरी सैंडिल दूर से ही कूकने लगते थे कि ये पेशा कमाने वाली हैं। इनमें सौम्य, सुन्दरता तथा रोमांस एकदम गायब होते थे।

रणधीर तीन साल से लन्दन में रह रहा था। वह भारत में सरकारी दफ्तर में कमर्शियल आर्टिस्ट था। अच्छी तनख्वाह। मगर सरकारी दफ्तर में इश्तहारी तस्वीरें बनाते-बनाते वह ऊब गया था। उम्र गुज़रती जा रही थी। लकीरें खींचते-खींचते वक्त भी उसके माथे पर लकीरें खींच रहा था। ज़िन्दगी रसहीन थी। कमर्शियल आर्टिस्ट होना या जलेबियाँ तलना एक जैसी बात थी। इसमें रोमांस कहाँ? रणधीर इसी रोमांस की तलाश में पक्की सरकारी नौकरी को छोड़कर लन्दन आ गया था।

यहाँ कई महीने वह गुरुद्धारे में रहा। फिर उसे रात की ड्यूटी पर डाकखाने में नौकरी मिल गयी।

आर्टिस्ट होने के कारण उसे कहवा घरों में जाने का ठर्क था। हर रोज़ दिन के समय वह एक इतालवी कहवा घर में जाता, जहाँ नुक्कड़ की मेज़ पर कई घंटे बैठ कहवा पीता रहता।

प्यालों की खनक और लोगों की चहल-पहल उसे अच्छी लगती। जब कोई नया जोड़ा या लड़के-लड़कियों का टोला आकर बैठता तो वह एक नज़र उन्हें देख कर फिर अपना काम करने लगता। वह एक तरह से उसका हाज़िरी लगाने वाला रजिस्टर था।

एक दिन वह बैठा कुछ लिख रहा था कि तीन लड़कियाँ कैफ़े में दाखिल हुई। उन्होंने अधूरे चित्र तथा ड्राईंग-पेपर गोल कर बगल में दबाये हुए थे। हाथों में ब्रुश तथा रंगदार पेंसिलें थीं। वह रणधीर से चार-पाँच मेज़ें छोड़कर परे बैठ गयी। उन्होंने काफ़ी के प्याले मँगवाये और बातें करने लगी।

तीनों ने खुले स्वैटर पहने हुए थे। दो लड़कियों के खुले बाल उनके कन्धों पर गिर रहे थे। तीसरी ने, जो इनमें से सबसे सुन्दर थी, रेशमी सुनहरे बालों का अजन्ता-जूड़ा किया हुआ था। ना होंठों पर लिपस्टिक और न कोई मेकअप। सिर्फ़ आँखों में काजल की डोरी जो पेंटर लड़कियाँ अक्सर लगाती थीं। स्वैटर में से उसके सादा भरपूर जीवन का उभार नज़र आ रहा था। इस हुस्न में पवित्र आकर्षण था।

रणधीर ने क़ई बार उसकी ओर देखा। वह कमल के फूल समान निरपेक्ष बैठी अपनी सहेलियों से हँस-हँसकर बातें कर रही थी।

इतने में रणधीर का एक मलंग दोस्त, जो इंकलाबी जोशीली नज़्में लिखने के लिए पकड़ा गया था और दस साल हुए मैक्सिको से भागकर लन्दन में आ घुसा था, उसके पास आ बैठा। रंग ताम्बई दाढ़ी हाजियों जैसी, नाम फ्रांसिस। उसकी दायीं टाँग की हड्डी टूटी हुई थी, इसलिए वह लँगड़ाकर चलता था। वह अक्सर मैक्सिको के साँड़ो की खूनी लड़ाई तथा पेंटरों की बातें सुनाता।

रणधीर ने उसे काफी का प्याला पेश किया और कहा, ''पेंटरों की दाढ़ियाँ उलझी हुई और हड्डियाँ निकली हुई होती है, मगर पेंटर लड़कियाँ बहुत सुन्दर होती हैं। उन्हें औरत के शरीर की गोलाईयों तथा लचकीले अंगों में रहस्य का ज्ञान होता है। मुझे ऐसी लड़कियाँ बहुत अच्छी लगती हैं।''

फ्रांसिस भूखा था। उसने सैंडविच खाते हुए काफी का घूँट भरते हुए कहा ''यदि पेंटर देखने हैं, तो मैक्सिको जाओ। लन्दन के थियेटर अच्छे हैं, मगर पेंटर एकदम रद्दी।''

रणधीर बोला ''लन्दन में दिनों-दिन पेंटरों की गिनती बढ़ रही है।''

''नहीं, गश्तियों की गिनती भी बढ़ रही हैं। जिसकी ओर अँगुली करें, बुला दूँगा।''

फ्रांसिस की आदत गप्पें हाँकने की थी। रणधीर ने जवाब दिया, "मुझे मक्कार गश्तियों में कोई दिलचस्पी नहीं। मज़ा तो तब है, जब तू इनमें से किसी को बुलाकर दिखाये।''

''तू किसी की ओर इशारा तो कर।''

रणधीर ने उस पेंटर लड़की को ओर इशारा किया, जिसके सुनहरी अजन्ता-जूड़े ने उसे आकर्षित कर लिया था।

फ्रांसिस ने शेखी से मेज़ पर मुक्का मारा और कहा, ''फिर पीछे न हट जाना।''

वह उठा और 'कैदो'[1] की चाल से कुर्सियों से बचते हुए उनकी मेज़ के पास जा खड़ा हुआ। रणधीर डर रहा था कि साला जूते खायेगा।

उसने देखा, वह उनके साथ हँस-हँसकर बातें कर रहा था। थोड़ी देर बाद वह लँगड़ाते हुए आया और विजयी अन्दाज में बोला, '' अभी दो लड़कियाँ, तुम्हारी मेज़ पर आयेंगी। चुन लेना।''

रणधीर की दुविधा ताड़कर उसने कहा, ''इन्हें पेंटर न समझो। यह गशतियों का नया ढंग है पुलिस से बचने का। स्वयं को शरीफ और आर्टिस्ट के रुप में पेश करती हैं। ये ब्रुश और अधूरी तस्वीरें बस दिखाने के लिए हैं। लाओ निकालो तीन शिलिंग, मुझे टेर गैलरी जाना है।''

इतने में अजन्ता-जूड़े वाली लड़की तथा उसकी एक साथिन उनके पास आ गयी। रणधीर अदब से उठा और उन्हें बैठने को कहा। फ्रांसिस उसी प्रकार टाँग पसारे सिगरेट का धुआँ छोड़ता रहा।

उनकी जान-पहचान करवाते हुए वह बोला, ''ये मेरी बड़ी पक्की सहेलियाँ हैं। लो भई, अब तुम दोनों अपने-अपने नाम बता दो मेरे दोस्त को।''

अन्जता जूड़े वाली का नाम लिज़ी था, दूसरी का मार्था। फ्रांसिस तीन शिलिंग ले और लड़कियों को 'टाटा' करके लँगड़ाते हुए चला गया।

लड़कियों ने सिगरेट सुलगाये और पूछा, "कौन-सी पसन्द है।"

दो औरतों को सामने बिठाकर यह कहना कि उनमें से एक पसन्द है और दूसरी नहीं, रणधीर को नीच बात लगती थी। बाज़ार में गाज़रों का मोल-भाव करते हुए भी आदमी दुकानदार की घटिया गाज़र की निन्दा नहीं करता।

काले छत्ते वाली बोली, "मुझे तुम पसन्द हो। क्या खयाल है।'' रणधीर की नज़र लिली की ओर जमी हुई थी।

उसका बिना मेकअप पवित्र चेहरा और अद्वितीय मुस्कराहट उसका मन खींच रही थी। इतनी सुन्दर कोमल लड़की बुरी नहीं हो सकती। उसका सुडौल और गुँथा हुआ शरीर खुले-से स्वेटर में से नज़र आ रहा था। वह उसके साथ कोई सौदेबाज़ी नहीं कर सकता था। मगर उसे कुछ न कुछ तो करना ही था।

''मुझे लिज़ी पसन्द है।'' रणधीर ने यह शब्द बड़ी कठिनाई से कहे। मिनटों में ही भाव तय हो गया। लिली घर जाने के छः पाऊंड माँग रही थी और मार्था चार। रणधीर ने लिज़ी के साथ बात पक्की कर ली। काफी का प्याला खत्म कर उसने अपनी किताबें उठायी और लिज़ी ने अधूरे चित्र। मुस्कराकर बोली, "इन चित्रों में रंग तुम्हारे घर चलकर भरेंगे।''

टैक्सी में बैठकर दोनों उस कमरे में पहुँचे जो रणधीर ने एक बूढ़ी मेम से

1. हीर का चाचा जो कि लँगड़ा था।

किराये पर लिया हुआ था। दिन के समय बुढ़िया अस्पताल में दाई का काम करती थी। सुबह दस बजे जाती और शाम को पाँच बजे लौटती थी।

लिली कमरे में आयी, तो रणधीर ने हीटर जलाया। झट से चाय की केतली स्टोव पर रखी और अलमारी में से प्लेटें-प्याले निकालकर मेज पर सजाने लगा। बादामों वाली पेस्ट्री तथा चाकलेट केक, जो उसने रास्ते में खरीदे थे, भी साथ दिये। सुर्ख शेड वाला टेबल लैम्प जलाकर कोने में रख दिया। इसकी हल्की लाल रोशनी ने कमरे में एक रोमांटिक वातावरण बना दिया।

चाय बनाकर हटा तो उसने देखा, लिज़ी ने स्वेटर उतारकर, तह करके, तिपाई पर रख दिया था और सिर्फ काला स्कर्ट पहन कुर्सी पर बैठी थी। रणधीर को उसके नंगे सुडौल कन्धे और पीठ दिखाई दिये और उसकी लम्बी गोरी गर्दन, जिस पर दूधिया भुट्टे के बालों जैसी लुई थी।

वह उसकी ओर बढ़ा और पीछे से झुककर उसके कन्धों को छुआ, जो लाल रोशनी में दमक रहे थे। वह उसके कसे हुए सीने की अद्भुत सुन्दरता की ओर आकर्षित हो गया।

लिली ने उसके माथे को थपथपाते हुए कहा, ''पहले छः पाऊंड।''

इस रोमांस को उसके कारोबारी शब्दों ने भंग कर दिया। रणधीर को छः पाऊंडों की उतनी चिन्ता नहीं थी जितनी उसके अलौकिक रुप पर लगे धब्बे की। उसने कहा, ''मैं तुझे छः की बजाय दस पाऊंड देना चाहता हूँ, मगर मैं गरीब चित्रकार हूँ। मेरे पास पैसे कम और जज्बा अधिक है। तुम इतनी सुन्दर हो कि आदमी तुझ जैसी लड़की पर जान भी वार सकता है....।''

''मुझे जान नहीं चाहिए, छः पाऊंड चाहिए। और यदि तुम्हारे पास पैसे नहीं तो.....मैं।''

उसने तिपाई पर रखे स्वेटर की ओर हाथ बढ़ाया। रणधीर ने उसका हाथ रोकते हुए कहा, ''तुम मेरे साथ सौदा न करो। इससे मुझे दुःख होता है। मैं तुम्हें छः पाऊंड दूँगा, मगर तुम उन्हें मेरी ओर से सिर्फ तोहफा समझना। यह तुम्हारी सुन्दरता की भेंट है।

मैं तुम्हें एक रेशमी दुपट्टा भी दूँगा, जो मैं भारत से लेकर आया था।''

उसने सूटकेस से काला रेशमी दुपट्टा निकाला और लिली के नंगे कन्धों पर डाल दिया। इसके सुनहरी पहले उसके कन्धों से छातियों पर फिसल रहे थे।

उसने दुपट्टा कन्धे से उतारकर परखा और बोली, ''बहुत सुन्दर है। मेरे लिए है।''

''हाँ।''

''दो पाऊंड का होगा।''

रणधीर बोला, ''यह मेरी ओर से तोहफा है। तुम्हारे जैसी सुन्दर लड़की मैंने

नहीं देखी। मेरे दिल में तुम्हारे लिए अथाह प्यार जाग उठा है। मैं तुम्हारी पूजा करना चाहता हूँ। तुम्हारी नज़र करने के लिए अपने इस गरीब कमरे में .... मैंने तुम्हारे लिए चाय तैयार की है। चाय पीते हुए तुम्हारे साथ बातें करने को जी चाह रहा है।......।''

वह उठी और उसने दुपट्टा भी तह कर स्वैटर पर रख दिया। फिर लचक से चलते हुए वह चाय की मेज़ के पास आकर बैठ गयी। वह शायद भूखी थी, क्योंकि उसने बड़े चाव से पेस्ट्रियाँ और केक खाने शुरू किये और चाय के घूँट भरने लगी। हल्की लाल रोशनी में उसके सुडौल अंग प्याजी हुस्न में डूबे हुए थे।

चाय पीते हुए उन्होंने छोटी-छोटी बातें की। उसके हुस्न ने रणधीर को सौदेबाजी की दुनिया से दूर खड़ा किया था और वह एक आदर्शमयी रोमांस के सपने लेते हुए उसके भरपूर शबाब को देख रहा था, जो उसकी छुअन का इन्तज़ार कर रहा था। उसकी आँखों में डोरे थे, अंगो में सेक। वह पूरी तरह से पिघल रही थी।

उसने रणधीर की गाल को छुआ और बड़ी मुहब्बत से उसकी गर्दन सहलाने लगी। रणधीर के अन्दर बिजली की तंरगें दौड़ने लगीं। वह उसकी ओर बढ़ा, तो वह फौरन पीछे हट गयी और बोली ''छः पाऊंड।''

वह सिर पकड़ कर बैठ गया। लिज़ी उसके रोमांस को उधेड़कर उसका अन्तर्मन दुखी करने पर तुली हुई थी। रणधीर इस ज़लील हरकत को देखना नहीं चाहता था। वह उसी प्रकार उसके सामने अध-नंगी बैठी थी और उसे उकसा रही थी। आशिक के पवित्र जडबे और महबूब शरीर के दरम्यान छः पाऊंड थे।

वह उठा और उसने ज़ेब से सात पाऊंड निकालकर लिज़ी की हथेली पर रख दिये, इन्हें सम्भाल लो, मगर गिनना नहीं। मैं तुम्हें पूरे छः पाऊंड नहीं देना चाहता। सौदा करना नहीं चाहता। मुझे तुम से मुहब्बत है। मैं इस तरह किसी सुन्दरी के शरीर को खरीदना बुरा समझता हूँ।

लिज़ी ने पाऊंड पकड़ लिए और उन्हें एक-एक कर गिना। फिर उठी और तिपाई पर रखे स्वैटर में डालने लगी।

रणधीर सिर पकड़कर उसी प्रकार बैठा कुढ़ रहा था। जब उसने सिर उठाया तो लिज़ी ने काला स्कर्ट उतारकर एक ओर रख दिया था। वह खड़ी उसका इन्तज़ार कर रही थी।

अनुष्ठान / प्रेम प्रकाश

प्यारी मोहनजीत उर्फ मोहनी जो,

तुम्हारा खत पाकर बड़ा सुख मिला कि पति से तलाक लेकर तुम खुश हो। बेटा जॉन स्वयं कमाता और खाता है। यह भी कि तुम ज़िन्दगी के वो-वो सुख भोग रही हो जिनकी भारतीय नारी कल्पना भी नहीं कर सकती। नारी-स्वतन्त्रता क्या होती है, तुम्हें अब पता चला है, अड़तीस वर्ष की आयु पार करके।

उत्तर देने में इसलिए देरी हुई कि मन में रोज़ तुम्हें खत लिखती थी। सोचती थी—क्या ज़रुरत है, मोहन जो को ऊपरी हवा से उतारकर पहले देवलोक में लाने की, फिर पाताललोक में उतार ले-जाने की, अपनी बात बताकर।

यह बात मैंने इधर किसी को नहीं बतायी। बता ही नहीं सकती। डॉक्टर पाठक को भी नहीं बतायी, जिसने मेरा अबॉर्शन करने से पहले पूछा था—किसका है? और पता नहीं मैंने कैसे कह दिया था—मालूम नहीं, शायद तेरा हो या शायद मेरा ही हो। स्क्रीन पर उलझी-सी तस्वीर देखते हुए हम दोनों हँस पड़े थे। मैंने डॉक्टर को अपना अनुभव बताया था—मुझे लगता है कि मेरे शरीर, मन और चित्त में भी एक मर्द है, जो मुझसे छोटा है। अकेले में मैं उसके संग खेलती हूँ। ठीक ऐसे, जैसे तुम्हारे भीतर भी तुमसे छोटी औरत है। तुम उसके साथ जो कुछ भी करते हो, उसे बताते नहीं। ऐसे ही मेरी यह बात घड़े में मुँह डालकर कहने वाली है।

तुम्हारी चिट्ठी मिली तो मैं क्लीनिक में दाखिल थी। पुरुष से घृणा-सी, एक भय-सा, हारे हुए के-से अहसास वाला साया मेरे साथ, मेरे फ्लैट में रहने लगा था। स्लीपर घसीटता-सा वह मेरे अंग-संग चलता रहता था। उसने मेरी सारी शक्तियों को सुन्न कर दिया था। न तो मुझे कोई गन्ध भली लगती थी, न ही आवाज़ और न ही किसी चीज़ का रूप-आकार! दरअसल यह मेरी ज़िद की उपज थी। डॉक्टर पाठक ने जब समूचे अंगोंवाला, मांस का गुड्डा-सा एक मर्तबान में डालकर मेरे सामने रखा था तो उसे उठाकर अपने घर ले आयी थी और उसे अन्दर वाले कमरे की अलमारी में छिपाकर रख दिया था। कुछ दिन बाद मेरे अन्दर कुछ पकने लगा था, जैसे साग पकता है, ढक्कन के नीचे से भाप उठती है। लगता है, यह ढक्कन को उछाल देगी। इसका कारण वह कमीना तान्त्रिक गोकुलगिरि है जो बाद में

'जैबा' निकल आया था। मैंने उसे विवेकानन्द समझ लिया था, वह विवेकानन्द जिसका इन्तज़ार मैं पिछले दस-बारह वर्षों से कर रही थी। लेकिन वह एक नम्बर का हरामी, नाली का कीड़ा निकला।

नहीं, मैं डरती नहीं। वैसे इस शहर में किसी भी स्त्री का अकेले रहना बहुत कठिन है। अगर मैं पुरुषों के कहे अनुसार अबला होती तो कॉलेज से पढ़ाकर अपने फ्लैट तक आते-आते मेरी बोटियाँ नोच डालते ये साले मर्द! और फ्लैट में मेरा कंकाल ही आकर गिरता सोफे पर! पर मेरे साथ ऐसा नहीं है। कॉलेज में मर्द भी मुझसे डरते हैं। मर्द तो होते ही बहुत भीरु हैं। गुलामी तो उनके अन्दर धँसी रहती है। मैं शर्त लगाकर कह सकती हूँ कि तू जिसे कहे, उसे कुत्ता बनाकर अपने पैर चटवा दूँ।····मैं ऐसा करती भी हूँ। बड़ा मज़ा आता है। वह व्यक्ति आँख नीची करके मिलता है।····

तुझे अपने अनुभव की बात बताऊँ? जो मर्द सारे डर त्यागकर मुर्गे की भाँति गर्दन उठाकर बाँग देने लग पड़ता है, वह भी चाहता है कि कभी किसी से डरे, डरकर अपनी कलग़ी दूसरी की बग़ल में छुपाकर छिप जाए।····तब वह अपने 'डराने वाले' को ढूँढ़ता है, या फिर अपने ही अन्दर कोई स्त्री पैदा कर लेता है, डरने की खातिर। सो बीबी, मैं तो अब अपने-आप से ही डरी बैठी हूँ और सोच रही हूँ कि डर को खत्म करने के लिए मैं डॉक्टर पाठक के क्लीनिक में जाती रहूँ या विवाह का उसका प्रस्ताव मान लूँ।

यह डॉक्टर पाठक तेरे इलाके यानी साउथहाल से ही आया है। पर न तो यह तुझे जानता है और न ही तेरे भूतपूर्व पति को। एम.बी.बी.एस. है। सर्जन है। साइकियाट्रिस्ट की कोई डिग्री लिए घूमता है। लेकिन दवाएँ अक्सर होम्योपैथी की देता है। विलायत से भागकर इसलिए यहाँ आया है कि पत्नी ने बदनाम करके तलाक ले लिया था, जिसकी बुनियाद वही आम आरोप 'नपुंसक' होना थी। पर सच बताऊँ? वह असल में है नहीं। चंगा-भला है। बाल उम्र से ज़रा पहले सफेद हो गये हैं।····पर वह भी विवेकानन्द नहीं, जिसकी प्रतीक्षा में मैं न जाने कब से बैठी हूँ।

विवेकानन्द होने का भ्रम तो गोकुलगिरि को देखकर हुआ था। वह मुझे बीती कृष्ण-जन्माष्टमी को मिला था, गीता मन्दिर के सामने। मन्दिर बत्तियों की झालरों और रंगबिरंगी झंडियों से सजा हुआ था। भक्तों की भीड़ लगी थी। स्त्रियाँ हाथों में थालियाँ लिए हुए आतीं और राधेश्याम मन्दिर में माथा टेक, टीका लगाकर चली जातीं। कृष्ण-भक्ति के भजनों के रिकॉर्ड बज रहे थे। अन्दर बहुत गरमी थी। मैं बाहर वाले गेट पर खड़ी थी, जहाँ से हॉल में हो रहे कीर्तन की आवाज़ अच्छी लग रही थी। मन में तरंग और दिमाग में मादकता पैदा हो रही थी।

मैं ट्यूबलाइट के खम्भे के नीचे खड़ी थी। कुछ देर बाद वह चमत्कारी फिल्मों की तरह अचानक दिखलाई दिया, जैसे वह धरती में से उग पड़ा हो। मैं श्रद्धालुओं

की श्रद्धा देख रही थी और वह मुझे देख रहा था। जब मेरी नज़र उस पर पड़ती तो वह निगाहें झुका लेता। मैंने खीझकर वहाँ से हट जाना चाहा पर, मेरे पैर जैसे बँध गये थे।....तब वह मेरे कुछ और करीब हो आया। वह अपने भिक्षापात्र पर लगातार हाथ फेर रहा था।

वही अधनंगा-सा साधु जो कितनी ही देर बाहर खड़ा सोचता-सोचता अन्दर चला गया था, अब बाहर आकर मेरे निकट खड़ा हो गया था।....अब जब मैंने उसे ध्यान से देखा तो लगा कि वह कोई साधारण साधु नहीं है। जैसे तूने अपनी चिट्ठी में लिखा है कि कैसे कोई आदमी तेरे मैगनैटिक फ़ील्ड की रेंज में आकर रुक जाता है और कभी तू किसी की रेंज में आकर खड़ी हो जाती है, ऐसे ही मैं खड़ी थी। वह मेरी ओर बढ़ा तो मैं पीछे हट गयी। वह जाने लगा तो मुझे लगा कि वह तो गया! मैं रुकी रही। पर मेरे पाँव खुद-ब-खुद उसकी ओर चल पड़े। मेरे मुख से निकला—'कभी हमारे यहाँ भी अपने चरण रखें, स्वामी जी! यहीं नज़दीक ही, मार्किट पार करके।'

वह रुक गया। सोचता हुआ अपने छिदरी दाढ़ी में अँगुलियाँ फेरता रहा। उसने एक बार मेरी ओर देखा, मानो अपनी और मेरी शक्ति का अन्दाज़ा लगा रहा हो। फिर उसने अपने मस्तक पर हाथ फेरते हुए कहा, 'चलो, चलते हैं।'

अँधेरी रौशनी वाली सड़क पर चलते-चलते वह धीरे-धीरे बोलता रहा। उसकी बातें अनपढ़ साधु जैसी नहीं थीं। उसने कहा था, 'यह प्रकृति है, जिसमें अच्छी-बुरी शक्तियाँ परस्पर टकराती रहती हैं।....वे एक-दूजे को तोड़ती भी हैं और जोड़ती भी। कुछ छीनती और कुछ देती भी हैं।....जैसे ये शक्तियाँ व्यक्तियों में क्रियाशील रहती हैं, वैसे यदि व्यक्ति अकेला हो तो उसमें अलग-अलग अणु जुड़कर कई पिंड बन जाते हैं। उनके टकराने पर घबराने की आवश्यकता नहीं।'

मैंने तो उससे कोई प्रश्न नहीं पूछा था, फिर वही व्याख्यान क्यूँ दिये जा रहा था? उसे कैसे पता चल गया था कि मैं अकेली हूँ? सोचकर मैं खीझ उठी। मेरा मन हुआ था कि यह साधू का बच्चा कोई ऐसी-वैसी हरकत करे तो सही, मैं जूतियों से सही कर दूँगी। एक बार बस में अपने साथ बैठे शरीफ-से दिखते व्यक्ति पर खीझ उठी थी। उसने मुझसे कोई बात पूछी तो मैंने जूती उतारकर दे मारी थी। फिर तो और बहुत-सी सवारियाँ उस पर टूट पड़ी थीं और उस खूबसूरत व्यक्ति का हुलिया ही बिगाड़ दिया था।

मैंने साथ चलते साधु से पूछा था, 'आप किसी दुःख के कारण घर से भागे होंगे। फिर दो-चार व्यर्थ की चीज़ों के पीछे भागे होंगे। और फिर माया और स्त्रियों से डरकर भागते फिरते रहे होंगे। वह पलायन आपको कहाँ ले जाएगा?'

'पलायन तो संसार के सभी जीव करते हैं।' वह बड़ी सहजता और नरमी से बोला था, 'माया तो प्रकृति का रूप है।....स्त्री से पलायन कैसे हो सकता है?...

वह तो हर पुरुष के आधे बायें हिस्से में वास करती है, ठीक वैसे जैसे हर स्त्री के आधे दायें हिस्से में पुरुष निवास करता है।.... तुम्हारे अन्दर भी पुरुष के कई सूक्ष्म शरीर हैं...उनके कारण ही हम एक-दूजे के बातों को समझ लेते हैं। इन शरीरों के आगे मन होता है...और उससे भी परे अन्तर्मन या अतिमन, जहाँ तक हमारी पहुँच नहीं हो सकती; योगियों की ही हो सकती है।...'

मुझे लगा था कि वह मुझ पर अपनी विद्वत्ता का रौब डाल रहा था। स्ट्रीट-लाइट में देखा—उसके चेहरे पर ऐसा कोई भाव नहीं था। फिर भी मैंने उसे उकसाने के लिए कहा, 'ये बातें आपने पुस्तकों में ही पढ़ी हैं या कोई अनुभव भी है आपका?'

'मेरा सारा ज्ञान अधूरा है...और अनुभव भी। मैं बहुत कम जानता हूँ। कुछ ज्योतिष-विद्या भी पढ़ी है। कुछेक तान्त्रिक विद्याएँ भी सीखी हैं।...शेष जो कुछ भी जाना है, सन्तों की संगत में रहकर ही समझा है।' वह बेहद आहिस्ता-आहिस्ता बोला था।

मेरा फ्लैट आया तो मैं ताला खोलकर उसे अन्दर ले गयी। उसे बैठने के लिए वह आसन दिया जिस पर बैठकर मेरे पिताजी साधना किया करते थे और अब कभी-कभी मैं कर लिया करती हूँ। मैंने चाय-पानी के लिए पूछा तो वह पालथी मारकर बोला, 'कोई इच्छा नहीं।' उसके लिए सत्कार की किसी भावना के बगैर मैं खड़ी रही। फिर मैं न चाहते हुए भी एक कोने में पड़ी चटायी फर्श पर बिछाकर उसके सामने बैठ गयी। उसने अपनी बग़ल में से चिलम निकाली। उसमें कोई काली सी चीज़ डालकर तीली जलाकर सुलगायी और गन्दा-सा कपड़ा लगाकर आँखें मूँदकर पीने लगा। बीच-बीच में उसकी आधी आँख खुलती तो मुझ पर उसकी नज़र न पड़कर कमरे की वस्तुओं पर पड़ती। एक बार तो मैं भयभीत हो उठी कि कहीं बदमाश ही न हो, या फिर लुटेरा—किसी बड़े गैंग का आदमी। लम्बा कश खींचकर वह कहने लगा, 'संसार में अकेला रह जाने वाला जीव शक्तिशाली होता है।....उसमें किसी बड़े तपस्वी और योगी जितनी शक्ति आ जाती है।....जब वह विद्या दान करता है। तो उसके सारे बुरे कर्म धुल जाते हैं।. ...पर तुम्हारा संकट तो रहना ही है। यह तो तीन देव—ब्रह्मा, विष्णु और महेश के काटे कटता है। फिर भी इसकी भीषणता कम की जा सकती है। सुख चिर-स्थायी हो जाता है, मन में। अहंकार की दिशा बदल जाती है। व्यक्ति सर्वशक्तिमान के सम्मुख, उसकी मरज़ी के आगे झुक जाता है।'

सच में मोहनी, जब बोलते-बोलते रुक गया तो मुझे लगा, वह अपरोक्ष रूप से मुझे मेरी सभी सच्ची बातें बताता जा रहा है। सुनते ही मेरे हाथ जुड़ गये थे। मैं कह ही बैठी, 'मेरे पास बहुत-कुछ है....हर वस्तु प्राप्त कर सकती हूँ, पर शान्ति नहीं। मन के अन्दर कोई अजीब-सी भटकन मची रहती है। कोई उपचार करें, स्वामी जी!'

उस साधु-से व्यक्ति को मैंने 'स्वामी जी' कह दिया था। वह दूसरे दिन शाम को उसी वक्त आकर अनुष्ठान करने का वायदा करके चला गया था।

दूसरे दिन कॉलेज में भी मेरा मन नहीं लगा। लगता रहा कि आने वाला स्वामी गोकुलगिरि क्या करेगा? यह अनुष्ठान क्या होता है?

अगर कोई मुझसे शाम को मिलने की बात कहता तो मैं कह देती, 'नहीं, आज शाम मैं कहीं जा रही हूँ।' मैंने अपनी सभी दोस्तों से फोन पर बात की। सभी को बहाने से बता दिया कि आज शाम मैं घर पर नहीं होऊँगी।

शाम को मैंने घर की सफाई की, सजाया। स्वयं स्नान किया। सैंट लगाया। लाल बार्डर वाली पीली साड़ी पहनी—हरी बूटियों वाली। यह रेशमी साड़ी मुझे एक हिमाचली दोस्त ने दी थी, जिसे पहनकर मैं सोचने लगती थी कि पता नहीं कितने सौ रेशम के कीड़े मारकर यह रेशम की साड़ी बनी है। फिर भी वह अच्छी लगती थी!

माथे पर चन्दन का टीका लगाकर मेकअप किये बगैर मैं ड्राइंगरूम में बैठकर गोकुलिगिरि का इन्तजार करने लगी।

वह साढ़े आठ बजे के करीब आया। मैंने उसे अन्दर बुलाकर डोर-बेल का कनेक्शन काट दिया। फोन का चोंगा उतारकर एक तरफ रख दिया। परदे खींच दिये, ताकि बाहर का कोई भी व्यक्ति हमारे घर में उपस्थित होने के बारे में न जान सके।

गोकुलगिरि आसन पर बैठ गया तो लगा कि उसका अँगोछा नया है, बग़ली भी नयी है। उसकी जटें निखरी हुई हैं। शरीर धुला हुआ है। माथे पर पीला टीका लगा हुआ है। बैठकर उसने वैसे ही चिलम पीनी शुरू कर दी। उसकी आँखें मुँदी ही रहीं। जब खुलीं तो लाल थीं। उसने चिलम एक तरफ औंधी कर दी। अपनी बग़ली में से ताँबे का एक लोटा निकाला। अर्घा निकाला। पीतल का नाग निकाला। काले पत्थर का एक शिवलिंग निकाला। तीन सुपारियाँ निकालीं और मुझसे कहा—एक थाली में थोड़ा-सा आटा, हल्दी, सिन्दूर और पानी का लोटा लाओ! उसने आटे से लकीरें खींचकर कई गोल, तिकोने और चौरस घर बनाये। बहुत-से घरों में हल्दी बिखेरी और दूसरे खानों में सिन्दूर। तीन घरों में उसने बचे हुए आटे के तीन पिंड बनाकर रख दिये। उनके सिरों पर एक-एक सुपारी औंधी रख दी और इर्द-गिर्द तीन-तीन चितकबरी कौड़ियाँ चिन दीं। धूपबत्ती जलाकर उसने मन्त्र पढ़ने शुरू कर दिये। फिर उसने मुझे अपने सामने बिठा लिया। अपनी बग़ली में से फूल, पत्ते और तीन फल निकालकर रख लिए। फिर मन्त्र पढ़ते हुए अपने लोटे का पानी अपने अर्घे के मेरी हथेली पर डालकर मुझे आचमन कराया, जैसे चरणामृत पीते हैं। फिर मन्त्रोच्चार करते हुए मेरी हथेली पर फूल, कभी पत्ते और कभी फल रखकर आटे के तीन पिंडों पर रखवाता

'समर्पयामि'—'समर्पयामि' कहलवाता रहा। उसने पिंडों पर मुझसे पहले हल्दी और फिर सिन्दूर से त्रिशूलवाले टीके लगवाए।

यह कार्य काफी देर तक चलता रहा, जिसे होता हुआ देखकर मुझे महसूस हुआ जैसे मैं अपने फ्लैट में नहीं हूँ। यह कोई और ही लोक है। मेरे सामने बैठा साधु कल वाला गोकुलगिरि नहीं! यह तो वह स्वामी विवेकानन्द है जिसे मैं जन्म-जन्मान्तरों से ढूँढती आ रही हूँ। वह मुझे अपनी मोटी और चमकदार आँखों से देख रहा है, पर इसके सिर पर पगड़ी नहीं। दाढ़ी-मूँछ हैं पूरी। तो शायद यह स्वामी अरविन्द घोष है या फिर ईसा मसीह है।

'आज तुम नहायी हो? पवित्र हो?' उसने अचानक पूछा।

'हाँ जी!' मैंने उसकी बात समझे बिना ही उत्तर दिया।

'साड़ी का पल्लू नीचे कर लो। केश बन्धन-मुक्त कर लो।' उसने थाली में हल्दी और सिन्दूर में पानी घोलते हुए कहा।

फिर जैसा वह कहता गया, वैसा मैं करती चली गयी। ऐसा करते हुए मुझे लगा जैसे में अपने-आप में न होऊँ। किसी ऊपरी और बाहरी शक्ति के अधीन होऊँ, जिसकी सभी कर्म और ज्ञान इन्द्रियाँ किसी के कहने पर काम करती हों।

मन्त्र पढ़ते हुए उसने पहले मेरे माथे पर हल्दी से और बाद में सिन्दूर से तिलक लगाये। फिर अपने माथे पर उसी तरह करवाया।

मैं उसके द्वारा उच्चारित मन्त्रों का अर्थ नहीं समझ पा रही थी, लेकिन हर नये मन्त्र पर मुझे लगता था कि मेरे पर कोई अद्भुत-सा, कोई अलौकिक-सा प्रभाव पड़ रहा है। कभी मेरे नाडियाँ खिंची जाती थीं, कभी पुट्ठे। धीरे-धीरे मेरी चेतना कम होती गयी थी।

मन्त्रोच्चार के बाद कभी-कभी वह मुझे उसका अर्थ भी समझाता था। मुझे ठीक से तो याद नहीं, लेकिन हल्का-सा इतना याद है कि उसने कहा था—तुम्हारे चारों तरफ फैली दुःख की इस चादर को फाड़कर मैं तुम्हारे भीतर सत्, चित् और आनन्द की स्थापना करता हूँ। यह वह तन्त्र है जो प्राकृतिक जगत्, चेतन जगत् तथा त्रिकाल से भी ऊपर, उस तत्त्व की ओर ले-जाता है जो कार्य-कारण और सम्बन्धों से भी परे है, जो तर्क-वितर्क, पाप-पुण्य से मुक्त है, जिसका भूत और भविष्य से कोई सम्बन्ध नहीं।....

उसकी बातें सुनकर लगा कि जैसे मैं इस लोक में नहीं, देवलोक में हूँ। मुझमें निहित जीव के गुण-अवगुण समाप्त हो गये हैं और समूची देह, हृदय और आत्मा की अपनी प्रकृति बदल गयी है। सभी ज्ञानेन्द्रियाँ एक बिन्दु पर केन्द्रित हो गयी हैं, जहाँ प्रकृति का कोई गुण नहीं; केवल शून्य है। मेरे सम्मुख बैठा वह प्राणमात्र है और मैं शरीर से मुक्त हो गयी हूँ।

उसने कहा, 'ये वस्त्र पीछे कर ले....यह यहाँ से हटा ले।'

उसने मेरे कई अंगों पर त्रिशूली टीके लगाये और उसी तरह अपने ऊपर भी लगवाये। वह जैसा-जैसा कहता गया, मैं वैसा-वैसा करती चली गयी। कुछ ऐसा लगता था मानो कोई आकाशवाणी हो रही हो और हम उसी के अनुरूप हरकतें कर रहे हों। ऐसा करते हुए मुझे लगा कि मैं और वह दो ही नहीं, वह कमरा तो हमारे जैसे कितने ही आकारों से भरा पड़ा है। हर जगह पर अनुष्ठान हो रहा है, मन्त्र का उच्चारण हो रहा है।....प्रत्येक स्थान पर दोनों के बीच अग्नि प्रचंड है। उसका रंग बड़ा अद्‍भुत है। उसमें से गोले-से उठ रहे हैं और ऊपर जाकर एक-दूसरे को निगलते जा रहे हैं।

मेरे देखते ही देखते सभी तान्त्रिकों के अंग घटने-बढ़ने लगे, जैसे चाँदनी रात में ककड़ियाँ बढ़ती हैं। वे अंग बढ़कर मेरी देह को छूने लगे। फिर मुझे आखिरी शब्द सुनाई दिये—यह शाश्वत अवस्था है, जहाँ मन न तो सत् अर्थात् प्रकृति है और न ही चित् अर्थात् जीव है। यह वह बिन्दु है जहाँ आत्मा और परमात्मा का मिलन होता है।

और इसके बाद मेरी चेतना बिल्कुल ही लुप्तप्राय हो गयी।

सुबह उठी तो लगा, मानो मैं बड़े लम्बे स्वप्न से जागी होऊँ....या धर्मराज के दरबार से लौट आयी होऊँ....या कोई पूरा एक जन्म भोगकर यह काया मिली हो।

मैं उस कमरे में गयी तो वहाँ कुछ नहीं था। न तान्त्रिक गोकुलगिरि, न उसकी चिलम और न ही उसके खींचे हुए खाने। जहाँ अनुष्ठान किया गया था, जहाँ वह अलौकिक अग्नि प्रचंड की गयी थी, वहाँ किसी का कोई चिह्न शेष नहीं था।

तुम मान सकती हो इस बात को, मोहनी? मुझे कभी लगता है कि यह सपना है और कभी लगता है कि नहीं, ऐसा ही हुआ है। इस विश्वास और अविश्वास के कारण मन व्याकुल-सा रहने लगता था। उससे मिलने को मन उतावला हुआ रहता था—उसे, जिसे गोकुलगिरि के नाम से जाना जाता था। पर मेरे लिए वह विवेकानन्द था, अरविन्द घोष था, यीशु मसीह था।....मैं जब भी बीती घटना के विषय में सोचती थी, मेरे हाथ में कोई सिरा नहीं आता था। मैं एक लम्बे समय तक उसकी प्रतीक्षा करती रही और उसे ढूँढ़ती रही। मैं हरिद्वार और ऋषिकेश भी गयी थी।

एक दिन मैं रोज़ गार्डन में घूम रही थी कि वह मुझे एक बेंच पर बैठा हुआ मिल गया। वह उसी तरह अधनंगा था। उसकी जटायेँ उलझी हुई थीं। उसकी दाढ़ी के कुछ बाल भूरे-सफेद हो रहे थे। मैं उसके सामने गयी और नमस्ते की। उसने मुझमें कोई खास दिलचस्पी नहीं दिखलायी। मैंने उससे पूछा कि वह दुबारा मेरे घर क्यों नहीं आया, तो इस पर वह चुप ही रहा। उसका चेहरा निर्भाव था। मैंने उसे अपने संग चलने के लिए कहा तो उसने सिर हिला दिया। मुँह से कुछ नहीं बोला। लेकिन उसके चेहरे पर मुस्कराहट आयी और चली गयी। जैसे मैंने जो कुछ भी उससे कहा था, सब व्यर्थ था।

फिर भी मैं उसके निकट बैठ गयी। सिर्फ बातों को जारी रखने के लिए पूछा कि वह दुबारा मेरे फ्लैट पर क्यों नहीं आया? उसके उस अनुष्ठान का क्या परिणाम होगा? मेरी हर बात का वह गोल-मोल-सा जवाब देता रहा।

सहसा, मेरी दृष्टि उसकी बाँह पर पड़ी जहाँ पंजाबी में 'जैबू सिंह' खुदा हुआ था। फिर तो मुझे कोई शक-सा हुआ और मैं उससे सवाल पर सवाल करती रही।

उसके जवाबों से जो निष्कर्ष निकला, उसने तो मुझे जैसे बेजान ही कर दिया था।

वह मेरी ननिहाल में अपनी माँ अक्की के संग हमारे घर में गोबर उठाने और साफ-सफाई करवाने आया करता था। वह छठी या सातवीं कक्षा में पढ़ रहा होगा, जब वह घर से भाग गया था। वह मेरे उस मामा के ट्रक पर क्लीनर का काम भी करता रहा था, जो अपना परिवार लेकर कलकत्ता जा बसा था।

जैबू ने बताया कि वह मुझे जालन्धर भी मिला था। मेरा यह भ्रम ही था कि वह मेरे फ्लैट का नम्बर भूल गया होगा। वह मेरे फ्लैट पर पहले भी एक बार आ चुका था और मुझसे एक पुराना कम्बल माँगकर ले जा चुका था। उसे मेरे बारे में पूरी जानकारी हासिल थी। उस रात भी वह मेरे साथ इस विश्वास के साथ आया था कि अगर कहीं बात आरम्भ में ही बिगड़ गयी तो वह हाथ-पैर जोड़कर बच जाएगा।

मैंने उससे कुछ नहीं कहा था। उसका वह धुँधला-सा रूप मुझे दिखाई दे रहा था जो उस रात मेरे ख़यालों में स्वामी विवेकानन्द, अरविन्द घोष और यीशु मसीह हो गया था। लेकिन अब वह एक वीभत्स, पाखंडी साधु दिख रहा था। पीले-से घिनौने उसके दाँतों और बालों से भरी उसकी बग़लों में से बदबू आ रही थी। उसका सारा शरीर एक कूड़े का ढेर लगता था। जब मैंने उससे पूछा, 'तुझे शर्म नहीं आयी?....जानता है हम कौन हैं और तू कौन?' तो वह बोला, 'कौन किसका बेटा, कौन माता, कौन भाई और कौन बहन! न मेरा कोई घर है, न कुटुम्ब, न नाते-रिश्तेदार, न मेरी कोई जात, न कोई गोत्र।....इस संसार में मेरा कोई नहीं। पर यह सारा संसार मेरा है।....मैं तो ब्रह्मा द्वारा रची गयी इस महान् सृष्टि का एक कण हूँ जो एक दिन पाँच तत्त्वों में विलीन हो जाएगा।....तुम भी वही कुछ हो।....तेरा यह दुःख, यह क्षोभ अज्ञानता की उपज है।'

उसकी बातों को सुनकर मुझे लग रहा था कि वह सुनी-सुनाई बातों का ज्ञान मुझपर लादे जा रहा है।

मैं उठ खड़ी हुई। मेरा मन हुआ कि जूती से उसकी पिटायी कर दूँ, जैसे बस की सवारी को पीटा था। फिर सोचा, इसे अपने फ्लैट में ले जाऊँ और दो दोस्त बुलाकर इसकी सारी साधुगीरी निकलवा दूँ। फिर आखिर में सोचा कि इस तान्त्रिक और जैबू का कोई क्या बिगाड़ सकता है?

बड़बड़ाता हुआ वह कुछ बोलता रहा। फिर मुझे लगा, यह मूर्ख और अज्ञानी नहीं। उसके कहा, 'जब मानव को अपने होने का बोध होता है तो उसके हृदय में

से ध्वनि पैदा होती है—अहं अस्मि! वह डर जाता है। उसे दूसरे की ज़रूरत महसूस होती है। जब दूसरा मिल जाता है तो वे एक-दूजे से डर जाते हैं। यह डर मनों में विषाद पैदा करता है। तुम इस डर को निकाल फेंको और अपूर्ण से सम्पूर्ण हो जाओ।'

घर आकर पलँग पर लेटी हुई मैं सोचती रही—यह गोकुलगिरि नहीं, मैं थी, जिसने वह सब-कुछ किया था। वह तो कोई भी कुत्ता-बिल्ली हो सकता था। वह मैं ही थी, जो अपनी इच्छा से उसके छल-कपट में फँसती चली गयी थी। मेरा मन दुःख, पाप और सन्ताप से भर गया था। मैं मित्रों से मिलने में संकोच करने लगी थी। न तो मन किसी काम में लगता था, न ही शरीर!

मैं छुट्टी लेकर घूमने भी गयी। अति प्रसन्न रहने वाले दोस्तों से भी मिलती रही। पर मन के अन्दर जो कुछ जम-सा गया था, वह पिघलने में नहीं आ रहा था।

आहिस्ता-आहिस्ता मुझे महसूस होने लगा कि मुझे गर्भ ठहर गया है। बहुत दिनों तक तो यह एक भ्रम-सा लगता रहा, पर डॉक्टर पाठक के क्लीनिक में पक्का विश्वास हो गया था। उन दिनों डॉक्टर पाठक से मेरी नयी-नयी दोस्ती हुई थी। मैंने पेटदर्द का बहाना करके चैकअप करवाया था। पहले मेरा मन किया था कि गर्भ न गिराऊँ, उसे रहने दूँ, कहीं छिपकर उसे जन्म दूँ। ज़िन्दगी का वह महान् सुख भी प्राप्त करके देख लूँ। फिर दिल में संस्कार ज़ोर मारने लगते, जिन्हें दिमाग़ चाहे न माने, मन से नहीं जाते। डॉक्टर पाठक ने ही सारा इलाज किया था, और ब्रह्मा की सृष्टि के कारण इस लोक में जन्म लेकर आने वाले का वजूद-सा उसने मर्तबान में डालकर मुझे पकड़ा दिया था, जो अब मेरी अलमारी में पड़ा है। तुम क्रिसमस की छुट्टियों में आओगी तो दिखलाऊँगी।

देखा, जिस मर्द को मैंने कुत्ता बनाकर अपने पैर चटवाये थे, उसने मुझे कैसा कौतुक दिखलाया? एक बार मुझे धरती से उठाकर आसमान में टाँग दिया और फिर....फिर धरती पर ला पटका। उसी मर्द ने मुझे मेरी औकात बतायी थी। इसी मानसिक टूटन के कारण मैं पाठक के क्लीनिक में सोचती रही थी कि मुझे पाठक का प्रस्ताव मान लेना चाहिए कि नहीं। बेशक वह भी वहाँ विवेकानन्द है!

तुम्हारी

अच्ची, अचला या अचला पाठक।

पुनश्च : यह खत मैंने लिफाफे में बन्द कर दिया था। ऊपर तेरा पता लिखकर टिकट भी लगा दी थी; लेकिन डाला नहीं था। कई दिनों तक मेज़ पर पड़ा रहा था। आज जब तेरी चिट्ठी आयी जिसमें ईस्ट लंडन के पुराने इलाके के एक होटल में किसी नितान्त अजनबी व्यक्ति से हुई तुम्हारी मुलाकात की दिलचस्प दास्तान का बयान था, उसे पढ़कर मैंने यह लिफाफा खोला, पूरा का पूरा खत एक बार पढ़ा और फिर डाक में डालने का फैसला कर लिया।

भूख / *इकबाल दीज*

"सिमरन दीदी, मुन्नी सो गयी है?"

"हाँ सहज, वह सोये-जागे, एक ही बात है, गुम-सुम पत्थर जो हुई। दोनों बहन-भाई के कहे अनुसार।"

"सिमरन दीदी, कुछ भी हो, ऐसे नहीं कहना चाहिए।"

"मालूम है सहज, मुझसे कहते है, निरी शिला पैदा कर दी है, पत्थर-सी है। इसका गला दबा दिया होता तो यह पहाड़ तो न ढोना पड़ता।"

"इसमें भला किसी का क्या दोष....वैसे दीदी, फ़ज़ूल बोलते रहने का कोई फायदा है भला।"

"नहीं सहज ये बात कोई इस बड़े डॉक्टर से पूछे तो....तेरे जैसे भविंड पैदा न करने से क्या कमी रह जाती माँ तेरी को?"

"ना दीदी, हैं तो आप के पति....।"

"बस पति ही हैं," सिमरन ने गहरी साँस ली, मालूम नहीं कौन-से जन्म का बदला लिया है चाची ने। मुझे अपने 'कटखने' भाई के गले बाँधकर भेज दिया।"

"सिमरन, यह बता....जब हमारे सिर से माँ-बाप का साया उठ गया था तो चाची हम सभी को गले से न लगाती तो आज हम सातों की सातों कहाँ होतीं।"

"हमारा कुत्ते जैसा हाल हो जाता....।"

"दीदी, चाची ने हमें अपने पंखों के नीचे छिपाकर नहीं रखा, उसने तो हमें पढ़ा-लिखाकर पैरों पर खड़ा कर दिया। आपको नर्स और मुझे टीचर बना दिया। सबसे बड़ी बात....हम सभी को आगे-पीछे एक ही शहर में इकट्ठा कर दिया। नहीं तो हम आपस में मिलने को तरस जातीं।"

"यह तो ठीक है, मगर पूरा ज़ोर लगा रही है, चाची। ब्याज समेत रकम वसूलने के लिए, सहज....।"

"कैसे?"

"मैंने खुद सुना, किसी से कहते हुए, बीजी की निशानियाँ हैं, जान से प्यारी, एक से बढ़कर एक सुयोग, पढ़ा-लिखा रही हूँ, पूरा ज़ोर लगाकर, मगर रखूँगी अपने ही घरों में...। पुश्त सुधर जायेगी अपनी।" सिमरन ने मायूसी से हँसते हुए

कहा, ''जैसे मैंने उसके बाप की पुश्त सुधार दी...?''

''दीदी, चाची ने अपनी कुदेसी माँ का दाग़ धोने के लिए आपको डॉक्टर जीत सिंह के पल्ले बाँध दिया।''

''हाँ डंगरों का डॉक्टर, कटखने के साथ बाँध दिया,'' सिमरन को जैसे कुछ याद आ गया। ''सहज, हम बातें ही करती जा रही हैं....आ जा चाय बनायें।''

पकौड़े बनाकर हटी ही थी कि मुन्नी जाग उठी। सिमरन के पीछे सहज भी भागती आयी, ''सहज, चाय यहीं ले आ, नहीं तो मुन्नी रोने लगेगी।''

चाय पीते-पीते बातों का सिलसिला फिर से उसी डगर पर चल पड़ा, ''दीदी, आपको मेरे वाला ठीक लगता होगा....एकदम लाठी जैसा, मगर ढीली लाठी का क्या....।'' सहज़ ने एक लंबी आह भरी।

दुम हिलाते पास आ बैठे जिप्सी के लिए दो बिस्कुट सहज ने मेज़ के किनारे पर रख दिये। जिप्सी हिला-डुला, मगर बिस्कुटों की ओर नहीं लपका।

''सहज, मज़ाल है, यह ऐसे किसी चीज़ को मुँह भी लगा जाये।''

सिमरन ने बिस्कुट उठाकर नीचे रख दिये तो जिप्सी ने तुरन्त खा लिए। सिमरन ने कहा, ''जिप्सी, गो आऊट।'' और वह होंठों पर जीभ फेरते हुए बाहर निकल गया।

सहज के होंठों पर मुस्कान फैल गयी। घड़ी पर नज़र डालते ही वह जाने के लिए उतावली हो उठी। ''अच्छा दीदी, चलती हूँ। इनके आने का वक्त हो गया है, फिर कभी आऊँगी।'' मुन्नी को प्यार दे, वह तेज़ी से बाहर निकल गयी। गेट बन्द कर, सिमरन ने भौंकते जिप्सी की पीठ सहलायी तो वह मचलने लगा। ''हूँ, जानवरों का दिमाग़ डिवैलप नहीं होता....।'' वह जैसे खुद से बातें करने लगी। वह रसोई की ओर लपकी, शायद पकाने के लिए रखी दाल जलने लगी थी। आने वाले भय से उसकी साँस रुकने लगी। आदम-बू, आदम-बू करता घर में घुसते ही डॉक्टर काटने को दौड़ने लगता।

''जिप्सी को ऐसे खुला छोड़ दिया है?'' कभी कहेगा, ''जानवरों को ऐसे सारा-सारा दिन बाँधकर नहीं रखा जाता।'' इसी तरह कभी गेट के बारे, बिजली के बारे या किसी भी बात के लिए जो मन में आये, कहते हुए नहीं थकता। वह अधिकतर चुप ही रहती है।

इस पर भी वह आग उगलता, ''सिमरन, तूने मुझसे बदला लेने के लिए कोई अवतार धारण किया है?''

''क्या कह रहे हैं?'' सिमरन पूछती।

''मैं क्या अंग्रेजी में बोल रहा हूँ।''

''मैंने क्या कहा आपसे?'' वह उलटा सवाल करती।

''सीधे मुँह बात नहीं की जाती....बुलाऊँ तो जवाब मिलेगा,'' मेरी तबीयत

नहीं ठीक, कभी सिर दर्द कर रहा है या बदन टूट रहा है। "सैनेटरी टॉवल तो ऐसे सजाकर रखे हैं घर में, जैसे कोई स्टोर हो, साली मरीज़ पल्ले डाल दी....कोई चूल तो सीधी होती।"

"अपनी बहन से जाकर पूछो, मैं भागकर तो आयी नहीं।"

"साली, ज़बान लड़ाती है। बताऊँ फिर सिल जैसी को?"

वह मुँह बन्द कर लेती और सिसकने लगती। वह ड्यूटी टाइम पर अस्पताल में खुश रहती, खास कर नाईट ड्यूटी के समय। अगर कभी डॉक्टर बलबीर बहल रात की ड्यूटी पर होता तो उसे राहत मिलती, क्योंकि वह उसके साथ अपना दुःख-सुख साँझा कर लेती थी।

"डॉक्टर साहब, क्या करूँ? वह मुझे बर्फ़ की सिल बताते हैं।"

"नहीं, इस तरह की तो कोई बात नज़र नहीं आती, तुझ में।" डॉक्टर बहल मुस्कराते हुए और कनखियों से झाँकते हुए कहते, "कभी उसका मूड़ ठीक हो तो उसे समझा, सिल पिघल भी सकती है, यदि सूरज के पास तपिश हो....।"

"डॉक्टर साहब, मैं क्या करूँ....मेरी तो नाक में दम आया हुआ है। कब की किसी कुएँ-नदी में छलाँग लगा ली होती, बस एक मुन्नी की खातिर।"

डॉक्टर बहल उसे दिलासा देता, "सब ठीक हो जायेगा, वक्त के साथ। घबराने से कुछ नहीं होगा।"

"डॉक्टर साहब कल हमारे घर भी तशरीफ लाइए, उन्हें अपने ढंग से समझाइए।"

"और उल्टा एक नयी मुसीबत खड़ी कर लोगी तुम।"

नाईट ड्यूटी के समय वह नर्सों में बैठी उनकी इधर-उधर की बातें सुनती रहती। सिस्टर रीना के बेतकल्लुफ लतीफे उसे हँसा ना पाते। किसी को वह खोयी हुई गाय लगती और किसी को हसीन नखरीली।

× × × × × × × × × × ×

छुट्टी का दिन था। मुन्नी अपने कमरे में खिलौनों से खेल रही थी। डॉक्टर गुसलखाने में बैठा मालिश कर रहा था। फोन की घंटी फिर बजी, कोई ज़रूरी कॉल थी। सो सिमरन कॉर्डलेस ले गुसलखाने की ओर बढ़ी और दरवाज़े पर हाथ रखते ही भिड़ा दरवाज़ा थोड़ा खुल गया। सिमरन अपने स्थान पर गड़ी रह गयी। डॉक्टर साहब 'स्वयं से खेल रहे थे'....हाँफते हुए....। डॉक्टर ने नज़रें झुका लीं।

सिमरन को डॉक्टर बहुत नीच और ज़लील लगा। वह कई दिनों तक इस बारे में सोचती रही। फिर उसे डॉक्टर पर जैसे तरस आने लगा—भला इसमें डॉक्टर का क्या कसूर।

× × × × × × × × × × × ×

डॉक्टर को मुन्नी फूटी आँख नहीं सुहाती थी, बल्कि वह उसे 'पत्थर' ही कह

कर बुलाता मगर मुन्नी कौन-सा सुनती-बोलती थी, जो उसे समझ में आता। परन्तु वह डॉक्टर की कहर भरी नज़र को पहचानती थी। अचानक डॉक्टर के रवैये में आयी तब्दीली देखकर सिमरन अपनी बच्ची को बिल्कुल अकेला न छोड़ती, क्योंकि उसकी शिफ्ट ड्यूटी थी। इसलिए वह अधिक जागरूक और चिन्तित रहने लगी। एक दिन सिमरन ने डॉक्टर से पूछा, "क्यों न हम मुन्नी को डैक़ एंड डंफ बच्चों के हॉस्टल में डाल दें। वे वहाँ पढ़ाते भी हैं और बच्चों का साथ भी रहता है।"

"सिमरन क्यों न हम इसे साथ लाकर दे दें।"

"ना ना, मैं तो कानों को हाथ लगाती हूँ।"

"फिर हम कोई बाई रख लेते हैं, फुल टाईम....।" डॉक्टर ने सहमति देते पूछा, "सिमरन, सच बताना, तुम्हारा कोई चक्कर तो नहीं किसी के साथ?"

"यह क्या बात कह रहे हैं आप?"

"फिर मुझसे दूर क्यों भागती हैं? तुम्हें मुझसे नफरत क्यों है....?"

"मैं खुद नहीं जानती, मुझे क्या हो जाता है....बस डर-सा लगता है।"

"डर....मैं क्या भूत-प्रेत हूँ। मुझे अभी भी याद है, मैं तुम्हारे गाँव जाता बहन जी से मिलने मगर तुम्हारी बीजी मुझसे प्यार करती, बहनजी से भी ज्यादा। मैं बीजी की तीमारदारी करता, तुम सभी बहनें सुन्दर हो, एक-दूसरे से बढ़कर, मगर तुम्हारे बीजी के क्या कहने। सच मानना, कई बार मेरा मन करता, तुम्हारी बीजी को उड़ा ले जाऊं।"

सिमरन एक बार तो हँस दी, फिर बोली, "लुच्चे कहीं के।"

ही-ही करते हुए डॉक्टर ने कहा, "अगर मुझसे डर आता तो तुम्हारी बीजी मेरे हाथ से दवाई पीकर भला क्यों खुश होती।"

"....आज कितना प्लीजेंट मौसम है...." सिमरन के शब्दों पर डॉक्टर को जैसे यकीन न आया। डॉक्टर चाह रहा था....बस सिमरन इसी तरह बातें करती रहे। वह पूछने लगा, "सिमरन, आप कौन-से स्टेशन से बोल रही हैं?"

"बस, ऐसे ही मैंने सोचा, आज सारा दिन सुख से बीत गया, ना बादल गरजा ना ही बरसा।"

डॉक्टर भी हँसे बिना न रह सका। वह उठकर मुँह हाथ धोने के बाद दारू उठा लाया और सिमरन उठकर दूसरे कमरे में जाने की बजाय पानी, बर्फ आदि ले आयी। मस्ती में आये डॉक्टर ने सिमरन को पिलानी चाही, मगर वह नहीं मानी क्योंकि वह भली-भाँति जानती थी कि यह सौदा उसे महँगा पड़ेगा।

बाहर गेट पर दस्तक हुई। सिमरन ने गेट खोलते हुए कहा, "आ गयी सीमा।"

अन्दर आते ही सीमा ने कहा, "सॉरी दीदी, मैं कभी फिर आऊँगी।" सामने मेज़ पर पड़ी दारू की ओर देखते हुए उसने कहा।

''नहीं सीमा, ऐसी क्या बात है। आ जा, तुझे डॉक्टर साहब से मिलाऊँ। मैंने इन्हें तुम्हारे बारे में बताया है, शर्म की कोई बात नहीं। घर की ही बात है। डॉक्टर साहब किसी के काम आकर बहुत खुश होते हैं।''

वह अन्दर आ गयी, मुन्नी के कमरे में। सीमा को देखकर मुन्नी बहुत खुश हुई। सीमा जाकर उसके पास बैठ गयी।

सिमरन ने सीमा को डॉक्टर से मिलवाया, ''क्रैव वाली सीमा....।''

....डॉक्टर ने सीमा को बहुत गौर से देखा, ''इतना अजनबीपन....। मुन्नी को छोड़ने या लेने के लिए मैं काफी बार आपके पास गया हूँ, मगर आप तो कभी दिखे नहीं?''

''हम तीन बहनें हैं और मेरा स्वभाव ही कुछ ऐसा ही है....'', सीमा ने नज़रें झुकाये हुए कहा, ''स्कूल की पढ़ाई छोड़े चार साल हो गये.... मैथ्स में कम्पार्टमैंट आ गयी थी। अब सारे पेपर देने पड़ेंगे, मगर मैथ्स में बहुत डर लगता है। दीदी ने बताया, आपका मैथ्स बहुत बढ़िया है, मेरी मदद कीजिए। प्लीज़....फीस, मैं।''

डॉक्टर ने सीमा को बीच में ही टोकते हुए कहा, ''तेरी दीदी ने मुझे तुम्हारे बारे में बताया है, घबराने या डरने की कोई बात नहीं, जब मर्जी आओ....नो प्रॉबलम....बाकी फ़ीस यही है कि पहले ही अटेम्प्ट में पास होना पड़ेगा।''

''ज़रूर हो जाऊँगी, यदि आप गाइड करेंगे तो....।'' दुविधा में पड़ी सीमा को सिमरन ने जैसे हरी झंडी दिखायी, ''मेरी तो होती है शिफ्ट ड्यूटी। डॉक्टर साहब पाँच बजे तक घर आ ही जाते हैं....इसीलिए तुम आते हुए मुन्नी को अपने साथ ले आया करना। मुन्नी खेलती रहेगी और तुम पढ़ लिया करना।'' सिमरन ने डॉक्टर की ओर देखा तो उसने हामी भर दी।

सीमा ने एक दिन सिमरन को बताया, ''डॉक्टर साहब तो बहुत बढ़िया समझाते हैं....अब मैं पास हो जाऊँगी +2 में से।''

डॉक्टर को जैसे एक व्यस्तता मिल गयी और वह खुश रहता। पेपर अच्छे हो गये और वह अच्छे नम्बरों से पास ही नहीं हुई बल्कि उसे उसके पिता के दफ्तर में नौकरी भी मिल गयी, पिता के स्थान पर। मज़ेदार बात यह हुई कि अब वह अपनी ससुराल वालों को भी सुन्दर लगने लगी। अनमनी-सी सीमा को वे लोग ले गये। सभी खुश थे।

डॉक्टर जैसे मुरझा गया हो। सिमरन ने कारण जानना चाहा तो जवाब मिला, ''कुछ भी तो नहीं....वैसे ही सोचता था, मुन्नी-सीमा से कितना मोह करती थी। जैसा भी है, अच्छा हुआ। वे लोग उसे ले गये।''

''मुन्नी को तो दूसरी बहनें देखती रहेंगी, मगर....।'' सिमरन ने वाक्य पूरा न किया, जैसे उसे कुछ याद आ गया हो और वह भागकर रसोई की ओर चली गयी।

कुछ दिनों के बाद सिमरन ने डॉक्टर को बताया, ''हमारी एन.एस. रिटायर

हो रही है और उसकी आया को फुरसत रहेगी। यदि कहें तो उसे रख लें....ऐक्टिव है। एक तरह से अकेली ही है, फुल टाईम भी रह सकती है....।''

''बुला लो। देख लेंगे....जैसे उसे सूट करे....।''

दूर-दराज़ के भाई-भाभी से सुरमा को रोज़ आना-जाना मुश्किल था, इसलिए डॉक्टर के घर के स्टोर में ही उसने अपना सिर छुपा लिया। दुबई की ओर कमाई करने गया उसका पति सात-आठ वर्षों में एक बार भी नहीं आया था।

मुन्नी को सुरमा स्वयं सँभालती। मुन्नी उसके साथ हिल-मिल गयी थी। सिमरन के दिये सूटों में सुरमा और भी ज्यादा ऐक्टिव लगती थी। एक दिन डॉक्टर ने सिमरन को सुझाव दिया, ''सर्दी आ गयी है.... बेचारी सुरमा को कोई गर्म कपड़ा भी दे दो।''

सिमरन को महसूस हुआ....डॉक्टर के स्वर में मिठास घुल रही है और उसने डॉक्टर की ओर देखते हुए कहा, ''मैं सोच ही रही थी, सुरमा को शाल और स्वेटर देने के बारे में।''

एक दिन अच्छे मूड में बैठे डॉक्टर को शिकायती लहज़े में सिमरन ने कहा, ''हमारे गेट और फ़र्श के दरम्यान काफी फ़ासला है, इसलिए जिप्सी झकानी देकर गेट से बाहर निकल जाता है और आवारा कुत्तों के पीछे फिरता है, आज तो हद ही हो गयी। इधर-उधर के बच्चे जिप्सी को पत्थर मारते जा रहे थे, परन्तु मैं तो नज़रें झुकाये घर लौट आयी।....पहले तो गेट ठीक करवाओ।''

"शुक्र है, तुमने यह नहीं कह दिया कि जिप्सी वाला टंटा ही खत्म कर दो। नादान, तुझे इतना भी नहीं मालूम कि बहते पानी के आगे बाँध बनाकर रोका पानी, किनारों से बहने के लिए जैसे मजबूर कर देते हैं। यह खुद-व-खुद हट जायेगा....। बस हीट के दिनों में ही ऐसा होता है, जानवरों-पक्षियों में नस्ल को बढ़ाने के लिए....।"

''मगर इनसान तो....''

''हाँ इनसान, इनसान तो नित तैयार-बर-तैयार....। और यही फ़र्क है, इनमें और हममें।''

सिमरन अवाक् रह गयी।

मुन्नी, सुरमा के साथ हिल-मिल गयी थी। अचानक आँधी आ जाने के समान सुरमा का पति दुबई से आ टपका और अपनी घरवाली को लेकर अपने देश चला गया, केरल की ओर।

डॉक्टर एक बार फिर जैसे निसहाय-सा हो गया। मुन्नी टीं-टीं करती रहती। सिमरन के लिए बहुत मुश्किल बन गयी।

बस या गाड़ी में सफर करते भीड़-भड़क्के में फँसी खड़ी औरत सवारी को यदि कोई मर्द थोड़ी-सी जगह बनाकर साथ बिठा ले, तो बदले में ब्याज वसूल करने के

लिए उसकी हथेली पर खाज-सी होने लगती है। बस कुछ इसी प्रकार जान-पहचान से नर्सिंग के लिए आयी ज़रूरतमन्द निहारिका को सिमरन ने अपने डॉक्टर पति गिल द्वारा बत्रा नर्सिंग होम में लगवा दिया। निहारिका उनकी बहुत एहसानमन्द थी। अक्सर उनके घर में आती-जाती। मुन्नी के लिए कुछ न कुछ लेकर आती। सिमरन की गैर हाज़िरी में भी आ जाती। डॉक्टर को जैसे ताव-सा बढ़ जाता। मगर एक दिन पता नहीं क्या हुआ कि सिमरन गुस्लखाने में थी और निहारिका को ऊँची आवाज सुनाई दी,

"डॉक्टर साहब, डंगरों में रहने के कारण आप भी....।"

"क्या बकवास कर रही हो। मैं इतना नीच नहीं, जितना तू.... नाली की ईंट....।"

"शिट....", डॉक्टर को बीच में से काटती और पैर पटकते वह बाहर निकल गयी।

भागकर आयी सिमरन जैसे देखते ही रह गयी।

"साली, आवारा कहीं की। छत चाहती है....", डॉक्टर ने मुँह परे कर थूक दिया। सिमरन और क्या पूछती। तरह-तरह की सोचें सोचती रहती वह, चुपचाप। डॉक्टर अपनी झेंप मिटाने का मारा तरह-तरह के दॉव बदलता, मगर सिमरन का रवैया उसे और भी परेशान कर देता।

उखड़े हुए डॉक्टर को वक्त-बेवक्त दौरा-सा पड़ता, और वह सिमरन की ओर झपटता सिमरन पीछे की ओर सरकती और अपनी ओर लपकते डॉक्टर को देखकर उसकी चीख-सी निकल जाती।

"सिमरन देख....मैं कितना भूखा हूँ।"

"भूख मिटी कब थी।"

"हाँ, मैं भी तो यही कहता हूँ। भूख तो बल्कि बढ़ती जाती है।" और उसने तिपाई पर पड़े गिलास, प्लेटें फेंक-फेंककर मारनी शुरू कर दी। "मैं पागल हो जाऊँगा....।"

"एक ओर कहते हो, जानवरों-पक्षियों और इनसानों में फर्क हैं तो सिर्फ़ दिमाग का, फिर सोचते क्यों नहीं, मेरा मन ठीक नहीं....।"

"साला मन तुम्हारा कभी ठीक हुआ भी है।"

हल्का-हल्का अँधेरा उतर रहा था। गेट खोलकर अन्दर आ गयी सहज के पैर एक बार तो रुक गये, शोर-शराबा सुनकर....और उसके पैरों के नीचे से जैसे ज़मीन सरक गयी।

"सिमरन दीदी....", हक्की-बक्की खड़ी सहज को देखकर डॉक्टर को साँप सूँघ गया। सिमरन भागकर जैसे सहज के गले आ लगी।

"बस दीदी....ऐसे नहीं रोते....। आप तो दूसरों को समझाती हो।" उसने

सिमरन की आँखें पोंछते हुए उसे बाँहों में ले लिया दोनों चारपाई पर बैठ गयीं।

सहज ने सिमरन को दिलासा देते हुए कहा, "इन्हें गाँव जाना पड़ा और मैंने सोचा....रात तुम्हारे पास काटूँगी, मगर यहाँ तो....।"

सहज वाक्य पूरा न कर सकी कि डॉक्टर उनके देखते-देखते चप्पलें घसीटते हुए बाहर निकल गया और जाते हुए गेट इस प्रकार भिड़ाकर गया जैसे पत्थर दे मारा हो। सहज के जुड़े हुए हाथों की ओर जैसे उसने देखा ही नहीं।

"दीदी, चलो चलकर देखते हैं, कहीं कोई और झंझट न खड़ा कर दें।"

"एक दिन के लिये चाँद निकलेगा ही, तभी तो अमावस्या की जान बख्शी जायेगी।"

"ना दीदी....ना, रिलैक्स प्लीज....आखिर झगड़ा किस बात का। जीजा जी आखिर चाहते क्या हैं।"

"क्या बताऊँ....कैसे बताऊँ।" लम्बी साँस भर सिमरन ने शब्द से इकट्ठे करते हुए कहा, "भूख....इसकी भूख का क्या करूँ। जन्म से भूखा....इसे ही मेरे पल्ले बाँधना था।"

"सिमरन दीदी, फिर आप....।"

"नहीं सहज, मुझे मालूम नहीं, कभी-कभी क्या होने लगता है। मुझे दौरा-सा पड़ने लगता है....चीखें निकल जाती हैं।"

"मगर दीदी....।"

"हाँ सहज, सच कहती हूँ....।" कसम खाने के समान सिमरन ने अपनी अँगुलियाँ कंठ को छूते हुए कहा, "जैसे चलता-फिरता पशु इधर-उधर खेतों में मुँह मार लेते हैं और उनके मालिक जानबूझकर अनदेखा कर लेते हैं, कौन-कोई देख रहा होगा। यहाँ पशुओं को चारा देने के लिए मैं स्वयं इस बड़े भूखे को परोसती रही....तुम अन्दाज़ा लगा लो मेरे मन पर क्या गुज़रती रही होगी। कितनी बड़ी गुनहगार हूँ मैं....इसकी खातिर ही तो तरह-तरह के 'चारे' ला परोसती रही इसके आगे, मगर यह है कि पेट भरता ही नहीं।" और सिमरन सिसकियाँ भरने लगी।

"ना दीदी ना," सिमरन को बाँहों में लेते हुए सहज ने कहा,

"आप बुरा ना मानो....तो मैं आपको बताती हूँ। भूख तो मुझे भी लगती है, अत्यन्त ही। मगर मैं औरत होकर किसके सामने अपना दुःखड़ा रोऊँ। दीवारों में टक्करें मारती हूँ, बस एक खुद को खा नहीं पाती। मगर दीदी, पूछना चाहती हूँ, आपको भूख नहीं....।"

"सहज, यूँ किसी खेती या नाँद में मुँह मारने से पेट तो भर जायेगा, मगर रूह को चैन, रूह की भूख तो मन के मीत से ही मिल सकती है, जो सच में कहें, तेरे लिए मैं मरने को भी तैयार हूँ....।" और उसने आँखें भींच लीं।

चूहा / *सुखवन्त कौर मान*

लड़की को देखते ही उसका चेहरा खिल गया।

''रिक्शे से आयी है।'' एकदम कुछ याद आने पर उसने बाहर की ओर झाँका। "वो सामने घर वाला देख रहा है,'' उसने नज़दीक होते थोड़ी फ्रिकमन्दी से कहा।

"ऊपर आ जा।" सीढ़ियों की ओर इशारा करते वह ऊपर बढ़ने लगा।

"तेरी सैंडिल की आवाज़ बहुत है।" उसने धीरे से कहा।

"ज़रा ठहर।" ऊपर जाते डरती निगाहों से उसने आस-पास झाँका और इशारे से उसे पीछे आने को कहा। आहिस्ता से उन्होंने किवाड़ों को सरकाया और लड़की के अन्दर घुसते ही अन्दर से चिटकनी चढ़ा ली।

दोनों ने एक दूसरे की ओर देखा। उनके चेहरों पर एक सहमी-सी मुस्कराहट फैल गयी।

माथे पर आये पसीने को हथेली से पोछते हुए वह बेड पर बिखरी किताबों को मेज़ पर रखने लगा। अचानक उसने लड़की की ओर देखा। वह बाज़ार की ओर खुलती खिड़की से बाहर देख रही थी।

''इधर आ जा।'' माथे पर त्यौरी चढ़ा, धीरे-से, मगर गुस्से से उसने कहा और दबे कदमों से जाकर उसने खिड़की बन्द कर दी।

"तुम्हें किसी ने खड़े-खड़े देखा तो नहीं।" मर्द की आवाज़ साफ तौर पर डरी हुई थी।

"कोई भी तो नहीं था।" लड़की ने थोड़ा हैरानी से कहा।

"तुम नहीं जानती, यहाँ के लोग कैसे हैं।" वह परेशान-सा बोला।

"कैसे हैं।" लड़की मुस्करा दी।

"तुम तो एकदम पागल हो।" मर्द ने लड़की के नज़दीक होते हुए कहा, ''जरा खयाल रखा करो।'' वह लड़की के और पास आ फुसफुसाते हुए बोला।

लड़की अभी भी मुस्करा रही थी।

"असल में डर-सा लगता है।" मर्द ने मुस्कराने की कोशिश करते हुए कहा।

लड़की ने अँगड़ाई भरते हुए मर्द की आँखों में देखा।

''सुबह से इन्तज़ार कर रहा हूँ।" लड़की के कन्धे को छूते हुए मर्द ने कहा।

"कितनी तो दूर है," लड़की ने सफ़ाई पेश की।

"दिल नज़दीक होने चाहिए।" मर्द ने लड़की के और भी नज़दीक हो, उसकी आँखों में आँखे डालते हुए कहा।

"तुम आयी क्यों नहीं इतनी देर से?" मर्द ने उलाहने भरे अन्दाज में कहा।

अब मर्द का हाथ लड़की के कन्धे से धीरे-धीरे सरक रहा था। लड़की धीमा-धीमा मुस्करा रही थी।

"तुम बहुत बे-रहम हो।" लड़की के कान के पास मुँह लिजाकर मर्द ने कहा।

"तुम कौन-सा कम हो," लड़की ने ज़रा ऊँची आवाज़ में कहा।

"शी....।" मर्द ने मुँह से मध्यम आवाज़ निकाली।

अब लड़की प्यार-भरी नज़रों से मर्द की ओर देख रही थी। मर्द की आँखो में नशा था और उसका हाथ लड़की की कमर तक सरक गया था। उसका चेहरा लड़की के चेहरे की ओर, फिर होंठों की ओर....।

"थप, थप, थप।" मर्द का चेहरा एकदम फीका पड़ गया। पत्थर का बुत बना वह वहीं गड़ गया। कोई सीढ़ियाँ चढ़ रहा था।

"पिछले कमरे में चली जा," मर्द ने धीमी मगर डरी हुई आवाज़ में कहा। फिर आहिस्ता से अन्दर के दरवाज़े की कुंडी बाहर से अड़ा कर बिना आहट, अगले कमरे का दरवाज़ा खोलते उसने देखा, सामने वाले पड़ोसी की लड़की की सहेली खाँ-खाँ चलते हुए उनके घर में चली गयी।

एक फीकी-सी मुस्कराहट मर्द के चेहरे पर फैल गयी। एक लम्बी साँस भर उसने माथे का पसीना पोंछा। अन्दर आते ही उसकी नज़रें आस-पास को ताड़ती रहीं। अन्दर जाकर वह तुरन्त बाहर आ गया। मकान के जँगले से सड़क की ओर देखते हुए, सामने की छतों से फिसलती हुई उसकी नज़र पड़ोसियों के घरों को ताड़ने लगी। तीखी नज़रों से आस-पास का मुआयना करते हुए अन्दर आ, दरवाज़े को आहिस्ता से बन्द कर, पीछे की कोठरी पर आ खड़ा हुआ।

कहीं पीयन ही न आ जाये। कमबख्त को छुट्टी ही दे देता—घड़ी की ओर देखते हुए उसने सोचा।

एक मिनट के लिए वह जैसे ठिठका। काँपते हुए हाथों से दरवाज़ा खोलकर उसने अन्दर झाँका।

पसीने से भीगी और घबरायी-सी वह कोठरी से निकलते ही पंखे के नीचे पड़ी कुर्सी पर गिर-सी गयी।

"पानी लाऊँ।" मर्द ने शर्मिन्दा होते हुए पूछा।

"पहले सफर में बुरा हाल हो गया।" माथे से पसीना पोंछते हुए भर्राये गले से लड़की ने कहा।

"अपने वश में कहाँ है।" मर्द ने बुरा-सा मुँह बनाते हुए कहा।

“मैं इस बार नहीं जाऊँगी।” लड़की ने झूठी हँसी हँसते हुए कहा।

“अच्छा।” वह मुस्कराया।

“तो ठीक है।” लड़की भी मुस्करायी।

“करो वायदा।” उसने अपना हाथ मर्द के हाथ की ओर बढ़ाते हुए कहा।

“असल में मेरी नौकरी ही कुछ ऐसी है....सोशल प्रैस्टिज। यदि किसी को मालूम हो गया तो....।” आगे कुछ भी न कह वह सोच में डूब गया।

“कभी मेरे बारे में सोचा है।” लड़की ने उलाहना दिया।

कुछ कहने की बजाय मर्द ने अपना हाथ बढ़ाया और उसके कन्धे पर टिका दिया। लड़की ने सिर उठाकर मर्द की ओर देखा।....एक नशे में मर्द की आँखें मुँदने लगीं। लड़की की आँखें भी बन्द होने लगीं। मर्द ने चौंककर दरवाज़े की ओर देखा, जैसे कोई साया आगे से निकलकर गया हो।

“पाँच बज गये।” घड़ी की ओर देखते हुए मर्द का रंग उड़ गया। लड़की के कुछ भी बोलने से पहले उसने अपने होंठों पर अँगुली रख उसे चुप रहने का इशारा किया। लड़की को कोठरी में जाने का संकेत करते हुए और बाहर के बन्द दरवाज़े की दरारों से झाँकते हुए उसने आहिस्ता से कुंडा खोल लिया और खड़े हो आँखें मलने लगा।

“आ गया है।” उसने शीतल को किचन में घुसते देख कहा।

“कमबख्त नींद ही नहीं खुली आज।” शीतल के कुछ कहने से पहले ही वह किचन के दरवाज़े पर खड़ा हो गया।

“चाय बनाऊँ?” शीतल ने पूछा।

“नहीं, भूख बहुत लगी है, रोटी बना दे जल्दी।... हाँ, सब्जी बनाने की ज़रुरत नहीं, दही-भल्ले ले आ बाज़ार से।” कमरे में लौटते उसने कहा। अन्दर घुसते ही उसकी नज़र कुर्सी पर पड़े दुपट्टे पर अटक गयी। तिरछी नज़र से बाहर की ओर झाँकते हुए उसने दुपट्टे को मोड़-तोड़कर बेड पर पड़े तकिये के नीचे रख दिया।

“अगर सीतू देख लेता।” सोचते हुए वह काँप-सा गया। उसने तकिये की ओर देखा। उसे कुछ ऊँचा-सा लगा। दुपट्टा तकिये के नीचे से निकाल उसने दरी के नीचे कर दिया। पास रखी अलमारी से एक किताब निकाल उसके पन्ने पलटने लगा।

कहीं शीतू ने उसे दुपट्टा दरी के नीचे करते देख न लिया हो। सोचकर वह अन्दर तक लरज गया।

किताब को मेज़ पर रख वह रेगुलेटर के पास जा खड़ा हुआ, “एक, दो, तीन, चार....” मुँह में बुदबुदाते हुए फिर बेड पर आ बैठा। माथे के पसीने को पोंछ वह बेड पर लेट गया। उसकी नज़रें फर्राटा भरते पंखे में उलझकर रह गयी। “कमबख्त अभी तक बर्तन ही माँज रहा है।” रसोई से आते बर्तनों की खनकार को सुन वह बुदबुदाया।

“हद हो गयी तुम्हारी, अभी तक बर्तन ही.... जल्दी कर। बहुत-सा काम पड़ा

है करने वाला।'' रसोई के दरवाजें में खड़े होकर शीतल पर खीझते हुए वह मुँडेर की ओर झाँका उसकी नज़र अन्दर की कोठरी के बन्द दरवाज़े पर अटककर रह गयी। अचानक उसने शीतल की ओर देखा।

"कहीं....।" उसने सोचा।

उसने मेज़ पर पड़े टाईम-पीस की ओर देखा, छः बज चुके थे।

''क्यों भई, आज इतनी देर क्यों लगा रहा है....।'' रसोई में खड़े शीतल को झिड़कते हुए उसने कहा। शीतल ने हैरानी से उसकी ओर देखा।

''रोटी पकाकर भल्ले ले आओ बाज़ार से....भल्ले ना मिले तो छोले....।'' कहते हुए वह फिर से अन्दर चला गया। बेड के नीचे सैंडिल देख तो जैसे उसकी जान ही निकल गयी। रसोई की ओर देख बेड पर बिछी चादर को और भी नीचे की ओर खींच उसने ओट-सी कर दी।

शीतल को डिब्बा पकड़े नीचे जाते देख, उसने गहरी साँस ली।

''कैसे मटक-मटककर जा रहा है, लाट साहब का बेटा।'' खिड़की में से बाज़ार की ओर देखते हुए वह बुदबुदाया। कमरे में घुस उसने सैंडिल उठाकर अलमारी में बन्द कर दिये और दुपट्टे को बिस्तर के और भी नीचे सरका दिया। थप....थप शीतल सीढ़ियाँ चढ़ता आ रहा था।

''बर्तन सुबह माँज लेना।'' मेज़ पर खाना रखने आये शीतल से उसने कहा।

पीयन के जाने के बाद वह बाहर निकला। इधर-उधर झाँका और अन्दर घुस आया। अन्दर से चिटकनी लगा उसने कोठरी के दरवाज़े पर धीमे से दस्तक दी।

''उफ! अच्छी सज़ा मिली है....'' पसीना पोंछते हुए वह खीझते हुए पंखे के नीचे आ खड़ी हुई। ''मैं नहीं आऊँगी आगे से....।''

''ओह हो! नाराज़ हो गयी।''

उसने कुछ कहा न, मगर उसकी नज़रों में ज़रा-सी नमी थी।

''तुम तो खामख्वाह नाराज़ हो रही हो।'' मर्द ने उसका हाथ अपने हाथ में लेते हुए कहा। ''अच्छा, तुम नहा लो। ज़रा जल्दी करना एक दोस्त है, कमबख़्त, इस समय भी आ धमकता है।''

''आने दो, जो भी आयेगा।'' लड़की ने तल्खी से कहा।

''ओफ्फोह! तुम तो सचमुच ही नाराज़ हो गयी हो।'' उसके कन्धे की ओर से बाँह डालते हुए मर्द ने कहा। मर्द का हाथ झटक लड़की उठकर गुसलखाने की ओर बढ़ गयी।

''ऊपर चादर लपेट लो। पड़ोसियों को मालूम न....।'' मर्द ने एहतियातन कहा। लड़की ने चादर लपेटी और गुसलखाने में घुस गयी। मर्द ने कमरे की खिड़की से झाँका। खिड़की बन्द कर वह कुर्सी पर आ बैठा।

''ज़रा जल्दी करो।'' इधर-उधर देखते हुए बाथरुम के दरवाज़े के आगे खड़े हो

मर्द ने कहा। ''आवाज़ ज़रा कम करो।'' मग के बाल्टी से टकराने की खड़ाक सुन मर्द सहम गया।

अचानक पड़ोसियों के दोनों बच्चे साथ की छत पर आकर खेलने लगे। अब पानी डालने की आवाज़ नहीं आ रही थी।

''खुद ही बाहर न निकल आना,'' तुरन्त गुसलखाने के दरवाज़े के पास खड़े हो वह फुसफुसाया।

बच्चे छत पर खेल रहे थे, भोलेपन से, मगर वह अन्दर ही अन्दर खीझता जा रहा था। जल्दी ही बच्चों की माँ ने उन्हें नीचे बुला लिया।

लड़की गुसलखाने से निकल तेज़ी से अन्दर जा घुसी।

''खाना बन गया है। रोटियाँ कुछ कम हैं।'' मर्द ने अन्दर से दरवाज़ा बन्द करते धीमे से कहा।

नहाकर लड़की निखर आयी थी। शीशे के आगे खड़े हो वह बाल संवारने लगी। पीछे खड़ा मर्द भी शीशे में झाँकने लगा।

''ओह हो, बाल तो ठीक करने दो....।'' लड़की ने बनावटी नाराज़गी से कहा।

''तुम्हारे बाल कितने मुलायम हैं, कितने सुन्दर।'' मर्द ने बालों को चूमते हुए कहा।

''क्या कर रहे हो।'' लड़की शीशे से ही मर्द को देख मुस्करा दी।

''क्या करना चाहिए था।'' मर्द ने शीशे में ही लड़की की ओर देखते हुए उसके गाल पर होंठ टिका दिये। धीरे से लड़की की कमर में बाँह डाल उसे बेड पर डाल दिया।....थरथराते हुए हाथ, पिघलते हुए अंग....अंग, रोम....रोम में....।

''ठक, ठक, ठक....'' कोई दरवाज़े को ज़ोर-ज़ोर से खटखटाने लगा। मर्द का रंग उड़ गया। लड़की चौंक कर उठी और आहिस्ता से पिछली कोठरी की ओर खिसक गयी।

''ठक! ठक!! ठक!!''

मर्द तेज़ी से उठा। उसने इधर-उधर देखा। लड़की के बालों की पिनों को दरी के नीचे रख वह दरवाज़े की ओर लपका।

''यार, इतनी जल्दी सो गया।'' आने वाला बोला।

''नहीं।'' मर्द ने मुस्कराने की कोशिश करते हुए कहा।

''तुम्हारे चेहरे का रंग क्यों उड़ा हुआ है।'' आने वाला हैरान था।

''सिर दर्द है।'' मर्द का मुँह और भी ढीला हो गया।

''मैंने तुम्हें खामख्वाह तंग किया।'' आने वाले ने परेशानी ज़ाहिर की।

''नहीं, ऐसी तो कोई बात नहीं।'' मर्द ने फिर मुस्कराने की कोशिश करते हुए कहा।

''कोई टैबलेट ले लेता।'' आने वाले ने कुर्सी से उठते हुए कहा, ''अच्छा,

फिर तुम आराम करो, मैं चलता हूँ। उधर शर्मा के पास जाते समय मैंने सोचा, तुम्हारे पास भी होता चलूँ....अगर कहो तो गोली भेज दूँ?''

''नहीं नहीं, हैं हैं।'' उसके मुँह से थोड़ी ऊँची आवाज़ निकल गयी।

''शुक्र है।'' उसके जाते ही वह उठा और दरवाज़े के पास जा खड़ा हुआ। अँधेरा होने लगा था। एक गहरी साँस भरते हुए वह अन्दर बेड पर जा गिरा। दरवाज़ा खुला था। उठा, अन्दर से चिटकनी लगा, वह पंखे के नीचे आ खड़ा हुआ। माथे पर आया पसीना पोंछकर उसने कोठरी का दरवाज़ा थपथपाया। लड़की भी अन्दर से निकल बिस्तरे पर जा गिरी।

''क्या बात है, तुम तो सिसकियाँ ले रही हो?''

''नहीं तो।'' लड़की ने आँसुओं में भी मुस्कराने की कोशिश करते हुए कहा।

''कमबख्त, किस समय आ मरा। चलो उठो। खाना खाते हैं।'' मर्द ने लड़की को सहलाते हुए कहा।

अन्दर से दरवाज़ा लगा वे खाने बैठे।

''भूख ही मर गयी साली।'' मर्द ने मुँह में अनमने ढंग से ग्रास डाला।

''तुमने तो खाया ही कुछ नहीं....,'' मर्द ने देखा। दो रोटियाँ अभी भी प्लेट में पड़ी थीं और लड़की वाश-बेसिन के पास खड़ी हाथ धो रही थी।

''नाराज़ तो नहीं हो गयी तू?'' मर्द ने लड़की को बाँहों में भरते हुए पूछा।

एकदम हवा के तेज़ झोंके से दरवाज़ा ज़ोर से हिलने लगा। घबराकर मर्द ने लड़की की ओर देखा। लड़की सिमट गयी थी।

''सारा दिन उमस रही है न, अब अंधेरा हो जायेगा।'' मर्द ने लड़की को भींचते हुए अनुमान लगाया।

''अब कोई नहीं आयेगा,'' मर्द ने लड़की के कान में कहा।

''दीवारों के भी कान होते हैं।'' लड़की ने कहा।

''हाँ होते हैं।'' मर्द मुस्कराया। लड़की भी मुस्करायी।

''तुम जानती हो, मैं तुम से कितना प्यार करता हूँ।'' मर्द ने कहा।

''और मैं भी।'' लड़की ने मर्द की आँखों में देखते हुए कहा।

''हवा बन्द हो गयी लगती है।'' मर्द ने अनुमान लगाया।

मर्द का हाथ....एक थिरकन, एक नशा, निर्वस्त्र, निर-शरीर....जैसे मोमबत्ती धीरे-धीरे पिघल रही हो। शनैः शनैः, कण-कण कर बह रही हो....।

धड़ाम्।

एकदम चौंककर मर्द उठ बैठा। खुद को चादर में लपेट लड़की भी भागकर पिछली कोठरी की ओर गयी।

कमरे के ऐन मध्य दोनों पैरों को उठाये एक चूहा सीधा उनकी ओर झाँकते हुए बेड के नीचे पड़े झूठे बर्तनों की ओर जाने के लिए झपट रहा था।

पानी की दीवार / *कृपाल कज़्ज़ाक*

गहरी रात का चितकबरा अँधेरा, अगाड़ी घरों की पीली रोशनी संग परे छप्पड़ की मटमैली सतह पर बड़ी ही संकोच भरी साज़िश के साथ थिरक रहा था।

सख़्त जाड़े के दिन थे। हवा के झोंकों के बीच, गाँव के अन्दर की सड़क पर उतरते हुए, उसने महसूस किया जैसे चारों ओर की भेद भरी खामोशी ने किसी टोने का रूप अख्तियार किया हो। गेहूँ की बालियों से लेकर तारों के झुरमुट तक....। मगर ऐसे गुस्ताख़ पलों में हमेशा उसकी रूह अन्तर्मन में शोरभरी खामोशी के साथ सारे आलम में भटक जाती है और वह जीते-जी, रेंगते हुए एहसास के कारण अपनी ही दहलीज़ में किसी भय के कारण ठिठक जाता है। दिहाड़ी की देह-तोड़ मशक्कत के कारण चूर हुई देह को....बीवी के रू-ब-रू निढाल फेंक बेहूदगी और कमीनी भरी ख्वाहिशों की चाबुक से इस टोने भरी खामोशी को तार-तार कर देना चाहता है।

उसने नज़दीकी गाँव के स्पीकर से धीमी आती पाठ तथा सूये (छोटा-सा झरना) की ऊँची झाल से गिरते हुए पानी की आवाज़ को साफ-साफ सुना। चादर ताने अँधेरे में उसने आँख गड़ाकर देखा, टुड़े की दहाजू बहू निवृत्त होकर लौटते हुए बढ़ई वाला मोड़ काट रही थी। हमेशा की तरह गुरुद्वारे के सुन्ने अहाते की ओर सरसरी निगाह से देखते हुए वह घर की दहलीज़ पर आ खड़ा हुआ।

वैसे उसे अपनी ही दहलीज़ पर वापस लौटा लाने का सेहरा उसके माँ-बाप को ही जाता था। कभी वह सोचता, जैसे वह अपने पुरखों के सराप को भुगत रहा हो। जिसमें कहीं उसकी छमक-सी पत्नी भी शामिल थी। जिसने सुहाग की पहली रात भी अपने माँ-बाप की ग़रीबी को याद करते हुए, आँसुओं के संग गुज़ारी थी।

तब....मायूस-सी पत्नी के अल्हड़ चेहरे की ओर देखते हुए उसे लगा था, जैसे शादी का वरदान (जिसमें पत्नी की साँवली-सी सूरत के अलावा कुछ भी नहीं था) पड़ोसन लड़की से इश्क करने के शाप के तौर पर उसे नसीब हुआ था। मगर महबूब लड़की जब भी मिलती, कहती, "नहीं....यह तो उसका जिस्म भोगने और गाँव में बदनाम होने का शाप था।" कभी उसे खुद को लगता, जैसे यह उसकी कोई अन्दर की हवस भरी आग की राख थी, जो उसे अन्धा करती जा रही थी।

शायद इसीलिए उसकी पत्नी हमेशा 'गर्भवती' रहती, वह लम्बी हा....य....के साथ उठती-बैठती तो उसके अन्दर तक कुछ चुभता-सा रहता। आखिर वह कहाँ का कहाँ पहुँच गया था, तितली जैसी लड़कियाँ....और उनका लहराता यौवन, उसके सपनों में कहीं दफन हो गया था?

खस्ता-सी साइकिल और अपनी देह के बोझ को घसीटते वह आँगन में आ खड़ा हुआ। ऐन उस दहलीज पर जहाँ जरूरतें तांडव नृत्य करती हैं....और कई सवाल शून्य में लटके रहते हैं।

आखिर वे सपने कहाँ खो गये थे जो उसने जवानी से पहले लिए थे। वह स्वर्ग कहाँ रह गया था, जो पड़ोसन लड़की को इश्क करते हुए उसे कसकर बाँहों में जकड़ते समय महसूस किया था।

उसने बहुत अचम्भे से देखा, आँगन में पसरी सघन चुप्पी को, जो जाल की तरह तनी हुई थी।

"हैं कोई...." दीवार से साइकिल टिकाते हुए वह लगभग चीखते हुए बोला।

वैसे वह जानता था, अँधेरे में उसकी पत्नी उसका इन्तज़ार कर रही होगी। शिद्दत से नहीं....डर से। डर! जिसमें वह धँसती जा रही है। उसके हर आदेश पर सूखे पत्ते के समान उड़ने से लेकर, बराबरी पर पहुँचे बच्चों को सोता-जागता छोड़, अन्त तक का नाटक खेलने की हद तक....।

परन्तु एकदम अचरज की भाँति, उसकी पत्नी कच्ची कोठरी की बजाय पक्की कोटरी से निकली तो वह देखता ही रह गया। पक्की कोठरी....जिसका सिर्फ़ नाम ही पक्का है और जिसमें सिर्फ़ वह....कहने को अकेले ही सोता है।

दीये की काँपती लौ में, उसने पत्नी के कमज़ोर यौवन को उदासी से देखा। "मैंने सोचा, शायद आज आना नहीं....।" वह कह रही थी।

उसे लगा जैसे किसी ने अनमने भाव से कहा हो। हैरान होते हुए भी एक पल के लिए उसे कोई जवाब न सूझा।

"बच्चे?"....उसने धीमी आवाज़ में पूछा। घर में पसरी चुप्पी, उसे हैरान कर रही थी।

"बड़े सुबह से ननिहाल गये हैं....छोटी गहरी नींद में सो रही है।" लोफर-सी अदा में उसने हवा को अँगुली से काटते हुए कहा और अजीब ढंग से पति की ओर देखने लगी।

उसने चोर-निगाह से देखा, दीये की काँपती रोशनी में उसके साँवले होंठों पर मुस्कान थी।

उसके मन में आया झिड़कते हुए कहे, "ननिहाल के बिना चैन नहीं आता....।" मगर वह उसके बालों की तिरछी माँग में ही कहीं उलझ गया। उसने अपनी फटी आँखों से, उसके कहीं 'बाहर पहनने' वाले सूट में उसकी सूखी

छातियों को कसाव में देखा....। बड़ा अजीब आलम था। उसे खड़े-खड़े ही भस्म कर देने वाला। एकाएक वह चौके में जाने की बजाय अन्दर कमरे में चला गया। अगले ही पल उसने आँखों में हँसी रोकते हुए, माथे पर दिखावटी त्यौरी चढ़ा ली और एक ही झटके से पत्नी को गोदी में गिरा लिया।

"ठहरो, पहले खाना तो ले आऊँ....।" लाड़ से वह बोली।

मगर तेज़ी से उसने उसके तंग गले में हाथ डाल लिया।

सस्ती ब्रा में कतरनों की गेंद-सी। एक पल के लिए उसके ज़ेहन में कुछ बुझता चला गया, मगर तसव्वुर के बहुत ही फिसलते पल उसने जल्दी से दबोच लिए। यह अलग बात है कि ऐसे गुस्ताख़ पल उसे हमेशा बहुत महँगे पड़ते थे। फिर भी पता नहीं क्यों? इन पलों के लिए वह तरसता है। तड़पता है....।

कभी वह सोचता यह नाजुक पल ही तो उसकी ज़िन्दगी की पूँजी हैं। जिनमें उसका पड़ोसन लड़की को किया इश्क, मरकर भी खत्म नहीं हुआ और पत्नी के साथ सोते हुए आज भी वह भोगी, अनभोगी लड़की के तसव्वुर को हाथों में थामे सारी-सारी रात तड़पता रहता है। लोटता रहता है।

रोटी के लिए मना कर जब वह तेज़ी से रज़ाई में घुस गया तो उसकी पत्नी की आँखें जैसे खुशी से नाच उठीं।

"लाओ, दबा दूँ....", छूने के बहाने से उसने कहा।

"नहीं...." वह जैसे तड़प उठा, "तुम सारे दरवाज़े बन्द कर दो...."

कहीं दुबककर बैठी भूख जैसे उठकर उसकी आँखों में बैठ गयी और कितना ही कुछ था, जो उसकी नज़र से हटता गया। एकदम हमेशा की तरह....।

बिना किसी उज्र के खड़े-खड़े ही वह कपड़े उतारने लगी तो पत्नी की सूखी देह, उसे मुरझा गयी। दर्द उसकी नाड़ियों में पसरता गया। पाँच बच्चों और दो बार हुए 'हमल' के बाद वह बस मरते-मरते ही बची थी। ऐसे ही किसी समय, जब उसकी आँखों में पत्नी का ढल गया सूरज, उसकी वासना के साथ छलकती आँखों, आँखों में किसी मरुस्थल-सा पसर जाता तो पता नहीं क्यों गाँव की सारी सुन्दर लड़कियाँ और वह पड़ोसन लड़की, उसके ज़ेहन में आ बैठती।

"आज तो हदें तोड़ दी...." पता नहीं वह कहाँ डूबा हुआ था।

"बस ऐसे ही....। मैंने कहा रोज़ उलाहनें देता रहता है....।"

आगे उसे कोई बात ही न सूझी, मगर वह सब कुछ याद आया, जो उसकी ज़िन्दगी में नुकीला-सा घुसा हुआ था और कभी भी होंठों तक नहीं आया था। जिसके दर्द में वह और भी होश गवाँ लेती और वह लम्बा नाटक....खावन्द के एक इशारे पर दुहराती जाती, जिसमें वह पता नहीं दिन चढ़ने तक क्या-क्या नकल करती जाती।

शायद इसलिए वह उसकी असुन्दरता को, पहले गालियों के छाजन में छाँटता,

फिर किसी बढ़िया लगती औरत का तसव्वुर कर, किसी उस देश में पहुँच जाता, जहाँ सारी की सारी अपूर्ण ख्वाहिशें उससे दूरी पर खड़ी, उससे शरारतें करती रहतीं।

वह एकदम नग्न पड़ी थी और कतरनों की बनावटी गेंदें उसके सूखे सीने में चुभते जा रहे थे। बाहर रात और भी गहरी हो गयी थी। आँखों में समायी भूख जैसे मचलने लगी थी।

"मैं कहूँ, आज तो कमाल कर दिया....।"

वह सरुर में था।

"मैंने कहा, खुश कर दूँ आदमी को....रोज़ लड़ता है....कपड़े नहीं पहनती, बाल नहीं सँवारती।"

"सुनो....।" दीये की धुँधली रोशनी और मिली जुली साँसों में उन्होंने एक-दूसरे के धुँधले नक्श पहचानने की कोशिश की, और उसकी पत्नी को पति का वह एक-एक नाटक याद आया, जिसमें नायक बनते ही उसकी हर तल्खी रेशम-सी मुलायम हो जाती और वह कुछ और ही लगने लगता।

"सुनो....।" ऐसे ही वह बोला।

"बताओ....।"

"क्या बनना है आज फिर....मिन्दर की दीशी?"

"ऊँ....हूँ....।"

"गड़रियों की पाशो?"

"बिल्कुल नहीं....।"

"और क्या?"

"बस मलकीत कौर....।"

"लो, वह तो तू है ही....।"

"आज तो फिर वही मिलेगी....।"

"लो, तुम में अब है ही क्या।" ना चाहते हुए भी उससे कहा गया।

"तुमने ही यह हाल कर दिया, नहीं तो....?" उसने ताना कसा।

"ऐसे मूड न खराब कर देना कहीं, कोई मज़ेदार बात कर।"

"क्यों, बहुत मुश्किल हो रही है क्या?"

"हूँ।"

"फिर मुश्किल दूर कर ले।"

"तभी तो कह रहा हूँ, कोई बढ़िया-सी औरत बनकर आज दिखा।"

"आज नहीं, आज तो मलकीत कौर ही मिलेगी।"

"क्यों, किसलिए?"

"मेरी मर्ज़ी।"

कोई और समय होता तो वह उसकी इस हुक्म-अदूली की बड़ी सज़ा सुनाता, मगर उस समय उसने बहुत ही मुलायम आवाज़ में कहा, "एकदम पगली है तू भी।"

"देखो एक बात कहूँ।" झिझकते हुए वह बोली।

"बोलो....।"

"औरों के बारे में सोचता रहता है, कौन-सी नज़दीक आ जाती है। बस सपने ही हैं। भला, आज यह सोच ले कि मैं आज ही आयी हूँ गौना करवा के।"

एक पल के लिए खामोशी पसर गयी।

"रज़ाई में और भी दुबकते हुए उसने दीये की बाती को थोड़ा तेज़ कर दिया। मगर फिर भी कोठरी में पड़ी गिनी-चुनी चीज़ें उनकी नज़रों से ओझल हो रही थीं।"

"चलो साली ही सही, छोड़ो।" उसने बात खत्म कर दी।

"एकदम नहीं।"

"क्यों?"

"तुम्हें दस बरस हो गये भाँत-सुभाँत की टटोलते हुए। कभी मेरी मर्ज़ी भी पूछी है?"

"अच्छा ठीक है, एक बात कर फिर....।"

"बोल....।"

"पहले कसम खा।"

वह निश्चेष्ट पड़ी थी और एकटक छत से आर-पार झाँक रही थी।

"...."

"बोल क्यों नहीं रही।"

"हूँ....।"

"पहले कसम खा, मानेगी....।"

"तुम्हारी कसम।"

"तू बता, आज किसके साथ सोना चाहती है फिर?"

"...."

कोई भयानक खामोशी....कमरे में लटक गयी।

"बता फिर जल्दी।"

वह बहुत तेज़ कहीं भागा जा रहा था।

वह कब्र की तरह खामोश थी।

"बोलती नहीं।"

"छोड़ो....।" एक आह भरी और बस....

अचानक कमरे में लटकी खामोशी, एक पल को दोनों के जिस्म के साथ चिपक गयी।

एक पल के लिए दुनिया के सारे मर्द उसकी आँखों के आगे आ खड़े हुए, बेशक वह दौड़ और हाँफ रहा था, मगर अचानक उसे सभी धुँधली चीज़ें साफ नज़र आने लगीं। फिर उसने दुलारते हुए बीवी का चेहरा अपने दोनों हाथों में भर उसकी घूमती आँखों में पराये मर्दों की भीड़ देखने की कोशिश की, परन्तु उसे अपनी और सिर्फ़ अपनी ही सूरत

का भ्रम, साँप की भाँति डसता गया और उसने पूरी निश्चिन्तता के साथ कहा,

"जिसका मर्ज़ी नाम ले ले, खुली छूट है तुझे....।"

"...."

परन्तु वह वैसे ही छत के पार झाँक रही थी। चुप और अटल....।

अचानक उसे महसूस हुआ, जैसे दस बरसों से वह सचमुच तवे पर एकतरफ पकी हुई रोटी की तरह पड़ी हो, एकदम कोयला हो चुकी हो....और इस मनहूस एहसास के कारण, उसका दिल घबराने लगा।

"जल्दी बता फिर....।" अपनी किसी अपूर्ण ख्वाहिश की परिक्रमा करते हुए वह फिर से दौड़ने लगा।

बड़ी ही गुस्ताख़ नज़र से उसने देह पर फैले पति की ओर देखा, उसकी मुँदी हुई आँखों में झाँका।....भारी देह के नीचे जैसे वह पिसती जा रही थी....और अचानक, पता नहीं कैसे, कमरे के ऐन मध्य में लटकी खामोशी....तार-तार हो गयी।

"अच्छा फिर, रूह तृप्त कर दे फिर....।" मालूम नहीं किस गहराई में डूब कर वह बोली।

"मुँह से तो कुछ फूट....।"

"पटवारी का गिन्दर बन जा फिर....।"

भूचाल-सा ज़लज़ला और बस....दुनिया का ज़र्रा-ज़र्रा जैसे पथरा गया। उसकी मलूक-सी देह पर पड़ी भारी देह, जैसे शिला-पत्थर हो गयी। पलक झपकते ही सब कुछ सुन्न हो गया।

अगले ही पल, कहर का एक तूफान....और उसके खुले बालों की अग्नि-जीभ, पत्नी के माथे पर पल ही पल में चमकी चन्द्रमा की एक छोटी-सी रश्मि को सारा का सारा ही निगल गयी।

उसकी आँखों के आगे अँधेरा छा गया। उसे मालूम ही नहीं हुआ वह कब और कैसे, आँगन में आ गिरी थी। उसके नंगे बदन को सर्द रात की तीखी शूलें चुभती चली गयी थीं।

"कुत्तिया।"

वह बेतहाशा चीख रहा था और गलियों तक फैली खामोशी टुकड़े-टुकड़े हो गयी थी।

दर्द से उसने आँखें बन्द कर लीं। फिर पैरों पर खड़ी हो गयी।

भयभीत अँधेरे में खड़ा, वह एकदम नंगा, क्रोध से काँप रहा था। उसके मन में आया वह उसकी बोटी-बोटी कर दे या फिर जान से ही मार दे....। मगर वह जैसे ही क्रोध में आगे बढ़ा, ठिठक गया।

"खबरदार....जो हाथ लगाया तो....।" वह बेतहाशा चीखकर बोली।

ठंडी रात में वह सुन्न हो गया। उसने देखा, वह जलती चिता समान धधक रही थी।

आइसबर्ग / *जोगिन्दर सिंह निराला*

सुरजीत ने कभी सोचा भी नहीं था, किसी की कही हुई एक ही बात उसकी ज़िन्दगी के खड़े पानी में हलचल मचा देगी।

डॉ. हरदीप ने कितने भोले-भाले शब्दों में उसे इतनी गहरी बात कह दी थी कि वह अन्तर्मन तक झुनझुना गयी थी।

उसे महसूस हुआ जैसे डॉ. हरदीप एक छोटा-सा बच्चा हो, जो उससे दया की भीख माँग रहा हो।

उसे सचमुच ही डॉ. हरदीप पर बहुत तरस आया था।

यह बात नही कि वह और हरदीप उस दिन पहली बार मिले हों। मिलते तो वह अक्सर ही रहते थे, उनमें परिवारिक निकटता बनी हुई थी। इसी निकटता के कारण ही वह जान सकी थी कि हरदीप को शायद ज़िन्दगी में वह सब प्राप्त नहीं हुआ, जिसका वह हकदार था।

डॉ. हरदीप उसी अस्पताल में डॉक्टर था, जहाँ वह भी नर्स थी। नौकरी तो वह पिछले तीस बरस से कर रही थी। उसने कभी किसी की ओर नज़र भरकर नहीं देखा था। दूसरी सिस्टर्स की अन्य डॉक्टरों तथा स्टाफ मेम्बरों से प्रेम कहानियों के किस्से वह अक्सर सुनती ही रहती थी, परन्तु उसने कभी इन बातों की ओर ध्यान नहीं दिया था। वह सोचती यह सब फ़िजूल की बातें हैं, विवाहित डॉक्टर, विवाहित औरतें, कैसे एक-दूसरे के निकट आ सकते हैं।

आरम्भ से ही उसने कभी इन बातों की ओर कोई ध्यान नहीं दिया था।

यह बात नहीं कि उसे प्यार का अनुभव नहीं था। उसने भी प्यार किया था। मगर क्या उसे प्यार कहा जा सकता है। अपने सहपाठी लड़के से निकटता बढ़ी और वहीं शादी हो गयी।

कुलविन्दर उसका सहपाठी था। स्कूल की पढ़ाई के पश्चात् वह नर्सिंग ट्रेनिंग करने लगी और कुलविन्दर ने कॉलेज में पढ़ने के लिए वहीं पटियाला में दाखिला ले लिया।

जब पढ़ाई खत्म कर वह आया तो वह स्टाफ़ नर्स लग चुकी थी।

सफेद यूनीफ़ार्म में वह कोई नाईटिंगेल ही लगती थी।

जब उनके विवाह की बात चली तो कुलविन्दर के घर में हंगामा खड़ा हो गया।

उसके घरवाले इस बात के लिए सहमत नहीं थे कि उनका लड़का किसी नर्स से विवाह करवाये। बेशक़ सुरजीत की तनख्वाह अच्छी थी और कुलविन्दर की नौकरी अभी लगी नहीं थी, मगर कैसे कुछ काम-धन्धे सामाजिक व्यवहार में अच्छे और बुरे समझे जाते हैं, इस सोच से वह काँप उठी।

मगर कुलविन्दर ऐसा नहीं सोचता था।

उन्होंने अपनी मर्ज़ी से शादी कर ली, जिसका हर ओर से विरोध हुआ। इस विरोध से उन्हें सारा समाज ही अपना दुश्मन लगने लगा।

मगर जैसा अक्सर होता है, यह विरोध धीरे-धीरे कम होने लगा। परन्तु उन दोनों ने अपने-आप को एक-दूसरे के लिए समर्पित कर दिया। यदि अपनी मन-मर्ज़ी से शादी की तो इसे कामयाब भी अवश्य करना था।

इस सख्त फैसले, मजबूत इरादे के आगे सभी झुकने लगे।

वही लोग, रिश्तेदार जो उनका विरोध करते थे, अब बेझिझक उनसे मिलने लगे, भाईचारा बढ़ाने लगे।

कुलविन्दर नज़दीक के गाँव में अध्यापक लग गया। दोनों की मेहनत रंग लायी। उन्होंने अपना घर बनाया, जिसमें धीरे-धीरे आधुनिक किस्म का फर्नीचर भी लाया गया। रंगीन टी.वी., वी.सी.आर., फ्रिज, स्कूटर, आज उनके पास क्या नहीं था? फिर दो बच्चे, एक लड़का एक लड़की जो टीनयेज में कॉलेज में पढ़ रहे थे।

इतने सख्त संघर्ष में व्यस्त रहने के कारण इतने बरस कैसे बीत गये, सुरजीत ने कभी सोचा तक नहीं था। असल में सोचने की फुरसत ही किसे थी? बस कुछ करके दिखाने की चाह मन में थी।

और अब जब यह सभी कुछ करके दिखाने की चाह शायद पूरी हो गयी थी तो डॉ. हरदीप की कही हुई एक ही बात ने जैसे खड़े पानी में पत्थर डाल हलचल मचा दी थी।

डॉ. हरदीप के कोई बच्चा नहीं था। वह भी बाल-बच्चेदार था। तीन बच्चे थे उसके, दो लड़के और एक लड़की। एक लड़का जी.ए.एम.एस. का कोर्स कर रहा था और दूसरा इंजीनियरिंग। लड़की एम.बी.ए. में लुधियाना में पढ़ रही थी।

जैसे ही उनके पारिवारिक सम्बन्ध बने थे, वह तभी से जानती थी कि डॉ. हरदीप की मिसेज़ कैंसर की मरीज़ थी। हालाँकि हरदीप खुद डॉक्टर था। उसने सही समय पर इलाज आरम्भ करवाया, मगर ब्रेस्ट कैंसर में अभी उसे सफलता नहीं मिली थी।

सुरजीत और कुलविन्दर दोनों उनके घर जाते और अक्सर बातचीत कर हौंसला देते।

सुरजीत को डॉ. हरदीप की ज़िन्दगी पर तरस आता। मिसेज़ की बीमारी ने

उस अन्दर-बाहर से झिंझोड़ दिया था। कभी-कभी वह सोचती तो उसकी आँखें भर आतीं। भगवान भी कितना ज़ालिम है, जो हमेशा सन्त-स्वभाव के आदमियों पर ही जुल्म ढाता है। सचमुच ही वह तरस की भावना से पसीज जाती।

उस दिन जब वह डॉ. हरदीप की कोठी गयी थी। हरदीप कितना टूटा हुआ सा लग रहा था। मिसेज़ को दौरा पड़ा था और वह बेसुध थी। कितनी ही देर मिलकर वह यत्न करते रहे, मगर उसे सुरति नहीं आयी थी। हरदीप भी जैसे निढाल हो गया था। उसकी ऐसी हालत देख वह और भी घबरा गयी थी।

फिर ड्राईंगरूम में बैठते डॉ. हरदीप ने उसके हाथ को अपने हाथ में लेते हुए कहा था, "सुरजीत! आयी नीड हैल्प दैट यू ओनली कैन गिव।"

सुरजीत ने कभी सोचा नहीं था कि ऐसा भी हो सकता है। वह चाहते हुए भी हरदीप के हाथ से अपना हाथ खींच नहीं सकी थी। उसने उस समय उसकी भरी हुई आँखों की ओर देखा। उस पानी में उसे कुलविन्दर का अक्स उभरता दिखाई दिया। उसे लगा, यह डॉ. हरदीप नहीं बल्कि उसका अपना कुलविन्दर है, जो मदद के लिए उससे मिन्नत कर रहा है।

वह कुछ पल वहाँ बैठी रही और फिर चुपचाप वहाँ से खिसक आयी।

घर पहुँची। कुलविन्दर और बच्चे सो चुके थे। मेज़ पर पड़े बर्तनों से मालूम हो गया था कि उन्होंने खाना खा लिया था, शायद नज़दीक के ढाबे से खाना ले आये थे। ऐसा कई बार होता था। अक्सर तब, जब उसकी नाईट शिफ़्ट होती।

उसने कुलविन्दर के चेहरे की ओर देखा, सोये हुए वह उसे एकदम हरदीप ही लग रहा था।

मगर यह बात वह कुलविन्दर को कैसे बताये? कुलविन्दर ने कैसे उसके लिए अपना सब कुछ कुर्बान कर दिया था।

फिर उसे खयाल आया, अगर कुलविन्दर ने कुर्बानी की थी तो उसने भी क्या कम किया था?

इतने वर्षों तक घर की, बच्चों की, नौकरी की ज़िम्मेवारी निभाते-निभाते उसने भी तो अपनी सारी जवानी इसी में झोंक दी थी। उसने कभी सोचा तक नहीं था कि वह आधी सदी को पार करने की ओर बढ़ रही थी। और अब तो बच्चे भी बड़े हो गये थे। कुलविन्दर की सभी इच्छाएँ पूरी की, अब तो वह अपने बारे में सोच सकती है। इन्सानी रिश्तों के कारण डॉ. हरदीप के लिए भी उसे कुछ करना चाहिए। बेचारा हरदीप, सभी कुछ होते हुए भी वह कुछ प्राप्त नहीं कर पाया जिसका वह अधिकारी था। वह ज़रूर ही उसके दुःखों का निवारण करेगी। फिर इसमें हर्ज़ भी क्या है? सिर्फ हमदर्दी, दोस्ती का हाथ ही उसने उसकी ओर बढ़ाना है। उसका प्यार कुलविन्दर, घर-बच्चों के लिए पहले की तरह ही कायम रहेगा, सिर्फ़ उसका हिस्सा हरदीप को देगी। ज़रूर देगी।

वह उठी और लाईट जगाकर शीशे के सामने जा बैठी। शीशे में अपना अक्स देखते ही उसे अजीब-सा लगा। आँखों के आस-पास फैले काले घेरे जैसे और भी काले हो गये हों।

वह ड्रेसिंग टेबल सामने बैठ गयी और आँखों पर अँगुलियाँ फिराने लगी, मानो सभी स्याह दायरों को आज ही खत्म कर देगी।

उसने आज कितने वर्षों के बाद अपने मेकअप का सामान निकाला। कितनी देर तक वह मेकअप करती रही, अपने चेहरे पर पाऊडर की हल्की परत लगा उसने नेचुरल कलर की लिपस्टिक भी लगा ली।

वह मालूम नहीं अभी कितनी देर वहाँ बैठी रहती, यदि कुलविन्दर की आवाज़ न आती।

आज वर्षों बाद जैसे उसने पहली बार की तरह कुलविन्दर संग सेज सजायी। वह मिश्री बन उसके अन्दर घुल जाना चाहती थी। आज वह कुलविन्दर के साथ अलौकिक आनन्द प्राप्त कर रही थी।

''नहीं, नहीं, ये कैसे हो सकता है?'' कुलविन्दर ने बेड से उतरते हुए कहा, ''मैं अपना प्यार किसी भी कीमत पर शेयर नहीं कर सकता।''

''इसमें शेयर करने वाली कौन-सी बात है? मुझे डॉ. हरदीप के साथ हमदर्दी है, और मैं उसकी मदद करना चाहती हूँ।''

सुरजीत ने दृढ़ता से कहा।

''मदद-वदद कुछ नहीं होती,'' कुलविन्दर को गुस्सा आने लगा, ''तुम सीधी तरह से कहो कि तुम्हें हरदीप से प्यार है।''

सुरजीत को लगा, उसने जिस कुलविन्दर को चाहा था, उसके साथ घर-गृहस्थी बनायी थी, वह एक पति से ज्यादा कुछ भी नहीं था। यदि वह पति से ज्यादा उसका दोस्त होता, जिसका वह अक्सर दावा किया करता था तो आज ऐसी बातें न करता।

उसे यूँ महसूस होने लगा जैसे इस घर में उसका अस्तित्व पिंजरे में बन्द एक पक्षी से अधिक कुछ भी नहीं। आखिर वह भी तो फ़ैसले लेने में आज़ाद थी। वह भी कमाती थी। इस घर को बनाने में उसने कौन-सी कुर्बानी नहीं दी थी? यह घर नहीं, उसके आज़ाद विचारों को पड़ी वे ज़ज़ीरें थीं, जिन्हें तोड़ने के लिए औरत सदियों से संघर्ष कर रही थी, मगर पिंजरे में बन्द पक्षी की तरह वह पिंजरे से टक्करें मार-मार खुद को ही ज़ख्मी कर रही थी। बेशक वह निढाल हो चुकी थी, परन्तु इस पिंजरें से निकल खुले आसमान में उड़ान भरने की चाहत और आस अभी भी उसमें बाकी थी।

''मिस्टर कुलविन्दर, मैं फैसला कर चुकी हूँ। मैं भी तुम्हारा इम्तहान लेना चाहती थी–कि इस घर में मेरा अस्तित्व क्या है।'' सुरजीत ने दृढ़ता से कहा।

''सुरजीत अगर इस घर में रहना है तो मेरी मर्ज़ी अनुसार चलना पड़ेगा।

सामाजिक मान-मर्यादा भी कोई चीज़ होती है। फिर हमारी उम्र भी अब वह नहीं रही कि हम आपस में लड़ें-झगड़ें। हमें घर के लिए, समाज के लिए सोचना चाहिए।"

इस बात से सुरजीत और भी भड़क गयी, "तुम मुझे घर का रौब देते हो। अब तुम्हें सामाजिक मान-मर्यादा याद आने लगी, जब मैंने अपने हक की बात की। मैं पच्चीस घर इस बरस की ज़िम्मेवारी में घुसी रही। मगर तुमने मुझे सिर्फ़ मशीन समझा। अब मैं अपनी एक छोटी-सी इच्छा भी पूरी नहीं कर सकती, जो किसी भी तरह तुम्हारे घर या समाज को बेशक परवान न हो। मगर मैं अपना फैसला कर चुकी हूँ।"

सुरजीत का चेहरा अंगारे-सा भभकने लगा।

कुलविन्दर उसकी ज़िद से वाकिफ़ था। वह जानता था कि सुरजीत के दिमाग में जो भी बात एक बार समा जाये, वह उसे पूरा करके ही रहती है। उसकी यह ज़िद उसके स्वाभिमान का प्रतीक थी, अब त्रिया हठ से अधिक नहीं लग रही थी। इतने बरस एक साथ एक छत के नीचे सोने के अलावा वह उसे वह कुछ नहीं दे सका था, जो हरदीप दे सकता था या फिर वह थक भी चुका था। उसे लगा, मानो वह एकदम से नायक से खलनायक बन गया हो, क्योंकि नायक तो वही होता है, जिसकी ओर नायिका हो।

एक बार तो उसका दिल किया कि वह सुरजीत से किनारा कर ले। उसने उसके साथ विश्वासघात किया था। आखिर उसकी ज़िन्दगी में भी ऐसे मौके कई बार आये थे। विवाह से पहले और बाद में कम से कम तीन लड़कियां तो सहजता से ही उसके जीवन में आ सकती थीं। जसविन्दर, उसके साथ बी.ए. में पढ़ती थी, पम्मी के साथ उसने एम.ए. किया था और कर्मजीत उसकी कुलीग थी, मगर वह सदा ही इन झमेलों में पड़ने से टलता रहा था। वह समझता था कि उसका प्यार सिर्फ़ सुरजीत के लिए है। वह कोई भी गलत काम करके पाप का भागीदार नहीं बनना चाहता था।

मगर सुरजीत ने तो उसे आसमान से पटक ज़मीन पर फेंक दिया था। पता नहीं कब से यह नाटक चल रहा हो, उसे तो आज मालूम हुआ है।

उसने फैसला किया कि वह सुरजीत से सारे सम्बन्ध तोड़ लेगा। अब तो बच्चे भी बड़े हो गये हैं। ऐसा करने से सुरजीत को भी ज़िन्दगी की असलियत के बारे में समझ आयेगी। वह पर्दा के नीचे सब कुछ नहीं होने देगा।

इतने में सुरजीत सामने आ खड़ी हुई। उसके हाथ में अटैची थी। वह घर छोड़कर जा रही थी।

कुलविन्दर घबरा-सा गया। यदि वह चली गयी तो उसका क्या होगा? घर का क्या होगा? बच्चों का क्या होगा?

वह एकदम आगे बढ़ा और अटैची सुरजीत के हाथ से छीन, उसने उसे बाँहों में भरकर कहा, "मगर यह सब कुछ एकदम गुप्त रहना चाहिए।"

दुर्ग टूट गये / *गुरपाल सिंह लिट्ट*

दोपहर के दो बज गये हैं।

सफ़र। दिल्ली से चंडीगढ़, पाँच घंटे, थकावट। जिस्म अकड़ रहा है। नीरा चाबी 'की-होल' में डालती है। करड-करड। दो-तीन बार कोशिश करने पर ही लॉक खुलता है। मुश्किल से।

'करड-करड'। मतलब दरवाज़े के लॉक के साथ फिर से ज़ोर ज़बर्दस्ती हुई है।

शायद एक और डुप्लीकेट चाबी बनायी गयी है।

मगर किसके लिए?

एक चाबी मॉम के पास है, एक उसके अपने पास। वह दिल्ली में रहती है और तो इस घर में कोई है ही नहीं।

फिर एक और डुप्लीकेट चाबी?

बैग उठाते समय नज़र लॉन की ओर उठती है। नये गमलों का वह नोटिस लेती हैं कितने ही फूल चहक रहे हैं, कितनी ही नयी किस्म के।

लॉन का उजड़ापन कहाँ चला गया? कब?

"हूँ तो मॉम हैलथी है। मैंटली! इन दिनों में। व्हाट हाऊ?"

करड-करड। एक और डुप्लीकेट चाबी। महकता बगीचा।

कौन हो सकता है?

नीरा अन्दर अपने कमरे में आ, बैग टिका देती है। बाथरूम में जाकर तरोताज़ा होने की हिम्मत नहीं, अभी। चाय के कप की तलब जागती है। रसोई में चली जाती है। चाय का कप पकड़े बाहर आती है। सोफे में धँस जाती है। सिगरेट सुलगा लेती है।

धुएँ के छोटे-छोटे छल्ले। चाय के हल्के-हल्के घूँट।

सकून मिलता है। एक आराम। मानसिक और शारीरिक दोनों तरह का।

धुएँ के छल्ले बनाने के लिए होंठों को गोल करती है। मगर छल्ला बाहर नहीं निकलता। वह उस कार्नर की ओर देख रही है।

एक्सरसाईज़ वाला कार्नर भरा-भरा है।

मगर ये सारा सामान तो स्टोर के पिछवाड़े फेंक दिया गया था।

अब यहाँ? कब से?

''ओह! तो मॉम अपनी 'फिगर' के लिए फिर से जागरूक हो गये हैं।''

कौन हो सकता है? वह धुएँ का छल्ला अन्दर ही ज़ज्ब कर लेती है।

उसने यह क्या ज़ज्ब किया है? अन्दर।

उसके होंठों पर मुस्कराहट आती है। अन्दर उदासी फैलती है।

मुस्कराहट कितनी कमज़ोर है। हाँ....।

हनी ने कहा था, ''तेरी मॉम में अभी भी बहुत चार्म है और मॉम की फिज़ीक? जस्ट लाईक ए यंग वुमैन....''

''ओह शटअप....।''

वह चीख उठी थी, ''विल यू....?''

× × × × × × × × × × × × × ×

वह पूरी की पूरी एक गिला बन बैठी थी, ''आप यह सब क्या कर रही हो मॉम?''

''क्या?''

''आप जानती नहीं हो क्या?''

''क्या जानती हूँ मैं?''

''आपको सब मालूम है।''

''क्या मालूम है?''

उसके अन्दर एक छटपटाहट। बेचैनी। बेबसी। कमरे का एक चक्कर। जैसे हथौड़े की थाप फ़र्श पर पड़ रही हो।

''फिर हनी ने आपके बारे में ऐसा क्यों कहा?''

''क्या कहा उसने?''

''यही कि तुम्हारी मॉम में अभी भी....''

मॉम चुप।

''वह मेरा दोस्त है। हम मैरिज़ के लिए एक डिसीज़न लेने वाले हैं।''

मॉम फिर भी चुप।

''उसकी नज़र ने आपमें से ममता की बजाय ग्लैमर क्यों तलाशा। आपकी फिज़ीक पर ऐसी नंगी नज़र....।''

मॉम भड़की, ''फुलिश।''

''मुझे मालूम है, वह मेरी गैर-हाज़िरी में भी घर आता है।''

''फिर?'' त्यौरी चढ़ी।

''कितनी-कितनी देर आपके साथ रहता है।''

''फिर?'' त्यौरी और तंग हुई।

"आपने ऐसा क्यों किया मॉम?" नम हो आयी उसकी आँखें, नमी गुस्से की थी या पिघलने की? मालूम नहीं।

मॉम ने उसकी नम आँखों का नोटिस लिया। नोटिस लिया। हाँ। शायद.... "तेरे गेस्ट को अटैंड किया। घर वाला माहौल देने की कोशिश की। गुनाह था यह....?"

"यह किस तरह का अटैंड करना हुआ मॉम? कि...."

"जब वह घर आता तो घर के पूर्ण होने का एक एहसास जागता।"

"फिर उसकी नज़र, आपकी फिज़ीक पर....? क्यों मॉम?"

"मैं एक नुक्ते के प्रति अच्छी तरह से जागरूक नहीं रह सकी....शायद।"

"किस पर? मॉम।"

"यही कि वह भी एक मर्द है।"

"कहना क्या चाहती हो?"

"मर्द केवल मर्द होता है, नीरा। आखिरी सच। वह केवल मर्द होता है। उसे जितना मौका मिलता है, उतना उसका नंगा सच सामने आता जाता है। ज़ाहिर तौर पर ना भी हो, मगर अन्दर से ज़रूर ही।"

"बस मॉम बस। लफ्फाज़ी, दाँवपेच, फिलासफी। आपकी पीढ़ी भी बस। दम घुटकर रख देते है हमारा।"

"उत्तेजित ना हो। समझने की कोशिश कर....।"

"बस मॉम....।"

"यदि तेरे डैडी साथ होते तो उसके अन्दर का बचपन कभी सिर न उठाता। जहाँ औरतें अकेली हों, वहाँ मर्द का अन्दरूनी बाज़पन निडर हो जाता है.... खूंखार।"

मॉम का डैडी से टूटना। या डैड का इस घर से सदा के लिए टूट जाना। अच्छी-भली कालेज की लैक्चररशिप की नौकरी को लात मार बाहर के देश चले जाना। घर में से बहुत कुछ माईनस हो गया। साथ-साथ ही चला गया डैड के। बहुत कुछ, कितना ही कुछ। हर समय तना-तना-सा माहौल। रात को बेडरूम में से तोड़-फोड़ की आवाज़े नीरा के अन्दर पनपता, गहरा होता सहम। दिन की रोशनी में भी वही सब कुछ। डैड के मॉम की ओर आग बरसाते लब्ज़ों के अग्नि-बाण, मॉम का आपे से बाहर होना। उस दिन तो मॉम के नाखूनों के निशान डैड के चेहरे पर गड़े हुए थे। गहरे। खून रिसने लगा।

"यू बिच....।"

फिर एक भूचाल—तोड़-फोड़, कीमती क्राक्ररी-शोपीस। सभी कुछ। कमरे के फ़र्श पर बिखरा सामान। सभी कुछ।

मॉम-डैड का रिश्ता भी। किरचें-किरचें।

घर में वही भूचाल, आखिरी भूचाल था।

फिर डैड का चले जाना—दूर—सदा के लिए।

एक सूनापन। पहले घर में। फिर रातों में। फिर दिलों में।

''मॉम, आप तो दोनों एजूकेटड थे—सिविलाईज़्ड। फिर....''

''कागज़ों से अक्षरों का पढ़ना। कागज़ी फलसफे को पढ़ लेना ही तो एजूकेशन नहीं होती नीरा....।''

''और क्या? मॉम।''

''एहसासों की भी एक इबारत होती है। मगर तेरे डैड के पास इस इबारत को पढ़ने लायक नज़र ही नहीं थी....। नीरा।''

मॉम चुप कर गये। चुप ही रही। कितने ही पल।

सूनापन जैसे और भी गहरा हो गया।

नीरू ने मॉम को अंक में भर लिया।

''खाली ज़िन्दगी को ढोना बहुत मुश्किल होता है। मानसिक स्तर पर मुझे तेरे डैड से कुछ भी नहीं मिला, यह तो तुझे भी दिखाई देता रहा होगा। मगर कुछ ऐसा भी है जो तुझे दिखाई नहीं दिया होगा।''

मॉम रूकी। नीरू सिर्फ़ हाथ बन गयी। मॉम की ओर सहलाता हुआ हाथ, ''वह क्या है मॉम?''

''जिस्मानी तौर पर भी मुझे उस मर्द से कभी कुछ हासिल नहीं हुआ।''

नीरू का हाथ स्थिर हो गया।

''....और अपनी इस कमज़ोरी के ज़ाहिर होने से डरते तेरे डैड ऐसे जानबूझ कर वायलैंट होते थे। बार-बार। पहली उम्र अपने ही हाथों किये गये शरीर की तबाही.... ।''

नीरा के माथे में सोच की उधेड़बुन....।

''और मेरा आगमन...., मॉम?''

मॉम बैठ गयी, ''बस अब? और सवाल नहीं। कोई भी सवाल नहीं।''

मगर नीरू चुप नहीं रह पाती, ''....तो इसी उलझन के कारण आप दोनों में एक तनाव रहता था?''

''कहा ना नीरू। और सवाल नहीं।''

''फिर तो आपका तनाव, सारी वायलैंस का कारण मैं ही हुई। मेरा वजूद ही। है ना मॉम?''

राख बनी रही सिगरेट। अँगुली में पकड़े सुलगते टुकड़े का सेक। नीरू सिर झटक देती है। उठकर अपने बेडरूम में आ जाती है।

अचानक मर्दानी गन्ध का एहसास जागता है। कमरे की हवा में समायी हुई है यह गन्ध। वह हवा में गहरा साँस भरती है। गन्ध तो है। मगर किसकी? उसके

स्टडी टेबल के पास मर्दाना हवाई चप्पल का जोड़ा कोने में पड़ा है। गन्ध जैसे गहरी हो गयी है। अचानक लगता है, चप्पलों को तो वह पहचानती है। पापा की हैं ये चप्पलें। मगर यहाँ कैसे? किसे अधिकार मिला इन चप्पलों को पहनने का? क्यों मिला।

बुक शेल्फ में पड़ी बेतरतीब पड़ी किताबों को ठीक करने लगती है। एक प्लास्टिक का लिफाफा। खोलती है। अन्दर पेपर है। हीरो हाँडा मोटर साइकिल की रजिस्ट्रेशन, इंश्योरेंस की फोटो कापियाँ हैं। हीरो हाँडा क्यों? मॉम के पास तो कनटेक हांडा है। छः महीने पहले ही तो पुराने की जगह पर नया तबदील किया था तो फिर यह हीरो हांडा? कागज पत्र तो मॉम के ही नाम हैं। बाईक लिए अभी मुश्किल से महीना ही हुआ है।

"कौन है?"

कागज-पत्र अपने नाम करवाने का कारण?

जानती है, मॉम का बैंक बैलेंस काफी भारी है।

मॉम ने किसे लेकर दिया है हीरो हांडा? किस पर इतनी दयालु हुई हैं मॉम? यदि दयालु हुई भी हैं तो कागज-पत्र अपने नाम क्यों?

"इन सिक्योर्ड....।" नीरू बुदबुदाती है।

अचानक एक आवाज़ ज़ेहन में उभर आती है।

एक जवान मर्द की भारी आवाज़।

रात को बारह बजे नीरू ने दिल्ली से मॉम को फोन किया था। ज़रूरी फोन था। मिल नहीं रहा था। ऐसे ही रात के बारह बज गये थे।

नम्बर लगा। रिंग कितनी ही देर बजती रही थी।

"हैलो।" नींद में अलसायी एक मर्दाना आवाज़ थी। भारी-सी।

वह पल भर के लिए रुकी रही थी। शायद रांग नम्बर लग गया था।

"हैलो।" उधर से फिर अलसायी-सी आवाज़।

"आई ऐम नीरू सहगल फ्राम डेहली। इज़ दैट मैडम सहगलज नंबर।"

दूसरी ओर कुछ पलों के लिए चुप्पी।

"हैलो।" कौन नीरू? मैं तुम्हारी मॉम बोल रही हूँ बेटा? क्या बात, तू ठीक तो है न? इतनी रात गये फोन? मुझे काफी घबराहट हो रही है। क्या बात है? बता तो सही कुछ। ठीक-ठाक है न सब....?"

नीरू को मॉम के सिर्फ़ बोल सुनाई दे रहे थे। बातों के अर्थ समझ नहीं आ रहे थे और मॉम का इतनी देर तक लगातार बोलते जाना? बोलते ही चले जाना....? क्या सिद्ध कर रहा है।

"मॉम। फोन पहले किसने उठाया था?"

उधर फिर दो क्षण के लिए चुप्पी।

"तुम्हारे चड्ढा अंकल हैं। तीन सौ तिरपन वाले। इनका अमेरिका से फोन आया था। दुबारा फिर आयेगा। इन्तज़ार में बैठे हैं।"

"तू बता। इतनी लेट फोन क्यों किया। ऐनी थिंग सीरियस?''

"नॉ मॉम। नथिंग इज़ सीरियस हियर....।"

फोन रख नीरू कितनी ही देर बैठी सोचती रही थी। कितना कुछ वह सोचती रही थी। उसने खामख्वाह मॉम के उलट सोचा। मॉम तो हमेशा अड़ोस-पड़ोस के काम आने के लिए तैयार रहती है।

तो फिर नीरू ने अपनी प्रॉबलम बताये बगैर ही फोन क्यों रख दिया था? क्या वह सच में ही उधर सुनी आवाज़ को इतना नार्मली ले रही थी या खुद को यकीन दिला रही थी कि उधर सचमुच ऐसा ही था। नार्मल।

मगर नीरू के अर्न्तमन ने स्वीकारा नहीं था उस आवाज़ के सच को। अपने-आप को अच्छी तरह से समझाने के बावजूद, नहीं स्वीकारा था।

तभी शायद कुछ दिनों के बाद उसने फिर मॉम को देर रात को फोन किया था। काम भी कुछ नहीं था, मगर उसने फोन किया था।

क्यों किया था फोन उसने?

फोन करते समय वह खुद को इस सवाल से जैसे बचाने की कोशिश करती रही थी।

इस बार फिर मॉम ने ही फोन उठाया था, "हैलो।"

नीरू अचानक निराश-सी क्यों हो उठी थी।

''मैं नीरू, मॉम....।"

"हाँ बेटे .....बता?"

उसे भ्रम हुआ मानो कमरे में कोई और भी हो।

जैसे रज़ाई की शनील आपस में रगड़ी हो।

मगर शनील की तो इतनी आवाज़ होती नहीं।

"हाँ, बता नीरू, डिस्टर्ब तो कुछ ही नहीं? बहुत रात गये फोन करती है आजकल। हाऊ इज़ हनी?''

"हनी इज़ फाईन। मॉम, मैंने तो इसलिए फोन किया था कि हम दो-तीन महीने से आपको मिलने नहीं आ सके। शायद महीना अभी और न आ सकें। काम का बिखराव ही इतना है। अच्छा मॉम....ओ.के.।"

"ओ.के.....मगर अब....। आने से पहले मुझे फोन ज़रूर कर लेना।"

"इनसिक्योर्ड...." नीरू बड़बड़ाई।

वह नहाकर ताज़ा दम हो जाना चाहती है। मॉम की अलमारी खोलती है।

मर्दानी गन्ध को फिर से नथुनों में महसूस किया।

एक खाने में कुछ मर्दाना धुले, प्रेस किये कपड़े पड़े हैं। कुछ सफेद कमीज

पज़ामे, निक्करें, बनियानें। एक मर्दाना गाऊन भी हैंगर से लटक रहा है। डैड वाला गाऊन यहाँ क्या कर रहा है।

और ये मर्दाना कपड़े?

नीरू को लगा, चड्ढा अंकल की आवाज़ तो वह पहचानती है। फोन उठाने वाली आवाज़ भारी थी। एक जवान, मर्दाना आवाज़। नीरू को यह भी लगा कि रज़ाई वाली शनील की भी एक आवाज़ होती है। अपनी ही तरह की आवाज़ और उस आवाज़ को, फोन में सरसराहट से रोकने के लिए कोशिश तो करनी ही पड़ती है।

मगर मॉम ने हीरो हांडा के कागज़ अपने नाम पर क्यों बनवाये।

"फीलिंग आफ इनसिक्योरिटी?" नीरू फिर बुदबुदाई।

"इनसिक्योर कौन नहीं है?" नीरू ने सोचा, तरक्की की तेज़ रफ्तार दौड़ती हुई यह दुनिया। दाँव लगे तो उठ जाना...। दाँव चूके तो नीचे गिर जाना, औंधे मुँह।

"इनसिक्योरिटी ही तो दी है इस भागमभाग युग ने।"

एक घटना ज़ेहन में कौंधने लगी। हनी के साथ जुड़ी एक घटना।

"नीरू मैं बहुत इनसिक्योर महसूस करता हूँ आज कल।" हनी ने उसे बिस्तर में कहा।

नीरू तब मछली की तरह छटपटा रही है। मँझधार में छोड़े जाने पर ऐसा ही होता है। वह हनी की ओर ताकती है—हिकारत से।

"तू बहुत ऊँची उठती जा रही है। मेरा डर बढ़ रहा है। कहीं तू मुझे छोड़कर मुझसे दूर....। बहुत ऊपर....। और यही डर इन पलों में मुझ पर भारी हो जाता है....। और मुझ पर इस प्रकार की शिथिलता हावी हो जाती है....।"

"ओह.... शट....अप," नीरू के अन्दर का शेर गरजा।

एडवर्टाईजिंग की गलैमरस दुनिया नीरू का स्किल-क्रियेटिविटी, कांट्रैक्ट्स...। वह बहुत आगे निकल रही है, सच में। और हनी? एक बढ़िया फोटोग्राफर। बस उसका अधीनस्थ बनकर रह गया है। अन्य कई फोटोग्राफरों की तरह ही। बस एक कैमरामैन मात्र।

"नीरू कॉम डाऊन। शान्त हो जा....प्लीज़....।" उसकी कलाई पकड़ता है।

"तुम कारण तलाश कर रहे हो, बेवजह। एक इंटैलीजैंट शख्स हर स्थिति के लिए दलील गढ़ने में समर्थ होता है। तुम भी अपने आप को बचाने के लिए....।"

"बिलीव मी नीरू। यकीन करो। बचपन में उस फौजन के कारण मेरी जो हालत....। मेरे ज़ेहन में लगे उन डंकों के ज़ख्मों का असर...."

"बस हनी," नीरू ने कानों को ढक लिया, "और कितनी बार इस बात को दुहरायेगा? तंग आ चुकी हूँ, इस घिसे रिकार्ड को सुनते-सुनते....।"

हनी उठकर बैठता है। मिन्नत भरा लहज़ा है, "तू एक बार मिल तो ले उस

मनोविज्ञानी से। उसने कितनी ही बार कहा है मगर तुम वक्त ही नहीं निकालती। अच्छा सोच....देख....गुस्सा नहीं। जब भी तुम सोबर ढंग से लेती हो इन रिलेशनज़ को....तब तो इतनी प्रॉबलम नहीं आती ना। देख, मुझे समझने की कोशिश कर....। मेरी यह मानसिक परेशानी....।''

नीरू ने हनी की ओर देखा। एक कैमरामैन। जैसे सीन को फोकस करने के लिए ऐंगल तलाश रहा है। मगर ऐंगल मिल नहीं रहा।

वह फिस्स कर के हँस पड़ती है।

हनी गिड़गिड़ाता है, "तुम सुबह थोड़ा-सा वक्त निकालो....। हम डॉक्टर के पास।''

डॉक्टर, नीरू को अन्दर कैबिन में ले जाता है। अकेले ही।

दोनों आमने-सामने बैठे हैं।

''लिस्न मैडम। आपके पति की समस्या शारीरिक नहीं। इट इज़ प्यूरली साईकालिजकल....एकदम मानसिक। छोटी उम्र में एक फौज़ी की औरत ने....।''

''आई नो डॉक्टर। मैं बीसियों बार ये सब कुछ सुन चुकी हूँ, हनी के मुँह से। यह सब कुछ नहीं है। वह सिर्फ़ दलीलें तलशता रहता है। खुद को....।''

"प्लीज मैडम। मुझे कोपरेट करें। आपको मालूम नहीं, वह घटना कितनी अहम् है। कितना महत्त्व रखती है। बालपन में मिली दहशत की जड़ कितनी गहरे बैठी हुई है उसके अन्दर?"

बोलते-बोलते डॉक्टर अचानक रुकता है। नीरू की आँखों में सीधा झाँकता है, "लैट मी सम मोर फ्रैंक। हो सकता है? कुछ पूछ सकता हूँ?''

"यस डॉक्टर?" नीरू अचानक गम्भीर हो जाती है।

"आप अपने पति से फ़िलहाल स्पैरेशन तो नहीं चाहती। मेरा मतलब अलहिदगी....?"

"व्वॉट?," नीरू कुछ पल डॉक्टर के चेहरे की ओर देखती है। फिर जैसे बात की तह तक पहुँच जाती है, "ओह नो डॉक्टर।''

"ठीक है। फिर आपको पूरा सहयोग देना होगा। स्थिति को अच्छी तरह से समझना होगा। मैं उम्मीद रख सकता हूँ?"

"यस डॉक्टर।"

"देखो नीरू....। तेरह-चौदह साल की उम्र काफी नाजुक होती है। इस उम्र में यदि मौका मिले तो औरत का साथ अच्छा लग सकता है। इस उम्र में मन में एक उत्सुकता भी जाग चुकी होती है। मगर यदि सामने भरी-पूरी औरत हो, वह भी काम के लिहाज़ से एकदम भूखी अवस्था में। फ़ौजन इनकी कोठी में किरायेदारनी थी और फ़ौजी दूर कश्मीर में। हनी के घरवाले जब भी कहीं जाते तो उस औरत के सहारे उसे अकेले छोड़ जाते। अक्सर रात भर के लिए भी। तभी से यह प्रॉबलम है। उस औरत की हवस इतनी मुँहज़ोर थी कि....। और आखिर यह एक बच्चा

ही तो था। कैसे झेलता। वह भूल ही जाती कि बच्चा बदहवासी की हालत तक पहुँच रहा है। तभी इसे दौरे पड़ने लगे। इलाज़ और ही मर्ज़ का होता रहा। डर के मारे इसने मन की गाँठ घरवालों के सामने खोली ही नहीं....।"

डॉक्टर कुछ पलों के लिए खामोश हो गया। नीरू भी चुप।

"और जब भी इसने आपके सामने मन की गाँठ खोलने की कोशिश की तो....। आपने समझने की बजाय इसका मज़ाक ही बनाया।"

डॉक्टर ने बात अधूरी ही छोड़ दी।

"अब क्या डॉक्टर ....?" नीरू डॉक्टर की ओर देखते हुए कहती है।

"देखो नीरू। आपको अपने इमोशंस को काफी कंट्रोल करना पड़ेगा। मेरा मतलब है बिस्तर में बड़ी कोमलता से, आई मीन बहुत पुलाईटली डील करना होगा शारीरिक सम्बन्धों को....। मैं समझता हूँ....एकदम उत्तेजित हो जाना बहुत स्वाभाविक होता है इस उम्र में। दिस इज वैरी नेचुरल फिनामिना....। मगर जब भी आपने उतावलापन....। मेरा मतलब ज्यादा उत्तेजित हो जाती हो, तो हनी के सामने आपका चेहरा, आपकी जीभ, आपकी तीव्र उत्तेजना उस फ़ौजन के रूप में तब्दील हो जाती है। हनी के लिए उस समय आप, आप नहीं रहती बल्कि वह फ़ौजन बन जाती हो, जिसकी दहशत इसके ज़ेहन में....। उन पलों में मानसिक आघात अधीन हनी....। आप समझ रही हो न....?"

"हाँ डॉक्टर।"

"यदि आप न सँभली तो हो सकता है हनी सदा-सदा के लिए नकारा।"

"ओह नो डॉक्टर....। मैं ध्यान रखूँगी। एकदम।"

कुछ और हिदायतें। कुछ और बातें। नीरू उठ खड़ी हुई। डॉक्टर की ओर हाथ बढ़ाया, "थैंक्स डॉक्टर।"

"एक बात और।" डॉक्टर साथ चलने लगा, "यदि सम्भव हो सके तो हनी को कीचड़ से निकालकर किसी अहम् स्थान पर बिठाओ, जहाँ वह इनफिरियर महसूस न करे।"

डॉक्टर के पास से लौटकर नीरू सोचती है। इतनी देर तक डॉक्टर के पास न जाकर उसने कितनी बड़ी गलती की है? अधीनस्थ जैसे स्थान पर होने के कारण हनी उसके मन में भी कितना बौना हो गया है।

"एहसासों की भी एक इबारत होती है।"

मॉम के बोल उसे उस घटना से बाहर खींच लाये।

नीरू ने घड़ी देखी। साढ़े तीन। मॉम कालिज से आती ही होंगी। वह तौलिया उठा बाथरूम में घुस गयी। चिटकनी अटकी हुई है, मुश्किल से ही सरकती है। बॉथिंग टब के नल खोलकर लेट जाती है। पानी की ठंडक, अन्दर एक सकून भरने लगता है। अचानक उसे बाथरूम से फिज़ा की मर्दानी गन्ध आने लगती है।

नीरू मुस्करा उठती है। औरत के अन्दर पुरुष-गन्ध को सूँघ सकने की यह कैसी शक्ति होती है। अकेली पुरुष-गन्ध ही क्यों, अपने पति के पास से किसी परायी औरत की गन्ध सूँघने में भी उसे कितनी देर लगती है भला।

और हनी के शरीर के साथ लिपटी वह परायी गन्ध।

नीरू डॉक्टर की हिदायतों के मुताबिक चली थी। असर भी हो रहा था। हनी काफी ठीक महसूस करने लगा था।

तभी साल भर के लिए दिल्ली छोड़ने का एक मौका हाथ आ लगा। नीरू भी कुछ समय दिल्ली के माहौल से दूर रहने की सोच रही थी। नीरू ने चंडीगढ़ आने का फैसला कर लिया। जी नेटवर्क के लिए कुछ नये चेहरे तलाश कर, एडवर्टाईजिंग का एक प्रोजैक्ट उनके हाथ लगा था।

नीरू दिल्ली के काम की जिम्मेदारी धीरे-धीरे अपने सहयोगी को सौंप रही थी।

तभी ही मॉम के घर से आधी रात को टेलीफोन पर मर्दाना आवाज़।

और नीरू को अपना फैसला डोलता नज़र आया।

जल्दी ही वह फैसला नीरू ने फिर पक्का कर लिया।

उस दिन हैदराबाद से ज़रूरी फोन था हनी के लिए। उसकी बहन का। रात के ग्यारह बजे का वक्त और हनी घर नहीं लौटा था।

नीरू ने स्टूडियो फोन किया। मगर फोन खराब था शायद। लगातार एंगेज चल रहा था। नीरू के मन में पता नहीं क्या आया? उसने टैक्सी ली और स्टूडियो पहुँच गयी।

लिफ्ट बन्द थी। चौथी मंजिल तक बढ़ते हुए उसकी साँस फूल गयी। उसने केबिन का दरवाज़ा खोला तो हड़बड़ा गयी। हड़बड़ा तो वह मॉडल लड़की भी गयी। एकदम उठकर बैठ गयी, चादर से शरीर ढकते हुए मरियल-सी लड़की। क्या देखा होगा हनी ने इसमें। याद आया, हनी की सिफारिश पर ही तो नीरू ने इस लड़की को काम दिया था।

"नीरू, बहुत सोबर है यह लड़की! ज़रूरतमन्द भी है बेचारी। यदि थोड़ा-बहुत काम दे सके।"

तभी हनी बाथरूम से बाहर आया था।

अब हड़बड़ाने की बारी हनी की थी।

सारे रास्ते हनी, नीरू की मिन्नतें करता रहा था। गिड़गिड़ाते हुए, माफी माँगता रहा था। मगर नीरू को जैसे कुछ भी सुनाई नहीं दे रहा था। बस वह अपने मन से पूछती रही थी कि वह ऐसे अचानक ही घर से क्यों चल दी थी। कौन-सी बात उसे आधी रात यहाँ पर खींच लायी थी?

कहीं कई दिनों से हनी के समीप से आती परायी गन्ध तो नहीं खींच लायी थी?

अगले दिन उस डॉक्टर से बात की तो उसने बात को बहुत अहमियत नहीं दी थी, "मैंने आपको इशारा तो किया था। असल में हनी उस मरियल-सी लड़की के निकट अपने अन्दर की हीन भावना से उभरता हुआ महसूस करता है।"

डॉक्टर पल भर के लिए रुका था, "लिसन नीरू! आप इस बात को ज्यादा न खींचें। आपके सामने भी अब बहुत ठीक महसूस कर रहा है। इसलिए....। चंडीगढ़ तो जा रही हो सब ठीक हो जायेगा। यह सब वक्ती से वेग होते हैं। मुझे यकीन है....सब ठीक हो जायेगा।"

सच ही, नीरू ने इस घटना को ज्यादा न खींचा।

हाँ, सतर्क ज़रूर हो गयी थी।

शायद इसीलिए तब वह चंडीगढ़ आयी थी। जब हनी हफ्ते के लिए हैदराबाद अपनी बहन के पास गया था।

मॉम ने कहा था, "चंडीगढ़ आने से पहले फोन ज़रूर कर लेना।" कहीं नीरू मॉम के साथ जैलस तो नहीं हो रही।

नीरू टब से बाहर निकल आयी। साबुन से जिस्म भी महकने लगा और हवा भी। अचानक उसकी नज़र बाथरूम की दीवार पर लगे आदमकद शीशे की ओर उठी। यह मॉम ने कब फिट करवाया? मॉम में ये कैसी तब्दीलियाँ आ रही हैं।

नीरू से शीशे में खुद को निहारने का लालच त्यागा नहीं जाता उसे नुमाइश में देखा एक नग्न चित्र याद आता है। "छलकती औरत।"

नहीं। उस चित्र वाली औरत नीरू से ज्यादा नहीं 'छलक' रही थी।

वह सोचने लगी, कहाँ शीशे में दिखती जवान औरत का मुँह-जोर वेग। कहाँ डॉक्टर की हिदायत और सोबर दिखते भाव अर्थात् बँधे-बँधे....संकोच भरे जिस्मानी सम्बन्ध।

नीरू को लगा, उसके अन्दर बैठी औरत उस फ़ौजन को बहुत नफरत करने लगी है।

और वह मॉडल लड़की?

नीरू फिस्स से हँस पड़ी।

तभी बाथरुम के दरवाज़े पर हल्की-सी दस्तक होती है। शायद मॉम आ गयी है।

"बस दो मिनट....।"

वह साबुन से महके जिस्म को शॉवर के नीचे कर देती है। महकते साबुन की झाग बनी लहरें नीचे की ओर बहती जा रही है, धीरे-धीरे।

तभी चीं की आवाज़ होती है। दरवाज़ा खुल जाता है। चिटकनी ठीक तरह से लगी नहीं थी शायद!

नीरू को मुड़ने का मौका भी नहीं मिलता।

मर्दाना स्वर उसे अपने कानों से टकराता है, "मैं भी आ गया, बाथिंग ब्यूटी। देख लो, मैंने हमेशा की तरह आँखें बन्द ही की हुई हैं।"

यह भारी आवाज़ तो नीरू ने कहीं सुनी है, हाँ टेलीफोन पर....नीरू सँभली। मगर तब तक वह बहुत मजबूत बाँहों की गिरफ्त में आ गयी है।

"मैडम, आप आज कालिज से जल्दी....।"

मगर उसकी आवाज़ अचानक लरज कर टूट जाती है....शायद जिस्मानी अन्तर को महसूस कर....। नीरू एक झटके से आज़ाद कर दी गयी। वह एकदम घबराकर पीछे हट चुका है। वह एक जवान तन्दरुस्त मर्द, केवल अंडरवीयर में।

घबराहट में वह बौखला जाता है। घबराहट से नीरू भी बौखला जाती है। हवा में भी घबराहट फैल जाती है।

वह बुरी तरह से हकला उठा, आप....आई....एम....सॉरी। आप....मैं असल में....मैं।

नीरू के मुँह में तो ज़ुबान ही नहीं रही। सकते की-सी हालत है। वह अपनी बाँहों से अपनी जिस्म के नंगेज को ढकने की नाकामयाब-सी कोशिश कर रही है। नंगी बाँहों के साथ....।

"आप.....? नीरू हो....?" सामने वाले का स्वर घबराहट के कारण लड़खड़ा रहा है।

मगर नीरू की आवाज को तो जैसे लकवा मार गया हो।

समय जैसे रुक गया हो।

सामने वाला एक कदम और पीछे हटा। नीरू को निहारा शायद! ओह गॉड, सो चार्मिंग....।"

नीरू चौंक गयी। सामने वाले की आवाज़ में से घबराहट तक गायब हो गयी। उसकी नज़रों को वह अपने जिस्म में शूलों-सा चुभता महसूस करती है।

वह एकदम जैसे होश में आ जाती है।

चीख पड़ती है, "हाउ डेयर यू.....? गेट आऊट।"

सामने वाला बौखला जाता है। बाहर की ओर बढ़ता है। नीरू फड़ाक् से दरवाज़ा भिड़ा देती है।

" हाऊ डेयर यू....यू....यू।" आवाज़ बाथरुम की दीवारों के साथ टकराती है। लगातार टकराती रहती हैं।

नीरू को लगता है, उसके अन्दर कोई और औरत भी है। वह औरत दीवारों के साथ लगातार टकरा रही उस आवाज़ को शान्त करना चाहती है। नीरू के पुट्ठों पर कसाव के कारण लाल उभर आये अँगुलियों के निशा़नों को वह औरत जैसे अपनी पलकों के साथ सहलाती है। होंठों को छूती है। मुँह जोर जिस्मानी वेग से छलकती वह औरत....। डॉक्टर ने तो कहा था कि उसे काफी सोबर रहने की ज़रूरत है

....काफी संयमी। हाँ, यह है तो सही एक सोबर-सी औरत। जो एक-एक कपड़े से शरीर को ढक-सँवार रही है चुप-चाप....।

बाथरूम का दरवाजा खोलती है। तो बाहर हीरो हांडा के इंजन की आवाज़ सुनाई देती है। वह तेज़ी से ड्राईंगरूम के शीशों वाले मुख्य दरवाज़े के पास पहुँचती है।

सामने खुली जगह है। पार्क के लिए छोड़ी हुई है। हीरो हांडा घूमकर सामने मोड़ के नज़दीक पहुँच चुका है। अचानक रुक गया है। दूसरी ओर से कनैटिक हांडा पर मॉम नज़र आती हैं। उसके पास रुक जाती हैं। वह कुछ बता रहा है। उसके हिल रहे हाथों से उसकी घबराहट नज़र आती है। दोनों सिर घुमाकर कई बार कोठी की ओर देख चुके हैं।

हीरो हांडा जाने के बाद भी मॉम हिलती नहीं। कुछ पल वैसे ही खड़ी रहती हैं।

नीरू सोचती है, इतनी दूरी पर खड़े आदमी का वजूद, कैसे....कितना ही बोलता प्रतीत हो रहा है। कितना ही कुछ....अनकहा....सा....। नीरू पीछे हटते हुए सोफे पर बैठ जाती है।

मॉम कमरे तक पहुँचने पर भी पूरी तरह सँभल नहीं सकी, "कब आयी नीरू"

नीरू के जवाब को इन्तज़ार किये बगैर ही वह बाथरूम में चली गयी। एक ....दो....तीन....कई मिनट लगाकर आयी हैं। तौलिए ये चेहरे को पोंछते हुए।

"तुझसे कहा था न नीरू, फोन करके आना। मालूम होता तो मैं कालिज से थोड़ा जल्दी आ जाती।"

मॉम फिर जवाब का इन्तज़ार नहीं करती। तुरन्त रसोई में चली गयी है।

नीरू को मॉम पर तरस आता है 'बेचारी',

चाय पीते हुए नीरू ने सहजता से बात करनी चाही।

"मॉम....।"

मगर उसने मालूम नहीं क्या समझा। खुद ब खुद बोलने लगती है,

"मुझे मालूम है....। आई एम सॉरी....नीरू। दरअसल दीपक ने गलती से....। मैं उसकी ओर से माफी माँगती हूँ।"

नीरू हैरानी से मॉम की ओर देख रही है।

मॉम बोलती जा रही है, "देख नीरू....। तू इंटैलीजेंट है। मुझे विश्वास है, मेरी हालत को समझ सकेगी। अपने जीवन के खालीपन के बारे में कुछ भी कह कर मैं किसी प्रकार की कोई हमदर्दी नहीं लेना चाहती। बस इतना ही कहूँगी, भरपूर जीवन जीने का एक मौका मिल रहा है मुझे। यदि तू हमारे....मेरा मतलब मेरे और दीपक के सम्बन्धों को सहजता से स्वीकार कर ले....तो तू मेरी बहुत बड़ी मदद कर रही होगी। मुझे एक अनावश्यक तनाव से बचा लेगी....।"

मॉम कहती जा रही थी। कितना संयम है उसकी आवाज़ में। कितना आत्म विश्वास।

यह सब इन महीनों में कैसे पैदा हो गया?

दीपक की देन तो नहीं कही।

नीरू सोचने लगी, अपनी ओर से वह मॉम को दुःखी नहीं करेगी। मगर एक फिक्र उस पर भारी है।

अचानक नीरू मॉम की आवाज़ से चौंक उठती है....

"तू सुन रही है? समझ रही है न? नीरू...बोल...।"

"मॉम....।"

"हाँ बोल....।"

"मॉम...., यह दीपक कहीं वही तो नहीं, जब आप किसी देहात के कालिज में लैक्चरार थीं। एक स्टूडेंट था आपका। जिसने आपको प्यार का इज़हार करते हुए एक पत्र....।"

"हाँ।"

"और आपने वह ख़त हँसते हुए वापस कर दिया था और जब आपके जन्मदिन पर तोहफा देने आया, तो आपने वह भी स्वीकार नहीं किया था। इसे समझा-बुझाकर भेज दिया था....।"

"हाँ। क्योंकि मैं नहीं चाहती थी कि ऐसे ही वह इस फालतू झंझट में फँसे....।"

"और अब मॉम....।"

"और अब हालात और हैं। इसे भी एक सहृदय साथ की ज़रूरत है। इस की बीवी और इकलौती बच्ची दो साल पहले एक कार हादसे में....। बेहद अकेलापन महसूस कर रहा था दीपक भी....।"

"इसका मतलब....तब भी आप इसे पूरी तरह मन से नकार नहीं पायी थीं....।"

"शायद....।"

"अब विश्वास है इस पर।"

"हाँ।"

"बाँधकर रख सकोगी मॉम? मेरा मतलब है एज गैप....उम्र का एक बड़ा अन्तर....।"

"तू यह सब क्यों कह रही है....? डरा रही है मुझे? मेरे विश्वास को कमज़ोर कर रही है।"

"आपका विश्वास तो कमज़ोर ही है मॉम"

"क्या मतलब है तेरा।"

"बताइए, हीरो हांडा अपने नाम करवाने के पीछे और कौन-सी मानसिकता काम कर रही है?"

मॉम ने चौंककर नीरू की ओर देखा....।

"ऐसी चीज़ें....। चीज़ों की सहूलियत किसे कितनी देर तक बाँधकर रख

सकती है मॉम।"

मॉम कुछ बैचेन हो गयी, "हैं, तू मुझे डरा रही है नीरू। क्यों डरा रही है?"

"नहीं मॉम, जागरूक कर रही हूँ। यह साहूलियतें बहुत दूर तक बाँधकर नहीं रख सकतीं आदमी को और विश्वास को? जब हम इस भावना का ज़िक्र करते हैं तो मुझे लगता है मॉम, हम अपने मन को बैसाखियों-सी पकड़े रहे होते हैं,....। और यह विश्वास नाम की भावना भी मालूम नहीं कितनी देर तक बाँधकर रख सकेगी।"

मॉम चौंक गयी। नीरू की ओर गौर से देखने लगी। उठकर उसके पास आ बैठी, "एक बात बतायेगी नीरू, सच ...। दीपक ने तेरे साथ कोई बदतमीजी तो नहीं की।"

"नहीं मॉम। हाँ, कर भी सकता था यदि मैं सख़्त न हुई होती....।"

"मतलब।"

"कुछ नही मॉम?"

मॉम के चेहरे पर चिन्ता की रेखाएँ उभर आयीं।

वह रेखाएँ और भी गहरी हो गयीं, जब नीरू ने एक वर्ष तक चंडीगढ़ आकर रहने के बारे में बताया।

चिन्ता की रेखाएँ मॉम के चेहरे पर हैं, मगर नीरू के तो अन्तर्मन में गड़-सी गयी हैं बुरी तरह से।

"नीरू क्यों डर रही है?"

"तेरी मॉम की फिज़ीक। जस्ट लाईक ए यंग वूमैन....।"

"माई गॉड....सो चार्मिंग....।"

नीरू के अन्दर कुछ काँपने लगा है।

तभी मॉम की काँपती हुई आवाज़ आयी,"मेरी एक बात मान ले नीरू। तू चंडीगढ़ आकर न रह। मेरी बस यह बात मान ले।"

मॉम हौले-से फुसफसायी, गिड़गिड़ायी-सी....

मगर नीरू को यह बोल गूँजते-से सुनाई क्यों दे रहे हैं....?

नीरू को महसूस हुआ। उसके अन्दर भी एक डरी हुई औरत, एक जैसी ही भीख उस से माँग रही है।

उसे लगा, वह दोनों अपने-अपने दुर्ग में बैठी अपनी सुरक्षा का बस भ्रम ही पाल रही हैं।

अचानक नीरू को लगा कि उसका अन्तर्मन मॉम से कहना चाहता है, "आपने कहा था मॉम मर्द सिर्फ मर्द ही होते हैं। यह कहना भूल गयी शायद कि औरत भी तो सिर्फ....।

मगर नीरू ने कुछ नहीं कहा।

मॉम उसकी ओर ताकती रही, एकटक।

"नीरू, तुमने जवाब नहीं दिया....?"

माहौल में गम्भीरता आ गयी।

इस गम्भीरता को नीरू की खिलखिलाहट भरी हँसी ने तोड़ दिया। ये कैसी हँसी है? जो नीरू हँस रही है।

"घबराओ न मॉम। डरो नहीं। मैंने फैसला कर लिया है। किसी और शहर में जाकर अपने प्रोजैक्ट पर काम करूँगी।"

नीरू ने मॉम से कहा। मगर क्या सिर्फ मॉम से ही कहा....? मॉम अचानक उल्लास से भर उठी। उसने नीरू को अपनी बाँहों में भर लिया। हौंसला देने के लिए।

हौंसला?

सिर्फ़ मॉम को?

या......?

पुल / *हरजीत अटवाल*

विवाह था। फेरों का वक्त था। गुरुद्वारे के हॉल में मेरे लिए सभी अजनबी थे। एक दोस्त के साथ विवाह पर आ गया था। उसके मित्र की बहन का विवाह था। मैं किसी को जानता नहीं था। मेरा दोस्त विवाह में अग्रणीय था, इसलिए चारों ओर भागता फिर रहा था। मगर मैं एक ओर बैठ शब्द-वाणी सुनने के अलावा और कुछ कर नहीं सकता था। मैंन इधर-उधर नज़र दौड़ायी। दूर एक ओर दीवार से टेक लगाये एक परिचित-सा चेहरा नज़र आया। बड़ा गोल चेहरा, बड़ी आँखें, छोटी-सी नाक, यह सब कुछ जाना-पहचाना-सा लगा। मैं सोच ही रहा था कि वह कौन है, कि उसने तिरछी निगाह से एक ओर देखा। मेरे मुँह से अचानक निकला, "श्याम वर्मा।" श्याम वर्मा की ऐसे तिरछा देखने की आदत थी। वह मेरा पुराना परिचित था, उसे पाँच वर्षों के बाद देख रहा था। मैं सोचने लगा कि वह लड़की वालों की ओर से आया है कि वरपक्ष से। उसका चेहरा पहले की तरह ही तना हुआ था। सिर के बाल उड़ चुके थे या नहीं, इसका मैं अन्दाजा न लगा सका, क्योंकि श्रद्धानुसार उसने सिर पर रुमाल बाँधा हुआ था।

श्याम वर्मा और राधा वर्मा। कभी मैं इनके करीब हुआ करता था, जब लिऊराम में रहता था। लिऊराम का नाम याद आते ही मैं समझ गया कि श्याम वर्मा वरपक्ष की ओर से होगा, क्योंकि बारात साऊथ-ईस्ट लन्दन से ही आयी थी। मैं करीब तीन साल वहाँ रहा था, जब कम्प्यूटर-कोर्स करना था। मिडलैंड से चलकर लन्दन आया तो अपने चाचा के पुत्र जसविन्दर के पास ठहरा। उसकी पत्नी यहीं पली-बढ़ी थी। निजी आज़ादी चाहती थी। जसविन्दर था कि मेरी ओर बहुत ज्यादा ध्यान देता था। अमरदीप से बर्दाश्त न होता, वह खीझती। मैं कुछ दिनों में ही समझ गया और कमरे की तलाश करने लगा। श्याम वर्मा के घर मुझे कमरा मिल गया।

उन्होंने वह घर अभी खरीदा ही था। किश्तों को आसानी से चुकाने के कारण ही वह कमरा किराये पर दे रहे थे। श्याम वर्मा ऊँचे कद का भरे-पूरे शरीर का मालिक था। वह खुले स्वभाव का था। किसी प्रकार का दुराव-छुपाव न रख स्पष्ट बात कर लेता था। राधा भी ऐसी ही थी। जब हम परिचित हो गये तो दोस्तों की

तरह बातें करने लगे। राधा, श्याम वर्मा के मुकाबले कद में छोटी थी। उम्र में भी दस वर्ष का अन्तर था। यह बात उन्होंने स्वयं ही मुझे बतायी थी। राधा कहती, "देख रवि, भला हम दोनों में क्या मेल है। यह मुझसे दुगना बल्कि तिगना....यह तो मेरे घरवाले इंग्लैंड के कारण फँस गये।

"बहन जी, मेरे हिसाब से तो भाई साहब इतने हैंडसम हैं कि कोई भी लड़की इन पर मर मिटे....आपको क्यों सुन्दर नहीं लगे?"

"लगे थे, तब मैं सोचती थी कि लम्बे आदमियों में पता नहीं कौन-सा गुण होगा। बाद में मालूम हुआ कि इनका वज़न ही ज़्यादा होता है, और कुछ नहीं।" कह कर वह ताली बजाकर हँसती। श्याम भी साथ में हँसता। फिर उनकी बारी आती। वह बताने लगता, मैं भी इसके रंग-रूप पर मर गया था। बाद में मालूम हुआ कि मँझली औरत मज़दूरी ज्यादा करवाती है।"

राधा शर्मिन्दा हो जाती और पति को चुटकी काटने लगती। हम हँसते-हँसते लोट पोट हो जाते।

आरम्भ में ही उनके घर का माहौल मुझे भा गया था। मैं उनके घर में एक सदस्य की तरह ही रहने लगा। राधा मेरे कपड़े मशीन में डालने से लेकर रोटी तक बना देती। एक बात का एहसास मुझे जल्दी ही हो गया कि उनके बीच कुछ न कुछ गलत ज़रूर था। वह शाम को इकट्ठे ही काम से लौटते। मैं भी दिन-भर बाहर रहता। कई बार घर लौटता तो उनके बीच झगड़ा चल रहा होता। मुझे देख कर वह चुप हो जाते। धीरे-धीरे मेरे सामने भी लड़ने लगे। कई बार इतनी लड़ाई होती कि मुझे उनके बीच शान्ति-सन्धि करवानी पड़ती। जब शान्ति कायम हो जाती तो हम तीनों बैठकर झगड़े का कारण ढूँढ़ने लगते। मगर हाथ कुछ न लगता। छोटी-सी बात से एक भड़क उठता और दूसरा अपनी प्रतिक्रिया व्यक्त करने लगता। बस ताने-उलाहने शुरू हो जाते। एक बात अच्छी थी कि वह अपने सम्बन्धों के बारे में बहुत तफसील से बात करते। अपनी कमियों के बारे में सोचते। पति-पत्नी के आपसी सम्बन्धों के बारे में इतनी स्पष्टता से बातें करने वाला शायद यह पहला जोड़ा मैंने देखा था।

उनके झगड़े के बारे में सोचते हुए एक मुझे खयाल आया कि उनकी शादी की सात-आठ साल हो गये थे, अभी तक कोई बच्चा नहीं था, शायद यही कारण हो। पहले मैंने श्याम वर्मा से यह सवाल किया, "भाई साहब, आपने बच्चे के बारे में कभी नहीं सोचा?"

"बहुत बार सोचा। एक बात तो राधा का गर्भ ठहर भी गया था, मगर किसी कारण मिसकैरज हो गया तो हमने शुक्र मनाया। असल में हम अभी सेटल नहीं हो पाये। हमारा फैसला था कि अच्छी तरह से सेटल होकर ही फैमिली बढ़ायेंगे। अब घर लिया है। सोचते हैं कुछ....। फिर हमारी कभी अच्छी बनी भी नहीं आपस में।"

राधा का जवाब भी ऐसा ही था। आपस में न पटने के बारे में वह दोनों स्वाभाविकता से बात करते। कभी-कभी मुझे लगने लगा था कि आपसी सहमति न होने की बात इनके दिमागों में बुरी तरह से बैठ गयी थी, इसलिए भी लड़ाई बढ़ती जाती थी। एक-दूसरे की ओर से सुरक्षा की भावना कम थी।

फिर उनके झगड़े कम होने लगे। एक दिन बैठे हुए श्याम वर्मा बताने लगा, "असल में हमारे दरम्यान पर्सनैलिटी क्लेश है, जो हमें एक साथ बाँध नहीं पाता और हम अपना-अपना रास्ता ढूँढ़ने लगते हैं।"

"अब तो भाजी 'पीस-ट्रीटी' हो गयी लगती है।" मैंने छेड़ा। वह हँसते हुए कहने लगगा, शादी के एक वर्ष बाद तक सब ठीक रहा। जब से यह काम पर जाने लगी, इसके 'पर' निकल आये।"

"यह कहिए कि आप के सींग निकल आये।" राधा ने कहा। गुस्से से नहीं रोष से। श्याम उस बात को अनसुना कर बताता गया, "हमारी लड़ाई हमें बहुत तंग करती है। हम अक्सर इकट्ठे बैठकर सोचते हैं कि क्या करें। हमें लगता है कि यदि ऐसी ही हालत रही तो हम सैपरेट हो जायेंगे, तलाक भी हो सकता है। इसीलिए हम 'बेबी' के बारे में नहीं सोचते, अगर हम अलग हो गये तो उसकी भी ज़िन्दगी खराब हो जायेगी।"

"भाजी, आप बच्चे के कारण एक-दूसरे के और नज़दीक भी तो आ सकते हो। मेरा मतलब है कि बँध भी सकते हो, क्यों बहनजी?"

मैंने साथ ही सवाल राधा की ओर उछाल दिया। कुछ देर बाद राधा कहने लगी, "हमने घर भी इसीलिए लिया है कि हमारे बीच कोई चीज़ साँझी हो जो हमें बाँध सके। यदि कभी अलग होना भी पड़ा तो घर छोड़ने का इतना दुःख नहीं होगा जितना बच्चे का होगा। जब भी हमें यकीन हुआ कि हम खुश हैं, हम बच्चे के बारे में सोचना शुरू कर देंगे।"

वैसे तो घर में रहते हुए मैं नज़र रखता था। मुझे सब ठीक ही लगता था। फिर भी मैंने एक दिन राधा से पूछ ही लिया, "बहन जी, आपकी सेक्स लाइफ कैसी है।"

उसने टेढ़ी नज़र से मुझे देखा अपना निचला होंठ काटा और बरौनियाँ ऊपर कर बोली, "फर्स्ट क्लास।"

"फिर लड़ाई कैसी।" मैंने सौ बात की एक बात कही। वह हाथ जोड़ते हुए कहने लगी,"अच्छा बाबा, नहीं लड़ते। तुम निश्चिन्त होकर सो जाओ।"

फिर वह खुश रहने लगे। कभी-कभी तो इतने खुश कि मुझे यकीन ही नहीं आता कि ये वही जोड़ा है। मैंने ध्यान दिया, अब वे ज्यादातर समय बेडरूम में ही व्यतीत करते। बेडरूम में वीडियो और टेलीविजन भी था। कई बार वह अपना खाना भी वहीं ले जाते। मुझसे रहा न गया तो इस बारे में एक दिन मैंने उनसे पूछ

ही लिया। मेरी बात सुनकर श्याम बोला, "यार, जब कभी ब्लू फिल्म देख ले तो मूड कुछ और ही बन जाता है।"

राधा शर्मिन्दा होते हुए मुस्करा दी।

एक दिन बातें करते हुए मैंने कहा, "भाजी, मुझे लगता है कि अब आप आपस में ठीक हैं, बच्चे के बारे में क्यों नहीं सोचते।"

दोनों ने एक-दूसरे की ओर देखा। कुछ देर सोचते हुए श्याम से बोला, "अभी यकीन कायम नहीं हुआ। खास तौर पर इसे।....क्यों राधा।"

"हाँ ठीक है। आदमी का क्या है, छोड़कर चलता बनता है। यदि कल को कुछ हो गया तो यह तो चलते बनेंगे। मैं तो रह जाऊँगी ना, बच्चे के साथ बँध कर सारी उम्र।"

श्याम वर्मा ने उसकी बात को सही माना। मुझे उन पर खीझ आने लगी कि कितने खुदगर्ज़ थे ये। सिर्फ अपने बारे में सोचते थे।

उनकी इस सोच के अलावा मुझे उनमें कोई भी कमी नजर नहीं आयी। मैं तीन वर्ष उनके घर में रहा। कभी महसूस ही नहीं हुआ कि मैं किसी अपरिचित के यहाँ रह रहा हूँ। बहुत अच्छे दिन गुज़रे। फिर मुझे काम के सिलसिले में उत्तरी लन्दन जाना पड़ा। मैं वहीं रहने लगा। वहाँ से मैं एक वर्ष के लिए भारत आ गया। भारत से लौटने के बाद मैं सलौख जा बसा। वर्मा परिवार के साथ मेरा सम्पर्क ही टूट गया। मैंने फोन किया तो उनका फोन नम्बर बदल चुका था। मैं उनके घर गया तो वह घर बेचकर कहीं और जा चुके थे। आज इतने वर्षों के बाद श्याम वर्मा को गुरुद्वारे में देखकर मेरा मन अजीब-सी खुशी से भर गया। मैं चाहता था कि फेरों की रस्म जल्दी खत्म हो, श्याम वर्मा उठकर बाहर आयें तो जी-भरकर उससे बातें करूँ। उसके बारे में पूछूँ। राधा के बारे में पता करूँ।

फेरे खत्म हुए। वर-वधू को लोग आशीष, प्यार देकर बाहर निकलने लगे। वहाँ से किसी हॉल में जाना था। जहाँ संगीत, शराब तथा शोरबे का इन्तज़ाम था। मुझे मालूम था कि हॉल में कोई भी बात नहीं हो पायेगी क्योंकि वहाँ संगीत का इतना शोर होगा कि आदमी को अपनी आवाज भी सुनाई नहीं देती, बातचीत भला क्या होगी।

मुझे देखकर श्याम वर्मा बहुत हैरान भी हुआ और खुश भी। गले मिला। उसने सिर से रुमाल उतारा तो देखा कि उसके सिर के बाल वैसे ही सलामत थे। वज़न घटाकर नौजवान बना घूम रहा था। मैंने राधा के बारे में पूछा तो बताने लगा, "यार वही बात हुई, जिसका डर था, हमारी आपस में बनी नहीं। तू चला गया तो फिर से हमारे बीच में झगड़े होने लगे। उसे भी बहुत गुस्सा आता और मुझे भी। वह मुझसे इतना कुछ कह जाती कि दिल करता कि उसका गला ही घोट दूँ। घर बेचकर पैसे आपस में बाँट लिए, फिर वह अपने रास्ते और मैं अपने।"

वह ऐसे बात कर रहा था जैसे बहुत बड़ी मुसीबत से राहत मिली हो। कुछ देर बाद कहने लगा, "मगर रवि, अजीब बात है कि जितनी देर तक तुम हमारे घर में रहे, हमारी आपस में पटती रही। हम खुश रहे। पता नहीं क्या जादू था तुम्हारे अस्तित्व में। आगे-पीछे तो ज़िन्दगी नरक-सी रही।"

"राधा बहन जी का क्या हुआ? कहाँ रहती हैं आजकल....?"

"काम तो वह अभी भी पहले वाली जगह पर करती है। अब मालूम नहीं, रहती कहाँ है। फिर जिस गाँव में नहीं जाना, उसका रास्ता भी क्या पूछना।"

इतना कह जैसे उसने अपनी सारी कहानी समेट ली हो। फिर वह मेरे बारे में सवाल करने लगा।

उसके बाद मैं काफी दिनों तक बेचैन रहा। अक्सर उनके बारे में सोचने लगता। खास तौर से राधा के बारे में। एक दिन मालूम नहीं क्या मेरे मन में आया कि मैं उसके काम के स्थान पर जा पहुँचा। राधा मुझे बहुत गर्मजोशी से मिली। खुशी में उसकी आँखे भर आयीं। मैंने उसे श्याम वर्मा से हुई मुलाकात के बारे में बताया। श्याम वर्मा के नाम से उस पर कोई असर न हुआ। वह मेरे प्रति गिला-शिकवा प्रकट करती रही। कुछ बातों के बाद मैंने पूछा, "बहन जी, आपने एकदम से अलग होने का फैसला कैसे कर लिया?"

"रवि जब तुम चले गये तो सब कुछ उथल-पुथल हो गया। इसी घबराहट से डर के कारण ही हमने घर लिया था, मगर घर कब किसी को बाँध पाते हैं....फिर श्याम वॉयलैंट होने लगा। मैंने अलग होना ही बेहतर समझा।"

"मैं तो आप दोनों को अच्छा-भला छोड़कर गया था।"

"जितनी देर तुम रहे, हम जुड़े रहे, तुम हमारे लिए पुल थे।"

"पुल था.....। वह कैसे?"

उसने एकदम सीधा मेरी आँखों में झाँका और कुछ पल वैसे ही देखती रही। फिर बोली, "रवि, श्याम ने मेरे मन को कभी भी क्लिक नहीं किया। जितनी देर तुम हमारे घर में रहे, मैं श्याम को नहीं, तुम्हें ही भोगती रही, तुम चले गये....बस....।

आदि-कुँआरी / *रशिन्दर रश्म*

लाल सुर्ख कपड़े पहने सोने से लदी हुई वह सीढ़ियाँ उतरी, और मैदान जैसे बड़े आँगन में आकर अपने आसन पर विराजमान हो गयी। दग-दग करते चेहरे पर हमेशा की तरह 'नूर' छलक रहा था। उसके सामने साष्टांग दण्डवत् प्रणाम करने के लिए लोगों की भीड़ धक्का-मुक्की कर रही थी। औरतों के लिए आदेश था कि वे दूर से दर्शन करके एक तरफ बैठ जाया करें। दण्डवत् करने का सौभाग्य सिर्फ पुरुषों के ही हिस्से आया था।

दोहपर अल्पाहार और एक घंटा आराम को छोड़कर, यह सिलसिला, सूरज ढलने तक निरन्तर चलता रहता। उसके बाद भवन की सीढ़ियाँ चढ़कर ऊपर अपने निवास-स्थल में चली जाती।

लाल वस्त्रों को उतारकर, वह रेशमी गाऊन पहन लेती। कुछ देर आराम करती। फिर दयाल सागर आ जाता। रात्रि को भोजन दोनों इकट्ठा करते। बातें करते, टी.वी. देखते, फिर अपने-अपने कमरे में सोने के लिए चले जाते। सेवादारनियाँ भी विश्राम हेतु भवन के दूसरी तरफ बने कमरों में चली जातीं।

आधी रात को दयाल सागर के शयन-कक्ष का दरवाज़ा खुलता और फिर बन्द हो जाता। कुसुमलता के कानों के पास फुसफुसाता, "आसिया रहमान....आसिया ....रहमान।" और वह पिघलकर कुसुमलता से आसिया रहमान हो जाती। एक्ट्रेस आसिया रहमान उन दिनों सबसे ज़्यादा प्रचलित 'सेक्स सिम्बल' थी और लगभग हर मर्द शारीरिक नज़दीकी के समय अपनी बाँहों में जकड़ी औरत को आसिया रहमान ही समझना चाहता था। कुसुमलता को यह पता था। इसीलिए दयाल सागर के लिए वह आसिया रहमान बन जाती। सुबह होने तक जब दयाल सागर कमरे में से चला जाता, कुसुमलता को पूरे कमरे में से, अपने आप से एक अजीब बकबकी-सी गन्ध आने लगती। बिस्तर की चादर बदलकर, सिर धोने व नहाने के लिए बाथरूम में घुस जाती। बाथरुम से बाहर आकर अपने आप से बतियाती;

"सब साफ़ हो गया। माताजी के वस्त्रों पर कोई दाग नहीं—कुसुमलता के कपड़ों पर कोई दाग नहीं—वह तो आसिया रहमान थी—आयी और गयी, आयी और गयी।"

जब जाने की आज्ञा लेने के लिए दयाल कमरे में आता तो वह पूजा-पाठ कर रही होती। पाठ-पूजा करते-करते वह सेफ़ की चाबियाँ उसकी ओर फेंककर कहती, "बहन-भाइयों के लिए ले जा, कुछ न कुछ।"

दयाल सेफ़ खोलता–सारे दिन की कमाई से भरे हुए सेफ़ में से नाप-तौलकर, बस इतना ही माल निकालता, जिससे उसकी जेब भी भर जाए और सेफ़ भी खाली न हो।

दयाल सागर के जाने के बाद आसिया रहमान से बनी कुसुमलता भवन के नीचे वाले हिस्से में माताजी बनकर जाने की तैयारियों में जुट जाती।

अपनी ही देह में से गायब होने का सबसे पहला पाठ उसको ग्यारह वर्ष की आयु में कुलजीत अंकल ने सिखाया था–जबरदस्ती बल और छल–दोनों के साथ।

उस दिन अंकल ने उसको बहुत लाड़-प्यार से पुचकारा था। अपनी सारी चचेरी, मौसेरी बहनों में सिर्फ वही साँवली थी, बाकी सभी गोरी-चिट्टी थीं। सारे रिश्तेदार उन्हीं से प्यार करते थे। वह खुश थी कि आज उसके साथ कोई इतना लाड़-प्यार कर रहा है। बाऊ जी दफ़्तर गये हुए थे, जहाँ वे जूनियर क्लर्क थे। माँ अपने स्कूल गयी हुई थी, जहाँ वह सिलाई की अध्यापिका थी। उसका स्कूल दोपहर में होने की वजह से कुछ घंटे उसे घर में हर रोज़ अकेले रहना पड़ता था। आज अंकल अचानक आ गये थे, तो उसको रोज़ वाला डर भी नहीं लग रहा था।

फिर अंकल ने 'सम्मोहित' करके दिखाने के लिए उसे सोफ़े पर लिटा दिया था–

"आँखे कसकर बन्द कर ले और सोच, कि तू तोशी नहीं, परी है। वही नीलम परी जो तू स्कूल के नाटक में बनी थी...अगर तुझे अपने आपसे कुछ होता हुआ लगे तो समझना कि वह तेरे साथ नहीं हो रहा....नीलम परी के साथ हो रहा है.. .तू बस घबराना मत और...और आँखें भी न खोलना।"

कुछ देर बाद उसका मन किया कि वह एक लात मारकर अंकल को सोफ़े से नीचे गिरा दे। पर विरोध कर रही उसकी पतली-पतली टाँगों व बाँहों को अंकल ने झटपट अपनी मजबूत पकड़ में जकड़कर निचोड़ लिया और उसकी ही फ्राक ऊपर कर उसके मुँह में जबरन घुसेड़ दी।

"ज़ोर आजमाईश–वह भी मेरे साथ? थप्पड़ मारकर मुँह दूसरी तरफ लगा दूंगा–इनसानों की तरह कह रहा हूँ–चुपचाप, आँखें बन्द करके लेटी रह पर...।"

गुमसुम, लाचारी में वह कभी आँखें खोलती कभी भय से बन्द कर लेती। कानों में सरगोशियाँ करते शब्द नीलम परी..., पिघलते शीशे की भाँति, हाँफते-हाँफते साँसों में से फुसफुसाते लगे। उसकी आँखें बन्द होने लगीं और अपनी आँखों के सामने उसको 'नीलम परी' का नीला हुआ चेहरा दिखा, जिसके मुँह और नाक से

ख़ून वह रहा था।

तभी उसने आवाज़ सुनी। जैसे कोई बहुत दूर से बोल रहा हो—"चल खोल आँखें, खोल आँखें...।"

आँखें खोलते ही उसने चारों तरफ देखा और वह रोने लगी।

"रोने क्यों लगी है, तोशी, तुझे क्या हुआ है, जो भी हुआ है— नीलम परी के साथ हुआ है।"

"मैं ही तो थी।" रोते-रोते वह इतना ही कह सकी।

"तू कब थी—बेबकूफ लड़की! जैसे स्कूल में नाटक खेलती थी, समझ कि यह भी एक नाटक ही था, खेल जैसा—तुझे तो हुआ ही कुछ नहीं—वह तो नीलम परी थी—आयी और गयी।"

उसकी आँखों के सामने फिर वही नीलम परी आ गयी। जो उसको बन्द आँखों से दिखी थी।

"अब आँखें फाड़-फाड़कर मेरी तरफ क्या देख रही है, जा फटाफट कपड़े साफ़ कर ले, तेरी माता के आने का समय हो गया है....और हाँ, कभी भूले से भी उनको कुछ बता मत देना, नहीं तो तेरी ख़ैर नहीं....।"

इतना कहकर अंकल ने कनखियों से उसकी तरफ देखा। वह अभी भी फटी-फटी आँखों से झाँक रही थी।

"एक बात याद रखना, अगर तूने इस बात का ज़िक्र भी कहीं किया तो तेरी गर्दन मरोड़कर पीपल वाले कुएँ में फेंक दूँगा। और सुन, तुझे तो बाद में देखूँगा, अगर मेरा ज़िक्र भी कहीं किया तो समझ ले तेरे बाऊजी फिर इस दुनिया में नहीं होंगे—मेरी पिस्तौल देखी हुई है न!"

इतना सुनकर उसका रंग फक्क पड़ गया। ख़ौफ के मारे आँखें फटी की फटी रह गयीं और सिर झुक गया।

"हम तो थाने में, मार-मारकर लोगों के हाथ-पैर ऐसे तोड़ देते हैं कि सारी ज़िन्दगी के लिए वे अपाहिज हो जाते हैं। तेरे साथ ज़रा-सा खेल क्या लिया कि तू ऐसे रोने लगी है जैसे कोई भारी मार पड़ी हो तुझे।"

फिर अपनी आवाज़ को भारी करके बड़े ही रौब से कहा, "चल उठ, और उठा ये कपड़े और घुस जा गुसलखाने में।"

दहशतज़दा होकर उसने कपड़े उठाये और भागकर गुसलखाने की तरफ दौड़ गयी और अंकल बाहर निकल गये थे। माँ आयी तो वह पेटदर्द का बहाना करके लेटी रही थी, स्कूल नहीं गयी। शाम को छत पर खड़े होकर उसने चारों तरफ देखा तो उसे सारी दुनिया मल-मूत्र और गन्दगी से भरे एक बड़े से गड्ढे में धँसती नज़र आयी, चाँद की तरफ देखा तो आसमान में बने एक सुराख की तरह लगा जिसमें से निकलकर अम्बर में उड़ती परी उस गड्ढे में जा गिरी थी और कीचड़ से लथपथ

थी। उसके बाद कुलजीत ने दो बार फिर वही हरकत दोहरायी थी, पर अब उसने सम्मोहन का नाटक नहीं रचा था। अकेली देखकर सीधा ही बाँह से पकड़कर गिरा लिया था। और जाते वक़्त फिर वही धमकी दोहराकर गया था। बाऊजी और माँ के घर होते हुए भी अगर वह आता तो सबकी आँखें बचाकर भद्दे इशारे करता, घूर-घूरकर देखता और धमकी भरी नज़रों से जैसे कह रहा होता, "ख़बरदार, अगर बात की भनक भी किसी को पड़ी...हड्डियाँ तोड़ दूँगा, दाँत तोड़ दूँगा, गर्दन मोड़ दूँगा...समझ ले तेरे बाऊजी की ख़ैर नहीं...।"

ख़ौफ उसके दिल की गहराई तक उतर गया था। सपनों में भी कभी उसको मुँह फाड़े मगरमच्छ दिखाई देते, कभी अजगर उसे लपेट लेते।

उठती-बैठती, सोती-जागती वह नफरत और गुस्से से गालियाँ निकालती रहती "हरामी, कुत्ता, नाली का कीड़ा, मर के नरक़ में जाए, कीड़े पड़े इसको, कोढ़ी होकर मरे।"

हर उस इनसान से उसको नफ़रत हो जाती जिससे कुलजीत के थोड़े-बहुत भी नैन-नक्श मिलते होते। सड़क पर चलते समय भी अगर उसको कोई ऐसा इनसान दिख जाता तो उसका मन करता कि पत्थर उठाकर उसके सिर पर दे मारे। एक समय आया जब उसे अपने बाऊजी के अलावा दुनिया के हर आदमी की शक्ल, कुलजीत से मिलती-जुलती लगने लगी। अख़बार में प्रधानमन्त्री तक की तस्वीर को वह उल्टा-सीधा करके देखती, फिर फाड़ के टुकड़े-टुकड़े करके टोकरी में फेंक देती।

अपनी माँ पर उसे बेहद गुस्सा आता था, जो अकेले घर में घुसने से रोकने की बजाय उसको इलाइची वाली चाय बनाकर पिलाती थी और टीन के पीपे में से पिन्नियाँ निकाल-निकालकर उसे खिलाती थी। माँ के भाई धर्मपाल की दुकान, कुलजीत ने किरायेदारों से खाली करवा के दी थी। शायद वह इसी एहसान के नीचे दबी हुई थी। असल में रिश्तेदारों को कोई न कोई मुश्किल और अटका हुआ काम कुलजीत ने करवा के दिया था। इसीलिए सारे ही घरों में उसका बेरोक-टोक आना-जाना था।

फिर कुलजीत ने उनके घर आना-जाना बन्द कर दिया। उसके साल-डेढ़ साल बाद सारे रिश्तेदारों में पहले खुसर-फुसर, फिर चर्चा होने लगी थी।

कुलजीत की रिश्तेदारी में से, कालेज में पढ़ती एक लड़की सिम्मी, प्रेगनैंट हो गयी थी और उसने कुलजीत का नाम लिया था।

सारा खानदान लानतें देने लगा। कुलजीत को नहीं, बल्कि सिम्मी और उसके घरवालों को—"लड़की जब जाँघों से ऊपर तक स्कर्ट पहनकर घूमती-फिरती थी, तब नहीं दिखती थी, बाद में किसी पर भी इल्ज़ाम लगा दो।"

"पहले अगले को काम निकलवाने के लिए घर में बुला-बुलाकर बर्फी, समोसे

खिलाओ, काम निकलवाकर बाद में उसे दूध में से मक्खी की तरह निकालकर फेंक दो।"

"लड़की तो हमने खुद हर किसी से हँस-हँसकर बातें करती देखी है—घर जाओ तो पता नही किस-किस से फ़ोन पर घंटों बातें करती होती थी।"

उसके बाद जैसे सभी ने सिम्मी के परिवार का सामाजिक बहिष्कार ही कर दिया।

उसको लगा जो सिम्मी के साथ हुआ था अगर वही उसके साथ भी हो गया तो बदनामी और जिल्लत सब सहनी होगी। सारी दुनिया में उसका हिमायती कोई न होगा।

अब ज़्यादा वक़्त वह अलमारी में रखी देवी की मूर्ति के सामने बैठकर बिताने लगी। स्कूल का काम भी वहीं बैठकर करती। स्वैटर भी वहीं बैठकर बुनती या बैठे-बैठे देवी की स्तुति में गीत-भजन गाती रहती।

पाँचवीं तक वह हमेशा कक्षा में प्रथम या द्वितीय श्रेणी लेती रही। छठी, सातवीं में अंक स्तर गिरते गये। आठवीं, नौवीं तो मुश्किल से पास हुई और दसवीं में तो फेल ही हो गयी।

उन्हीं दिनों एक विवाह समारोह में कुलजीत से उसकी मुलाकात हुई थी। सजी-धजी जवानी से भरपूर लड़की को देखकर कुलजीत की आँखें फटी की फटी रह गयीं।

"नी तोशीए, मर जाणीए....तू है? तू तो सचमुच परी निकल आयी.... ।"

फिर अपनी माँ को उसने यह कहते सुना, "तुम तो हम गरीबों को भूल ही गये हो, कभी दर्शन ही दे दे।"

"आऊँगा...आऊँगा, जल्दी ही आऊँगा।" फिर उसने उसकी तरफ देखकर कहा, "अगर मैं आया तो तेरी माँ घर न हुई तो चाय तो बनाकर पिलाएगी न तोशी?"

तोशी को लगा जैसे यह कहते-कहते कुलजीत ने उसको आँख भी मारी थी।

उस रात और उससे अगली कई रातों तक उसको नींद न आयी। क्या उसकी ज़िल्लत का सिलसिला फिर से शुरू होने जा रहा था।

फिर तीन दिनों तक व्रत रखकर वह देवी की मूर्ति के सामने बैठी रही। चौथे दिन ख़बर मिली कि कुलजीत की जीप का एक्सीटेंड हो गया है। दोनों टाँगें उसकी बुरी तरह से कुचली गयी थीं, काटनी पड़ीं। रीढ़ की हड्डी भी नकारा हो गयी थी।

अस्पताल से कुलजीत को घर ले गये तो सारे परिवार के साथ वह भी देखने गयी थी।

मांस का एक बेजान-सा लोथड़ा सामने लेटा हुआ था। बाऊजी रो पड़े और माँ

की भी आँखें भर आयीं। पर उसके होटों पर मुस्कान उभरी और चेहरे पर फैल गयी। उसकी तरफ देखकर उसने वही भद्दा इशारा किया और आँखें भी मारीं, जैसा कि वह पहले भी किया करता था।

घर आकर उसने मूर्ति के सामने शुक्रिया अदा किया। उसको अपना कोई हिमायती मिल गया था। उसकी तरफ़दारी करने वाला मिल गया था।

धीरे-धीरे उसमें परिवर्तन आने लगा और देखते ही देखते वह और की और होती चली गयी। जग से टूटकर मूर्ति से जुड़ने लगी। बाऊजी घबरा गये। विवाह कैसे होगा, इस जग से भिन्न होती जा रही है, कमबख़्त।

तभी इत्तफ़ाक से बाऊजी को एक खाते-पीते परिवार का अच्छा खाता-कमाता लड़का जगदेव मिल गया। पहले तो उसने ना-नुक़र की पर जब सब कुछ तय हो गया तो अपने आप उसे नया-नया लगने लगा। दुनिया धुली-धुलायी, चमकती दिखने लगी। जगदेव की फ़ोटो को उसने उलट-पलटकर देखा तो उसे किसी भी कोण से उसका कोई भी नैन-नक्श कुलजीत से मिलता-जुलता न लगा। अब उसका मूर्ति से ध्यान कम होने लगा। बस जैसे मुक्ति मिल गयी हो।

विवाह के अगले दिन से ही जगदेव ने पूछना शुरु कर दिया कि पहले उसको किसी ने हाथ तो नहीं लगाया। उठते-बैठते, सोते-जागते, कभी डरा-धमकाकर कभी पुचकारकर।

सवाल सुनकर उसका मन करता कि वह धरती में धँस जाए या कहीं दूर भाग जाए, जहाँ से वह कभी वापस न आये।

धीरे-धीरे उसका दिमाग सुन्न होने लगा। कितनी देर तक उसको समझ ही न पड़ती कि जगदेव के मुँह से क्या शब्द निकल रहे हैं। थोड़ा-सा मुँह खोले, एकटक वो जगदेव के हिलते हुए होठों की तरफ देखकर अनुमान लगाने की कोशिश करती कि वह क्या कर रहा है। फिर धीरे-धीरे बड़बड़ाने लगती जैसे जगदेव को नहीं, जगदेव के पीछे खड़े किसी और के सामने सफ़ाई पेश कर रही हो। मगरमच्छ ने मछली को चबा डाला था, पर वह मैं नही थी, मैं तो घर से सीधी स्कूल और स्कूल से सीधी घर आती थी।"

कभी कहती, "मोटे अजगर ने छोटी-सी माणो को लपेट लिया था पर वह भी मैं नहीं थी मैं तो अपनी माँ के साथ चिपककर निश्चिन्त सोती रहती थी।"

मोटी तोंद जैसे गैंडे ने सींग मारकर नीलम परी को गिरा दिया था, नीलम परी को, तोशी को नहीं, तोशी तो सहेलियों के साथ गीटे खेलने में लगी हुई थी। विवाह के लगभग डेढ़ वर्ष बाद तक एक दिन जगदेव उसको, बाऊजी के घर छोड़कर चला गया और जाते-जाते कह गया, "सँभालो अपनी पागल बेटी को, मैं ही मिला था तुम्हें, मेरे माथे मढ़ दी।"

रिश्तेदारों को बीच में डालकर बाऊजी ने समझौते करवाने की पूरी कोशिश

की पर वह यही कहता रहा, "मेरे पास भेजने की जगह इसको पागलखाने भेजो, तुम्हारे घर से कोई ज़्यादा दूर भी नहीं।"

न वह तोशी को लेकर गया न उनका लिया-दिया वापस मोड़ा, न अदालत की तरफ से तय खर्च दिया, पर तलाक हो गया।

बाऊजी खून के आँसू रोते रहे और बाऊजी अन्दर ही अन्दर घुलते जाते थे। ऊपर से तोशी सदा उस देवी की मूर्ति के पास बैठी रहती। बाऊजी और माँ को वह यही ढाढस बँधाती, "तुम फ़िक्र न करो, देखना! इसी जगदेव ने एक दिन आकर मेरे पांव पकड़ लेने हैं।"

फिर सुबह-सुबह वो पास की गली वाले मन्दिर में जाने लग पड़ी। दीया जलाकर अपने ही रचे गीत गुनगुनाती-गाती रहती। फिर दिन-ब-दिन उसकी आवाज़ ऊँची होती गयी। फिर ऊँचा गाते-गाते वह साथ-साथ नृत्य भी करने लग गयी। उसको गाते-नाचते देखकर श्रद्धालु आनन्दित, आश्चर्यचकित और विस्माद में रंग जाते। धीरे-धीरे लोगों को मन्दिर के बीच की 'आदि-कुँआरी' और उसके बीच का अन्तर दिखना बन्द हो गया। फिर जिस दिन उसने कुर्ते का गला फाड़कर अपनी छाती ज़ाहिर की तो वह उन लोगों के लिए 'आदि-कुँआरी' माता जी बन गयी। मन्दिर में पहले लोग मूर्ति को माथा टेकते और फिर उसके सामने भी दंडवत हो जाते।

सन्तोष से वह पहले उमादेवी बनी। पर साथ के कस्बे में पहले से ही एक आसन पर विराजमान उमादेवी के चलते उसे अकेली हो जाने के बाद कई चाँद-सूरज डूब गये तो एक दिन मोहित नाम के एक श्रद्धालु को सेवादारनी ने सन्देश दिया कि आज रात चाँद निकलने पर तुझे ऊपर बुलाया है।

चाँद निकलने पर, मोहित जब ऊपर गया तो पहली बार उसने कुसुमलता को लाल वस्त्रों के स्थान पर रेशमी गाऊन में देखा। बेडरूम में ले जाकर उसके गले में बाँहें डालते हुए उसने सिर्फ़ यही कहा, "तेरे गले में पड़ी ये बाँहें कुसुमलता की नहीं, मेनका की हैं।"

इससे पहले कि मोहित और कुछ जानने की कोशिश करता वह उसको मेनका के हवाले करके आप ग़ैर हाज़िर हो जाती।

मोहित हर चौथे-पाँचवें दिन आ जाता। फिर वह लगभग हर रोज़ आने लगा। फिर अचानक एक दिन उसने बताया कि घर वाले उसका विवाह करना चाह रहे हैं। लड़की भी वह देख आया है, उसको पसन्द है। इज़ाज़त हो तो वह गृहस्थी की ओर मुड़े। उस रात मेनका की तड़प बहुत प्रचण्ड हो उठी थी।

अगले दिन, नोटों की बहुत सारी गड्डियाँ, मोहित की झोली में भरते हुए बोली, "यह मेरा अन्तिम प्रसाद है। आज के बाद तुम्हारे लिए यह सीढ़ियाँ वर्जित हैं।"

काफ़ी महीनों तक सीढ़ियों के ऊपर किसी शख़्स की गन्ध तक न पहुँची।

फिर केशव को ऊपर जाने का वरदान मिलने लगा। केशव और रूपमती को बेड रूम में छोड़कर वह गायब हो जाती। फिर केशव भी अन्तिम वरदान लेकर विदा हो गया। उसके बाद राजन और कोकिला....सबसे आख़िर में दयाल सागर और आसिया रहमान....।

दयाल के अन्तिम विदा ले जाने के बाद उसका मन उचाट हो गया। फिर उसकी सीढियाँ कोई नर न चढ़ सका। यहाँ तक कि पालतू जानवर भी पाला तो एक छोटी-सी बुढ़िया किस्म की कुतिया ही पाली। कहती थी, "कोई कुत्ता या बिल्ला भी मेरे नज़दीक न आये।"

ज्यों-ज्यों उसका दिमागी सन्तुलन बिगड़ता गया त्यों-त्यों उसकी मान्यता बढ़ती गयी। कुछ सच्ची-कच्ची कल्पित, कुछ पढ़ी-सुनी और कुछ अपने आप से बनायी गयी घटनाओं को मिला-जुलाकर जब वह गरज-गरजकर बयान करती तो इकट्ठे हुए लोग उसे परमात्मा से उतरा ज्ञान समझकर धन्य हो जाते, "कुत्तों और बिल्लियों, मांस के रेंगते हुए लोथड़ों! डरो, डरो। परमात्मा की मार से डरो....वह देखो, मांस का एक लोथड़ा, माथे के बीच पिस्तौल की गोली मार के मर गया, जिस पिस्तौल से वह चिड़ियों को धमकाता था।

"कुँआरी कन्या सिम्मी की जय-जयकार करो, जो पुलिस में भर्ती होकर तुम्हें मार-काटकर हथियारों सहित सींखचों के बीच करती फिर रही है।" श्रद्धालु नहीं जानते थे सिम्मी कौन है, पर फिर भी वह कन्या की जय-जयकार कर उठते।

"आ गया है तू जगदेव....गर्म तेल के कड़ाहे से बचने के लिए अब पैर पकड़ने आ गया है....।"

इतना सुनकर, श्रद्धालुओं में बैठा जगदेव नाम का शख़्स काँप जाता और दौड़कर पैर पकड़ लेता। श्रद्धालुओं की भीड़ दिन-ब-दिन बढ़ती जा रही थी, पर कमेटी वालों के दिल किसी अनजाने भय से काँप जाते थे। इससे पहले कि भेद खुल जाए, कुछ करना चाहिए।

उन्होंने हू-ब-हू कुसुमलता जैसी एक मूर्ति बनायी। जब मूर्ति बनकर तैयार हो गयी तो कुसुमलता सहित, भवन के ऊपर वाले हिस्से को बाहर से ताला लगा दिया था। मूर्ति को पूरी धूमधाम से उसी स्थान पर स्थापित कर दिया गया जहाँ पहले कुसुमलता का आसन था। ऐलान किया गया कि कुसुमलताजी को ऊपर से आदेश हुआ है कि कोई नुक्कड़ पकड़कर बैठ जाओ और सिर्फ़ ध्यान में लीन रहो। पाप निवृत्ति का काम अब यह मूर्ति करेगी। कुसुमलताजी ने अपनी सारी शक्ति इस मूर्ति में फूँक दी है।

नीचे भवन में सफेद चादर से लिपटी मूर्ति आसन पर विराजमान रहती जिसका दाहिना पैर, ठोकर मारने की मुद्रा में, थोड़ा सा आगे बढ़ा हुआ, उठा हुआ था। उस पैर को घुमाने के लिए मीलों-मील लम्बी कतारें लग गयीं। जो दिन-ब-दिन

निरन्तर बढ़ती जा रही थी।

ऊपर भवन में वह कभी चारों खाने चित, किसी अनदिखे को गालियाँ बकती, कभी एड़ियाँ उठा-उठाकर झरोखों में से नीचे की तरफ झाँकती, पैर चूम रहे किसी को लानतें भेज रही होती।

फिर एक दिन अचानक ही वह गायब हो गयी। पता नहीं पिछली खुली खिड़की से कूद गयी या सीढ़ियों का ताला खुला रह गया या किसी सेविका ने यह हो जाने दिया।

कमेटी वालों ने चोरी-छिपे उसको ढूँढ़ने की बहुत कोशिश की पर आखिर हारकर तलाश बन्द कर दी।

लोगों को यह कभी पता न चल सका कि जिस कुँआरी की मूर्ति भवन में स्थापित है, उसकी देह का क्या बना?

सिर्फ़ एक बार एक शख़्स ने बताया कि बीयाबान में से निकलते हुए एक दिन उसने एक बावरी को देखा है, जो कुछ ऐसी यही गालियाँ बक रही थी :

"कुत्तों...हरामियों...नाली के कीड़ों...बीमारी के कीटाणुओं....कुँआरियों की कच्छियाँ, फ्राकें फाड़ते हो। कंजकों की छातियाँ नोचते हो। फिर उनकी मूर्तियों के आगे नाक रगड़ते हो। तुम कभी माफ़ नहीं किये जाओगे। कोढ़ पड़ेगा तुम्हें, तुम्हारी लाशों को चील-गिद्ध खायें..."

पर यह बताने वाले शख़्स की बातों को अनसुना करके, उसको चुप करवा दिया गया।

ऊपर संगमरमर के बने चमकते-दमकते भवन में 'आदि-कुँआरी' की पूजा होती रही...आज तक हो रही है...।

पाप / *जिन्दर*

"तुम्हें मेरी जिन्दगी का सिर्फ एक ही पहलू क्यों नज़र आया?"

और भी बहुत कुछ है।

हाँ। हाँ।

मैं ब्राह्मनों में उच्च कुल से सम्बन्ध रखता हूँ।

हाँ। हाँ।

है। है।

यह भी एक खेल है।

तुम क्या जानो मेरे दुःखों को। कोई एक हो तो तुम्हें बताऊँ। यह तो मैं ही हूँ जो यह सब बर्दाश्त कर रही हूँ। मन पर भी। तन पर भी। किसी की परवाह किये बग़ैर। जो कोई कुत्ता भौंकता है, भौंकता जाये। मेरी बला से।

किसी के घर में एक मरीज़ होता होगा। किसी के दो। मेरे तो तीन हैं। सत्रह बरस का बेटा–रोशन, जिसकी रिकवरी होने की कोई उम्मीद ही नहीं। मैं अच्छी तरह से जानती हूँ, मगर फिर भी उम्मीद छोड़ नहीं पाती। आखिर उसकी माँ हूँ। जब सुबह मैं उस ओर देखती हूँ तो आगे से वह मुस्करा देता है। मुझे उसकी इस मुस्कराहट से ही सब कुछ मिल जाता है। मुझे मालूम है कि वह अत्यन्त दुःखी है। मुँह से बोलकर कुछ बता नहीं पाता। इशारा भी नहीं कर पाता। बस, उसे तो मुस्कराना आता है। वह भी एक बार। सिर्फ सुबह ही। कई बार मुझे भ्रम-सा होता है, जैसे वह नहीं–मैं ही उसकी ओर मुस्कराकर देखती हूँ।

दूसरा मरीज़ मेरा पति है। अच्छा-खासा था। विवाह के दो वर्षों के बाद ही पहले उसे दमा हो गया। फिर शुगर हो गयी थी। फिर पैरालिसिस का अटैक हुआ था। तीन-तीन बीमारियों का शिकार। उसकी सरकारी नौकरी खतरे में पड़ गयी थी। मैं उसके दफ्तर में जाकर रोयी-गिड़गिड़ायी थी। काफी ज़ोर लगाया कि उसे रख लिया जाये। उसकी सामर्थ्य के अनुसार उसे डायरी या डिस्पैच की सीट पर लगा दिया जाये। सरकार का यह प्रोविज़न है कि यदि सरकारी नौकरी के दौरान कोइ कर्मचारी अंगहीन हो जाता है तो उसे उसकी शारीरिक क्षमता अनुसार ही काम दिया जाये। परन्तु उसका बॉस तो उससे पहले से ही किसी बात पर नाराज़

था। उसे, उस पर तरस न आया। उसने मेरी एक ना मानी। मेडिकल सर्टिफिकेट को भी नकार दिया था। कहने लगा, "जो आदमी अपने शरीर को नहीं सँभाल सकता, वह नौकरी क्या खाक करेगा।"

मैंने यह मुद्दा यूनियन में उठाया। आखिर में, बॉस़ को यूनियन के आगे झुकना पड़ा था। स्वरूप को मैं रिक्शे पर बिठाकर भेज देती थी। शाम को वह रिक्शे पर बैठकर घर आ जाता था। मैं उसे समझाती, कि दफ्तर जाने से उसका वक्त कट जायेगा।

ऐसे ही बेकार के सोचने से छुटकारा मिलेगा, परन्तु वह जल्दी ही हिम्मत हार गया था। उसने एक ही बात की रट लगा ली थी कि, अब वह नौकरी नहीं कर पायेगा। उससे लोगों की दयाभरी निगाहों का सामना नहीं किया जाता था। उसकी नौकरी अभी आठ वर्ष और तीन महीने की हुई थी। इसलिए उसे पेंशन नहीं मिल सकती थी। मैं खुद भी सरकारी नौकरी में हूँ। मुझे ससुराल और मायके वालों की ओर से कोई सहयोग नहीं था। मैंने और स्वरूप ने घरवालों के खिलाफ जाकर शादी की थी। दोनों घरों ने हमें बेदखल कर दिया था।

पैरालिसिस के अटैक के बाद भी कोई आदमी उसकी ख़ैर-खबर लेने नहीं आया था। उनके लिए जैसे हम मर चुके थे। तब तो नहीं, मगर अब वह इस बात को महसूस करता था। मेरी जिम्मेवारियाँ बढ़ गयी थीं। मैं बाप-बेटे को सँभालती थी। दफ्तर जाती थी। मैं जब भी उनके सामने जाती, हँस-हँसकर बातें करती थीं। मैं उन्हें भी हँसाने की कोशिश करती थी। मगर वह अपने मन पर काफी बोझ महसूस करने लगा था। डिप्रेशन में होने पर वह मुझे यहाँ तक कह देता था, "हमारे धार्मिक ग्रन्थों में कहा गया है कि स्त्री की रक्षा करते हुए आदमी अपनी औलाद, आचरण, कुल, आत्मा तथा धर्म, इन सभी की रक्षा करता है, मैं तो किसी भी काम का नहीं रहा। ना मैं। ना मेरा पुत्र। हम बाप-बेटे दोनों को 'पिंगलवाड़े' (अपाहिज-घर) में फेंक आ। रोज़-रोज़ का टंटा खत्म हो। उसके जीवन का फायदा ही क्या, जो स्वयं को भी सँभाल ना सके। इसी कारण तुम्हारी जिन्दगी नरक बन गयी है।"

तीसरी मरीज़ मैं खुद हूँ।

हाँ। हाँ।

पाप!

पुण्य!

फर्ज़!

यह क्या तुम पाप-पुण्य और फर्ज़ का किस्सा छेड़ने लगी। यह मुझसे पूछो कि पाप क्या होता है! पुण्य क्या होता है। फ़र्ज़ क्या होते हैं? एक बार मैं इनमें फँस गयी थी। उलझ गयी थी, परन्तु मैं जल्दी ही इनसे मुक्त हो गयी थी।

डलहौज़ी से लौटने के उपरान्त मुझे इस बात को ज्ञान हुआ था कि फ़र्ज़ से बड़ा कोई भी नहीं है। मैं अपने कर्त्तव्यों से पीछे नहीं हटी। हालांकि मुझे एक नहीं, कई कुरबानियाँ करनी पड़ी।

हाँ। हाँ।

फ़र्ज़। फ़र्ज़।

फ़र्ज़ बड़े हैं।

मैं गोपाल के साथ पठानकोट के दौरे पर गयी थी। वहाँ से हम डलहौजी चले गये थे।

डलहौजी आने पर अचानक मुझे 'पाप' के चक्कर ने घेर लिया, जहाँ से मुझे उस समय बाहर निकलने का कोई रास्ता नहीं मिला था। इसी में गलतान, जब मैं सुबह की सैर कर, वापस आयी तो गोपाल अखबार पढ़ने में व्यस्त था। उसने पालथी लगायी हुई थी। उसे देखते ही मैं पल ही पल में सब कुछ भूल गयी थी। उसके चेहरे पर थकावट, ग्लानि और अफसरी के कोई भाव नहीं थे। दफ्तर के अफ़सर के उलट यह उसका एकदम अलग अन्दाज़ था, जिसे मैंने तीन दिनों तक भोगा था। मैं झूठ क्यों बोलूँ। जब मैंने भोगा है तो उसे भोगना ही कहूँगी। आखिर मैं भी औरत हूँ। मेरी भी शारीरिक इच्छाएँ हैं। आर्थिक ज़रूरतें हैं। कभी शारीरिक ज़रूरतें अग्रणी होती हैं। कभी आर्थिक ज़रूरतें। फिर यदि मर्द अपनी पसन्द का मिल जाये तो क्या कहने। मैं उसे खुद को समर्पित कर सकती हूँ। कोई लुका-छिपा नहीं रख सकती। मुझसे दिखावे में नहीं जिया जाता। यहाँ आते ही गोपाल ने मुझसे कहा था, "हम यहाँ इन्ज्वाय करने आये हैं। इन्ज्वाय ही करेंगे। किसी साले की परवाह नहीं करना।" उसका यह अन्दाज मुझे आकर्षित करता है। बार-बार मैं उसे चोर निगाहों से देखती हूँ। कभी-कभी एकदम सीधे भी।

मैं पहाड़ी के चारों ओर आधा चक्कर लगा रेलिंग पर बाहें टिका खड़ी हो गयी थी। मेरे सामने प्रकृति की अनन्त सुन्दरता थी। वृक्ष, पहाड़, धुन्ध, पानी, हवा, पक्षी। मैं इन सबमें समाती ही जा रही थी। अचानक मुझे लगा कि मैं अकेली हूँ, एकदम अकेली। मैं उस अवस्था में पहुँच गयी थी, जिसे सन्त महापुरुष शून्य की अवस्था कहते हैं। मुझे स्वयं की कोई सुध-बुध नहीं रही थी। मेरी सुरत तब लौटी, जब किसी कार-ड्राईवर ने बहुत ज़ोर से हार्न दिया। फिर मन्दिर से आती पुजारी की आवाज़ मेरे कानों में पड़ी, "प्राणी अकेला ही पैदा होता है, अकेला ही मरता है। अकेले ही पुण्य कमाता है और अकेले ही पाप भोगता है....।" आगे के शब्द मुझे सुनाई ही नहीं दिये थे। मैं तो 'पाप' शब्द में ही उलझ गयी थी। वह भी ज़िन्दगी में पहली बार..."यह जो मैं कर रही हूँ, यह किसी 'पाप' में तो शामिल नहीं।" मेरे मन ने यही कहा था,..."यह जो कुछ हो रहा है, यह मेरी समझ से परे है। यह मैं नहीं कर रही, कोई और ही मुझसे करवा रहा है। यह मेरे बस की बात नहीं।"

पहले ही दिन से मेरा वश नहीं चला था। मैं निगाहें नीचे किये आगे चलती जा रही थी। मेरे सामने स्वरूप का चेहरा कई रूपों में घूमने लगा था। मैं क्या कर रही हूँ, कहाँ जाती हूँ, इसकी जानकारी भी उसे है। मगर उसने इस बारे में कभी कुछ नहीं कहा। कभी-कभी उसकी दायीं आँख तेज़ी से घूमती है। मुझे इस से डर लगता है। रात को, जब वह अपना निर्जिव-सा हाथ मेरे पेट पर रखता है तो मेरी रुलाई फूटने लगती है। पहले वह रोता था। अब मैं रोती हूँ। वह मेरे सामने रोता था। मैं दूसरी ओर मुँह फेरकर आँखें पोंछ लेती हूँ।

मन्दिर के पुजारी के प्रवचनों में मुझे कौन-से मोड़ पर ला खड़ा किया था कि मैं 'पाप' शब्द में उलझती ही गयी थी। मैं तो अपने परिवार को बनाने के लिए अपने तन की बलि भी दे दी थी। मैंने अपने जिस्म को हथियार के तौर पर इस्तेमाल किया था। अभी भी इस्तेमाल कर रही हूँ। मुझे याद ही नही रहा था कि मैंने पहाड़ी के कितने चक्कर लगा लिए थे। मैं बिल्कुल रुकी नहीं थी। थकी भी नहीं थी। निगाहें झुकाकर चलती जा रही थी। फिर मुझे एहसास हुआ कि मैं अकेली नहीं थी। मेरे साथ तो स्वरूप था। रोशन था। मुझसे सलाह-मशवरा करते हुए, मेरी बातों पर हूँ-हाँ करते हुए। मैं स्वरूप से पूछना चाहती थी कि पाप क्या है! कर्त्तव्य क्या है। क्या यह वही पाप है, जिसका ज़िक्र हमारे धार्मिक ग्रन्थ करते हैं? मेरे सिर में कुछ होने लगा था। मेरा मन चीख-चीखकर कहने को किया, यह पाप नहीं है। कर्त्तव्य मुझसे यह सब करवा रहे हैं। मैं अभी कुछ कहने ही लगी थी कि मुझे भ्रम-सा हुआ, जैसे टैक्सी स्टैंड पर कुलतार सिधू खड़ा है। एकदम उस जैसी भारी पीठ थी। मैं डर गयी। जितनी देर उसकी पोस्टिंग यहाँ रही, मुझे उससे डर लगता रहा था। जैसे-जैसे मैं कदम आगे रखती गयी, वैसे-वैसे वह भ्रम यकीन में बदलता गया। भगवान की दया हुई, वह कोई और ही था। था एकदम उस जैसा ही। कमीना, घटिया कुलतार सिधू। डुप्लीकेट सिधू। स्साला सुबह-शाम हाज़िरी चेक करता या करवाता था। सारे स्टाफ को सूली पर टाँगकर रखता था। मेरे मन में से आज तक उसका डर नहीं निकला था।

वह समय मैंने बहुत मुश्किल से काटा था। कुछ सुखद दिन भी थे। मैं पन्द्रह-बीस दिनों में एक बार दफ्तर चली जाती थी। सुखजीत अपनी सीट के साथ-साथ मेरी सीट का भी काम करता था। मेरे आने से पहले ही वह फाइलों की नोटिंग टाईप करवा कर रखता था। मुझे जाकर सिर्फ़ हस्ताक्षर करने होते थे। ताकि मेरी हाज़िरी चलती रहे। कुलतार का रोब-दाब ही ऐसा था कि दफ्तर में कोई चूँ-चपट नहीं कर सकता था। मुझसे कोई क्या कहता। रोशन और स्वरूप खुश थे। उनकी ज़रूरतें समय पर पूरी हो रही थीं। कुलतार ने स्वरूप के साथ भी मेल-जोल बढ़ा लिया था। वह हफ्ते-दस दिनों बाद घर आ जाता था, व्हिस्की की बोतल और मुर्गा लेकर। वह ऐसे आता था मानो अपने घर आया हो। कभी-कभी

मुझे उस पर बहुत स्नेह होता। कभी-कभी उससे नफ़रत भी हो जाती, जब वह अपना हक जताने लगता। उसकी अफ़सरी की ऐंठ न जाती। जब मैं रसोई में खड़ी होती तो वह मुझे पीछे से बाँहों में भरकर कहता, 'मेरी मेनका।' चूमते-चूमते मेरा बुरा हाल कर देता। स्वरूप के पास उसी का ही हो जाता। शराब स्वरूप की कमज़ोरी थी। वह दोनो बैठकर पीते रहते। मुझे बार-बार आवाज़े लगाते। खा-पी कर कुलतार बैठक में पड़े दीवान पर पसर जाता। मैं स्वरूप, रोशन और गुड्डी को सोया समझकर उसके पास आ जाती। सारी रात उसी के साथ रहती। स्वरूप बार-बार खाँसता। कभी मुझे उसकी यह खाँसी दमें की लगती। कभी लगता वह जान-बूझकर खाँस रहा है। मैं परेशान होती। मैं कुलतार से कहती कि वह मुझे कहीं बाहर बुला लिया करे। मैं आ जाया करूँगी। वह मेरे घर को अधिक सुरक्षित समझता।

सुबह मैं स्वरूप से नज़रें ना मिला पाती। मैं सोचती, वह मेरे बारे में क्या सोचता होगा। बेशक पैरालिसिस के कारण उसका बायाँ हिस्सा निर्जिव हो गया था, मगर उसकी तेज़ी से घूमती दायी आँख मेरा पीछा कर रही होती। मेरी सारी परेशानी का कारण यही आँख थी। फिर कुलतार मेरे पीछे ही पड़ गया कि मैं उसके बच्चे की माँ बनूँ। मैंने उसे बेहद समझाया कि मेरे पहले ही बेटा-बेटी हैं। मुझे किसी और बच्चे की ज़रूरत नहीं। वह बहुत जिद्दी था। मैं दफ़्तर जाती तो मुझसे कहता दफ़्तर आने की ज़रूरत नहीं। बस महीने बाद आकर एक ही बार रजिस्टर पर हाज़िरी लगा दिया करूँ। मुझे घर बैठे ही तनख्वाह पहुँच जायेगी।

फिर उसका घर में आना-जाना बढ़ गया। मुझसे यही कहता कि, उसे लड़का चाहिए। कोई उससे पूछे कि भला, इस की गारंटी मैं कैसे दे सकती हूँ।

एक बार तो मैंने यहाँ तक सोच लिया कि उसे या तो पुलिस के पास पकड़वा दूँ या उसकी शिकायत सैक्टरी के पास जाकर करूँ। इस सम्बन्ध में मैंने अपनी कुलीग जगदीश बजाज से सलाह की। उसने मुझे समझाया, "देखो मैडम, यह गलती कभी न करना। अफसर के खिलाफ कोई भी कार्यवाही जल्दी नहीं होता। आपके लिए नौकरी करनी मुश्किल हो जायेगी, इस प्रकार की गलती मेरी एक रिश्तेदार कुलवन्त ने की थी। एक पी.सी.एस.अफ़सर था। उसने कुलवन्त के साथ भद्दा मज़ाक किया था। कुलवन्त भावुक थी। उसे नयी-नयी नौकरी मिली थी। बुरा मान गयी।

उसने पी.सी.एस. दफ्तर में शिकायत कर दी। अफ़सरों के चम्मचों ने रास्ते में ही शिकायत रुकवा दी। अफ़सर ने कुलवन्त को अपने कमरे में बुलाया। उसकी काफी बेइज्जती की। दस आदमियों के सामने। सस्पैंशन आर्डर पकड़ाते हुए कहा, "आपने सैक्टरी साहब के डी.यू. का समय पर जवाब नहीं दिया। अपनी गलती मानने की बज़ाय आपने उल्टा मेरी ही बुराई करनी शुरू कर दी। मुझे मालूम है कि आप ऐसा नहीं कर सकती। आपके पीछे किसी और का दिमाग़

काम कर रहा है। उसे भी ढूँढ़ लूँगा। परन्तु पहले आपको सबक सिखाना ज़रूरी है। आपको इतनी सज़ा तो मिलनी ही चाहिए।" दफ्तर के स्टाफ ने काफी मिन्नतें कीं कहा, "इस बेचारी का तो अभी प्रावेशनरी पीरियड भी खत्म नहीं हुआ।" अफसर ने फिर भी अपना अक्खड़पन कायम रखा और कुलवन्त से माफीनामा लिखवाकर आर्डर कैंसल किये थे।" मुझे कई अफसरों के चेहरे नज़र आते हैं। सभी एक जैसे ही होते हैं। यह मातहत की समस्याओं की ओर अधिक ध्यान नहीं देते। बात को बस टाल देते हैं।

मैं अपने इस 'पाप' के बारे में गोपाल के विचार जानना चाहती थी। मैं पूछने ही वाली थी कि उसने अखबार को एक ओर फेंक मुझे बाँहों में भर लिया। मेरे कान के पास अपना मुँह ले जाकर कहा, "हरकिरन।"

"हरकिरन नहीं सर....," मैंने उसे आगे बढ़ने से पहले ही झाड़ दिया।

"सर, किरन।"

"नहीं, सिर्फ़ सर।"

"यार, तुम पहले मेरी बात तो सुन लो।"

"पहले सर कहो।"

"सर हुक्म फरमाइए।"

"इन दिनों मैं जो कर रही हूँ, क्या इसे 'पाप' कहा जा सकता है।"

उसके हाथों की पकड़ एकदम ढीली पड़ गयी।

उसने मुझे बेड पर बिठाते हुए बताया, 'यह' टाइम्स ऑफ इंडिया में एक ख़बर छपी है कि शराब और औरत करप्शन में नहीं आते। क्या तर्क दिया गया है। जब कोई किसी के घर में जाता है तो उसे चाय या कॉफी पिलायी जाती है। ....भला, ये चीज़ें करप्शन में आती हैं।''

"यह मेरी बात का जवाब नही।" मैंने खीझकर कहा।

उसने कहा, "मैं इसे पाप नहीं मानता। यह बताओ, तुम ने इन्ज्वाय नहीं किया? जहाँ इन्ज्वाय होगा, वहाँ पाप नहीं होगा।"

मैंने उसके पास से अखबार उठा, वह खबर पढ़ी। हाई कोर्ट में भूतपूर्व जज शमीन मुखर्जी के वकील दिनेश माथुर ने सुप्रीम कोर्ट में दलील दी थी कि "यदि कोई साहिल औरत और शराब से इंटरटेन करता है तो इसे आर्थिक लाभ नहीं माना जा सकता, ना ही इसे करप्शन कहा जा सकता है। उसने जज एस. के. अग्रवाल को यह दलील दी कि, 'प्रीवेंशन ऑफ करप्शन ऐक्ट' के अनुसार, सिर्फ पैसा लेना ही करप्शन होता है। मान लो यदि कोई व्यक्ति किसी मित्र के घर पर जाता है वह उसे चाय या कॉफी पिलाता है। तो इससे उसे कोई आर्थिक लाभ तो नहीं होता....।''

गोपाल मेरी ओर देखकर धीमे-से मुस्कराया। फिर मालूम नहीं उसके मन में

क्या आया कि वह खिलखिलाकर हँस दिया। मुझें महसूस हुआ कि यह उसकी दर्प भरी हँसी थी। औरत पर विजय हासिल करने वाली हँसी। परेशानी महसूस करते हुए मैं उठ खड़ी हुई थी। वह मेरा बॉस था। बाद में मर्द। यदि वह पहले मर्द होता तो मैं उसे, उसकी विजय का मज़ा चखाती। बॉस के साथ अधिक तकरार नहीं हो सकता। अच्छे भले चलते हुए इनमें से अफ़सरी झाँकने लगती है। यह मुझ जैसी को घटिया चीज़ समझने लगते हैं। ये वही हैं जो बाहर पाँच कदम भी साथ चलने को तैयार नहीं होते। बन्द कमरे में ये वह कुछ करते हैं जो एक बज़ारू औरत के साथ भी नहीं किया जा सकता।

मुझे एहसास हुआ कि इस मामले में भी उसकी सोच बाकी मर्दों से परे नहीं थी।

मैं बाथरूम में घुसी ही थी कि गोपाल ने ठक-ठक की आवाज़ दी। मैंने अनसुना कर दिया। मैंने पहले ही अन्दर से चिटकनी लगा ली थी। मुझे गुस्सा आया कि मुझे बार-बार नग्न देखकर भी इसका मन क्यों नहीं भरता। इन तीन दिनों में मैं उसके सामने कितनी बार नग्न हुई थी।

हाँ। हाँ

गोपाल।

गोपाल मेरा बॉस है।

गोपाल सर को इस दफ़्तर में आये, अभी एक महीना ही हुआ था। वह हँसमुख, मिलनसार और खुले दिल वाला है। बेधड़क होकर बात करता है। कोई गुस्सा करे तो करता रहे। किसी के साथ अधिक निकटता नहीं रखता। काम के प्रति उसकी इमेज एक सख्त अफ़सर वाली है।

उसके साथ पहली मुलाकात में ही तलखी पैदा हो गयी थी। मैं नोटिंग पर उसके हस्ताक्षर करवाने के लिए गयी थी। उसने बैठने का इशारा किया। पूछा, चाय पियोगी या पानी। कोई सहायक या आडिटर उसके पास जाता तो वह चाय-पानी पूछने की रस्म ज़रूर निभाता था। वह खुद भी चाय पीने का शौकीन था। मैंने ना में सिर हिलाया। उसके टेबल से पेपरवेट उठाकर घुमाने लगी। उसने थोड़ा-सा मुस्कराकर कहा, "हरेक इनसान में एक बच्चा मौजूद होता है।" मैंने उसकी बात की ओर कोई ध्यान ना दिया। उसने घंटी बजायी। चपरासी हरदयाल को दो कप चाय लाने के लिए कहा। फिर वह केस-हिस्ट्री पढ़ने लगा उसने पहले पन्ने पर ही कई गलतियाँ निकाल दीं।

पहला ही प्रभाव बुरा पड़ा। हेड आफिस से बार-बार फोन आ रहे थे कि केस जल्दी तैयार कर के भेजो। मैंने तो पिछले कई वर्षों से सिवा हस्ताक्षर करने के और कोई काम किया ही नहीं था। मैं तो काम करना ही भूल गयी थी। जितनी देर तक अग्रवाल साहब रहे, मैं तो नाममात्र के लिए दफ़्तर जाती रही थी। वैसे भी उन दिनों रोशन बेड से नीचे गिर पड़ा था। उसके माथे पर पाँच टाँके लगे थे। सीधी

कलाई का मांस फट गया था। स्वरूप दमे के कारण सारी ही रात खाँसता रहता था। पहले वह खूँडी के सहारे आँगन में दो-तीन चक्कर लगा लिया करता था। अब सारा दिन बेड पर पड़े-पड़े छत को ही घूरता रहता था। दफ़्तर में सख्ती चल रही थी। मौज-मस्ती कम हो गयी थी। सुपरिडेंट का सुर बदल गया था। उसने हुक्म सुनाया था, यदि आप गये तो अपने रिस्क पर जाओगे।'' मैं परेशान थी। मैं सोचने लगी कि मैं जो खेल, खेल रही हूँ, यह कितनी देर और चलेगा?

क्या कोई अपने बच्चे और पति की खातिर यहाँ तक भी गिर सकता है। मुझे इस खाई से निकालने वाला कोई नहीं था। इस उलझन में ही यह केस तैयार किया था। बैठी मैं दफ़्तर में होती थी। ध्यान मेरा रोशन की ओर होता था।

चाय का कप खत्म होते ही मैं सॉरी कह उठ खड़ी हुई।

उसने अचानक कुछ याद आ जाने के अन्दाज में कहा, "बैठो, आपके लिए एक बुरी ख़बर है।"

"सर क्या?" मैंने उसके नज़दीक होते हुए पूछा। बुरी ख़बर ने मेरा सिर घुमा दिया। अवश्य कोई बात थी।

"आप बैठिए तो सही।" उसने एकदम सीधा मेरी ओर झाँकते हुए कहा। मुझसे बैठा कहाँ जाता?मैं तेज़ी से बोलते हुए पूछा तो उसने बताया,

"आपके लुधियाना के आर्डर हो गये हैं।"

"इटस बैड न्यूज।" मेरे मुँह से निकला मुझे एकदम एहसास हुआ कि अग्रवाल साहब ने जाते-जाते उसके कानों में 'कुछ' कहा होगा। अगले ही पल मैंने खुद को थोड़ा-सा सँभाल लिया। कहा, "आपके होते, कुछ नहीं हो सकता। आप डी.ओ. को लिख दें कि स्टाफ की शार्टेज होने के कारण हरकिरन को रिलीफ नहीं किया जा सकता।"

उसने सख्ती से कहा, "सब कुछ अपनी मर्ज़ी से नहीं होता। डायरेक्टर साहब बहुत सख्त हैं। उनका ससुर चीफ सेक्रेटरी लगा हुआ है। वह तो उनकी भी सिफारिश नहीं मानते। आप और हम कौन हैं। आपको आर्डर मानने पडेंगे।"

मैं दोबारा विनती करती। इससे पहले ही उसने मेरी हिस्ट्री-शीट खोल ली। मेरी बदली तीन बार पहले भी रुक चुकी थी। दो बार तो हेड आफिस से डी.ओ. भी आया था कि हरकिरन को तुरन्त फारिग कर लुधियाना भेजा जाये। तीनों ही बार मैं बच गयी थी या मुझे बचा लिया गया था।

"शायद आपको मेरे घरेलू हालातों के बारे में मालूम नहीं। मेरा बड़ा बेटा रोशन एबनार्मल है। बचपन में ही उसके सिर में चोट लग गयी थी। फिर उसका विकास उस गति से नहीं हुआ, जिस गति से एक आम बच्चे का होता है। वह उठकर बैठ नहीं सकता। वह खाने के लिए नहीं माँग सकता। मुझे उसके खाने-पीने के समय का ध्यान रखना पड़ता है। बेटे को मैं खुद नहलाती हूँ। कपड़े

बदलती हूँ। मेरे पति को कई वर्ष पहले पैरालिसिस हो गया था। उनका बायीं ओर का हिस्सा एकदम निर्जिव है। ऊपर से दमे के मरीज़ हैं। मेरे अलावा कोई भी उन्हें सँभालने वाला नहीं है। मेरी बेटी पाँच वर्ष की है। लुधियाना से मैं रोज़ वापस नहीं आ सकती। आप कोशिश तो करके देखें। प्लीज....।" ना चाहते हुए भी मैंने सब भारी मन से बताया। फिर मेरी रुलाई फूट पड़ी।

मुझे मालूम था कि कोई भी मेरी घरेलू समस्याओं को नहीं समझता। इसे सच नहीं मानता। अफ़सर तो आदमी को आदमी ही नहीं समझते, मशीन समझते है। मेरे सामने सुरिन्दर पाल का केस था। सुरिन्दर पाल अंगहीन था। पहले उसे हल्का काम मिला हुआ था। फिर उसके आर्डर लैजर ब्रांच के हो गये थे। लैजर ब्रांच में दस-दस किलो की लैजरें थीं। सुरिन्दर पाल ने लिखकर भी दिया था कि उसकी शारीरिक क्षमता के अनुसार ही उसे काम दिया जाये। उससे भारी-भारी लैजर नहीं उठाये जायेंगे। किसी ने उसकी ना सुनी। बस यही कहा, "तुम्हें तनख्वाह तो पूरी मिलती है न। फिर काम करो?" सुरिन्दर पाल ने एक-एक कर सभी अफसरों को बताया, "मेरी भर्ती अंगहीन होने की वजह से हुई है।'' उसने अपने दोनों हाथ दिखाये। इससे भी अफसरों के मन नहीं पिघले। उल्टा उसी से सवाल किया गया, "जय प्रकाश लम्बी छुट्टी पर चला गया। तुम ही बताओ उसके स्थान पर और किसको आर्डर दें।"

गोपाल ने उसी मूड में कहा था, "तीन बार के बाद भी हम आपको किस बेस पर रोक सकते हैं। आपको तो जाना ही पड़ेगा या मैडिकल लीव ले लीजिए।"

मैं अपने कमरे में वापस आ गयी थी। मेरे आँसुओं का उस पर कोई असर नहीं हुआ था। उसके साथ पहली मुलाकात ही आखिरी होने वाली थी। मन किया इस साली नौकरी से ही इस्तीफा दे दूँ। क्या करना है यह नौकरी करके। मगर घर के खर्चों के बारे में सोचते ही मन बदल गया था। मेरी आधी तनख्वाह तो रोशन और स्वरूप की दवा पर ही खर्च हो जाती थी। मैंने अपनी डायरी में दर्ज़ कई नामों पर उचटती-सी निगाह दौड़ायी। अग्रवाल साहब के पास जाने का मन बनाया। क्या मालूम, गोपाल अग्रवाल साहब का कहा मान ले।

ये एफ.डी. वाले एक दूसरे की बात अवश्य ही मान लेते हैं। मैं अभी कोई फैसला नहीं कर सकी थी कि मुझे कृपाल सिंह ने कहा, "इस समय गोपाल सर से बड़ी एप्रोच और कोई नहीं हो सकती। मैंने हरीश से गोपाल की सर्विस-बुक मँगवायी थी। उसका बायोडेटा पढ़ा था। उसकी उम्र चव्वन वर्ष है। वह क्लर्क से सीधा एस.ओ. बना है। फिर प्रमोशन लेकर डिप्टी कंट्रोलर (वित्त तथा लेखा) उसकी ए.सी. आऊटस्टैडिंग थी उसके बाप का नाम सुदेश कुमार वशिष्ट है। वशिष्ट पढ़ते ही मुझे थोड़ी-सी खुशी हुई थी। सन्तोषजनक खुशी। बात बन सकती थी। वह राम गोपाल वशिष्ट है और मैं हरकिरन भारद्वाज। हम दोनों ब्राह्मण हैं।

यह एक बहुत बड़ी निकटता हो सकती हैं।

पिछले पाँच-छः वर्षों में दफ़्तरों में जात-पात का ज़ोर बढ़ने लगा था। एस. सी., शर्मा, जाट और खत्रियों के समीकरण उभरे थे। यह अलगाव उस समय अपने शिखर पर पहुँच गया जब मदन लाल शर्मा सुपरिडेंट बनकर इस दफ़्तर में आया था। उसे अमला शाखा में लगाया गया था। वहाँ उसने एक भी नॉन-ब्राह्मण को नहीं रहने दिया था। उसने अपनी लॉबी बना ली थी। बात साहब तक जा पहुँची। शर्मा का स्पष्टीकरण था, "किस व्यक्ति से क्या काम लेना है, यह ज़िम्मेवारी मेरी है। यदि आपको शिकायत मिली तो आपका जूता और मेरा सिर होगा। ठीक है, जी?" साहब को उसने अपनी बातों से कायल कर लिया।

शाम को यही गोटी गोपाल के पाले में फेंकी। उसका थोड़ा-सा असर हुआ। बाकी का असर कैसे होना चाहिए, यह हमेशा मेरे वश में रहा हैं। फिर गोपाल किस बाग़ की मूली था। सोने पर सुहागा यह हुआ कि अगले हफ़्ते गोपाल के पठानकोट में शुरू होने वाले टूर प्रोग्राम में मैंने ज़र्बदस्ती अपना नाम शामिल करवा लिया था।

हाँ। हाँ।

डलहौज़ी से वापसी पर।

मेरे बार-बार जोर देने पर भी गोपाल मेरे साथ की सीट पर नहीं बैठा था। वह मुझसे आगे वाली सीट पर बैठा।

मैं खुश थी। दौरा सफल रहा था। गोपाल ने मेरे सामने डी.ओ. को लेटर लिखा था। जैसा मैं चाहती थी, ठीक वैसा ही किया था। वह स्वयं बाज़ार जाकर उसे टाईप करवा लाया था। मेरे कहने पर, ज़ोर देने पर उसने उस पर हस्ताक्षर भी कर दिये थे। मुझे इस पर डायरी नम्बर लगवाकर पोस्ट करना था।

हाँ। हाँ।

रानी खेत आकर।

मैंने चेहरा उसकी सीट के निकट कर, फिर उससे इस 'पाप' के बारे में पूछा था।

उसने आगे की ओर देखते हुए कहा, "पाप वगैरा कुछ नहीं होता। मेरे लिए तो तुमने पुण्य का काम किया है। घरवालों के प्रति अपने कर्त्तव्यों को निभाने में तुमने कोई कोताही नहीं बरती। बी रीलैक्स।"

मैं बाहर की ओर देखने लगी थी। पहाड़, वृक्ष, ताज़ी हवा, हरियाली....मेरे सामने प्रकृति के अनन्त नज़ारे थे। फिर मुझे मालूम नहीं कि कब नींद ने आ घेरा था।

मैं गहरी नींद में सो गयी थी। जैसे कई रातों के बाद चैन की नींद सोयी हूँ।

मायाजाल / *तलविन्दर सिंह*

पता नहीं कब आँख लगी और कब शान्त पड़े मन के पानियों में फिर हलचल मच गयी। चौक में अकेली खड़ी थी मैं और एक पागल भीड़ मेरी ओर बढ़ती चली आ रही थी। मैं इधर-उधर दौड़-दौड़कर मदद के लिए पुकार रही थी। अचानक, किसी ने आगे बढ़कर मेरे गले में हाथ डाला और कमीज़ को तार-तार करके मुझे सरेबाजार निर्वस्त्र कर दिया। नींद में सोयी मैं हड़बड़ाकर उठ बैठी। मैं घबरा गयी थी। मेरा दिल ज़ोरों से धड़कने लगा था। जाड़े के इस मौसम मे भी मेरे माथे पर पसीने की बूँदें उभर आयीं। दिमाग की नसें खिंच-सी गयीं। बन्द आँखों के सामने अजीबोगरीब चेहरे उभरने लगे—बेढब और भयानक! कम्बल हटाकर कमरे में मद्धम उजाले में मैंने देखा। प्रकाश, मेरे पति दूसरी ओर मुँह किये सो रहे हैं। पता नहीं, सो रहे हैं या जाग रहे हैं। इस घर के बदले हुए हालात, ऊपर से कारोबार का मन्दा! इनके मन पर आजकल बड़ा बोझ है। मन्दा होने के कारण फैक्ट्री बन्द होने के कगार पर है। दिनों के फिरने के अभी कोई आसार नजर नहीं आते। जब से रवि की मौत हुई है, ये तो मानो टूट ही गये हों। हर समय चुप-चुप और गुमसुम रहते हैं। इधर मेरी हालत एक-एक पल में न जाने कितनी बार टूटती और बनती है...कितने जलजले आते हैं...हथौड़े बजते हैं जैसे दिमाग पर।

रात हैवी डोज लेकर सोयी थी। नींद की पूरी चार गोलियाँ! आधी रात के बाद कहीं चैन पड़ा था कि अचानक नींद खुल गयी। बेड पर से उठकर बालकोनी में आ खड़ी हुई। रवि की व्हील-चेयर एक ओर पड़ी है। यहाँ बैठकर वह घंटों सामने वाले चौक के ट्रैफिक को देखा करता था—गहरी संवेदनशीलता के साथ। सामने वाले चौक से जैसे ही मैं मुड़ती, वह मुझे दिखाई दे जाता। गेट के अन्दर आती तो हाथ हिलाकर मुस्कराता।

चौक तक नजर दौड़ाती हूँ। सड़क की ट्यूब-लाइटों के इर्द-गिर्द एक दो पतंगे नाच रहे हैं, बालिश्त भर चाँद के घसमैले उजाले और हल्की-हल्की ठंड में मैं जीवन को चलते हुए देख रही हूँ। एक दिन रवि कह रहा था, ''मम्मा, एक बात बताओ। यह दुनिया तब भी चलती थी, जब हम नहीं थे? और हमारे बाद...इसी तरह चलती रहेगी?''

"हाँ बेटे, यही तो सच है जीवन का।" मैंने बात खत्म की थी।

"वैसे मम्मा, कितना अजीब लगता है न, अपने न होने के बारे में सोचकर।" रवि फीकी हँसी हँसा था। मैंने उसके बालों में हाथ फेरते हुए उसे प्यार किया। उसने मेरे हाथ को अपने हाथों में लेकर चूमा, "आई लव यू मम्मा।"

आँसू मेरे गालों पर लुढ़क आये हैं। व्हील-चेयर की ओर यूँ देखा मानो रवि वहीं बैठा दिखाई देगा। पर कहाँ था रवि अब? पिछले रविवार को उसका भोग पड़ा था, उसकी अन्तिम अरदास हो गयी थी। जिसने भी सुना, सहानुभूति प्रकट करने चला आया था। मेरे कालेज का स्टाफ, विद्यार्थी, प्रकाश के संगी-साथी, अड़ोसी-पड़ोसी, रवि के यार-दोस्त। भोग वाले दिन तो जैसे सारा शहर आ जुटा था। रागी बड़े वैराग्यमयी सुर में 'सबद' गायन कर रहे थे—'केल करेंदे हंझ नो अचिंते बाज पाए...' उसी वक्त, डॉ. वशिष्ट अपनी धीमी और सहज गति से चलते हुए आया था। पालकी के सम्मुख उसने पचास का नोट रखकर माथा टेका था और प्रकाश के करीब जा बैठा था। मेरी अवस्था पागलों जैसी हो गयी थी। प्रिंसीपल श्रीमती सहोता ने मुझे हौसला देकर एक-चित होकर कीर्तन सुनने के लिए कहा। मैंने फिर पालकी की ओर देखकर अपने आप को सँभाला। सामने रवि की फोटो रखी थी। मानो वह मेरी ओर ही एकदम देख रहा हो। छोटी-छोटी गहन-गम्भीर आँखों से! मानो प्रश्न कर रहा हो कोई। जैसे स्कूल से लौटकर अकसर किया करता था।

"मम्मा, तुम मनोविज्ञान पढ़ाते हो। यह बताओ, ऐसा क्यूँ होता है कि यह जानते हुए भी कि हमने गलती की है, हम उसे जस्टीफाई करने लग पड़ते हैं। हम अपने आपको डिसीब नहीं करते मम्मा?"

"पर ऐसी क्या बात हो गयी?"

"बात कुछ भी नहीं मम्मा, बात तो बहुत छोटी है, कैंटीन वाले को मैंने पैसे नहीं दिये और अपने आपको यह समझा लिया कि यह भी कइयों का बकाया मार लेता है। मैं यह भी जानता हूँ कि वह गरीब है। यह कैसी सायकी है मेरी, ज़रा समझाओ तो सही।"

मैं मनुष्य के अन्तरीव भाव, उसके स्वभाव और परिवेश के प्रभाव के आसपास अपने उत्तर को घुमाकर उसकी तसल्ली करने की कोशिश किया करती। मेरी लम्बी-चौड़ी व्याख्या से उकताकर वह टेलीविजन के एक विज्ञापन के पात्र की तरह मुँह बनाकर कहता, "ये बात कुछ हजम नहीं हुई..." फिर, वह स्वयं ही ठहाका मारकर हँस पड़ता और किसी अदाकार की नकल करते हुए कहता, "अब सरदार रविन्दर पाल सिंह सेखों उर्फ़ रवि साहब सबसे बोर काम करने जा रहे हैं...मतलब होम-वर्क!" और वह अपने कमरे मे जा बैठता।

आठवीं कक्षा तक आते-आते रवि ने अपने पिता के बराबर कद निकाल लिया था लेकिन, अपने पिता के स्वभाव के उलट वह तेज़-तर्रार था। उसके अन्दर

और अधिक जानने की नित्य नयी जिज्ञासा जन्म लेती थी। मुझे सदैव यही लगता था कि मैं उसकी जिज्ञासा को पूरी तरह शान्त नहीं कर पाती। मानो मेरे से आगे जा रहा था वह। सभी को पीछे छोड़, आगे निकल जाने की उसकी ज़िद थी मानो। शायद, इसीलिए सबसे पहले वह फोटो के फ्रेम में जा पहुँचा था। उसके नाम का भोग पड़ चुका था, अरदास हो चुकी थी।

रवि की व्हील-चेहर से लेकर सामने चौक तक एक सन्नाटा पसरा है। रवि के बाद यह घर वीरान हो गया है। ज़िन्दगी बेमकसद हो गयी है। इस चुप से घबराकर ही कल मैं कॉलेज चली गयी थी। मन को दूसरी तरफ लगाने की खातिर ही क्लास लेने चल पड़ी लेकिन, एक शब्द न पढ़ा सकी। लड़कियों ने एक स्वर में कहा, ''मैडम, रहने दीजिए।'' प्रिंसीपल ने स्टॉफरूम में आकर कहा था, ''मिसेज सेखों, प्लीज गो होम एंड रेस्ट।'' मैं रवि के बारे में सोच रही थी निरन्तर। लग रहा था जैसे किसी रसातल में धसती जा रही होऊँ। कॉलेज की दीवारें और ज़मीन डोल रही थीं मानो। सिर किसी बम की भाँति फट पड़ने को तैयार था। घर की ओर लौटते समय, दो बार कार का एक्सीडेंट होते-होते बचा। पहले एक ट्रक से, फिर रिक्शा से। रिक्शा का मामूली नुकसान हो गया। मैंने कुछ पैसे देने चाहे पर, वहाँ आ जुटी भीड़ में बहुत से लोग मेरी हालत से परिचित थे। उन्होंने रोक दिया। आनन्द मोटर गैरज वालों का लड़का कार ड्राईव करके मुझे घर तक छोड़ गया। मेरा मन करता था, मैं चीख-चीखकर रोऊँ। माली सेवकराम लॉन के किनारे चुपचाप बैठा था, मुझे देखकर खड़ा हो गया। सीढ़ियाँ चढ़कर मैं ऊपर पहुँची। ऊपर मौत जैसा सन्नाटा पसरा था। रवि का कमरा बन्द पड़ा था। दरवाजे पर लगा, 'मिक्की माउस' का स्टिकर हँस रहा था। आहिस्ता से दरवाज़ा खोला। सामने दीवार पर रवि की पटके वाली फोटो लगी थी। हँसी को होंठों में दबाकर रोक रखा था उसने। बहुत घने केश थे रवि के। केश समेत जब नहलाकर मैं उसके बालों में कंघी किया करती तो उलझे बालों को सुलझाते समय वह बहुत रोता था। थोड़ा बड़ा हुआ तो कहने लगा, ''मम्मा, मुझे बाल कटवाने हैं।'' मुझे तो कोई आपत्ति नहीं थी। प्रकाश ने भी इकलौते बेटे की इच्छा में बाधा नहीं डाली। कटे बालों में उसका चेहरा और भी निखर आया था। फिल्मी एक्टरों की नकल उतारते हुए वह अपने बाल सँवारता। मैं सोचती—बड़ा होकर फिर स्वयं रख लेगा केश।

मेज पर उसका सामान बिखरा पड़ा था। दीवारों पर कई स्टिकर चिपके हुए थे। एक-दो फोटो जवान लड़कियों के थे। शायद, खिलाड़ी लड़कियों के चित्र थे वे। पिछले कुछ समय से वह स्त्री-पुरुष सम्बन्धों के बारे में मुझसे कई प्रश्न करने लग पड़ा था। मेरे संग दोस्तों की तरह बात कर लेता था बेझिझक। एक दिन बताने लगा कि क्लास का एक लड़का नंगी फोटो वाली ताश ले आया। फिर, एक

दिन बोला कि दोस्तों के संग मिलकर उसने अंग्रेजी की एक एडल्ट फिल्म देखी है, मैं जानती थी कि यह किशोर आयु की साईकी है। पर ये आदतें?...एक दिन कहने लगा, ''मम्मा, मुझे एक बात बताओ। मुझे लड़कियों के नंगे चित्र क्यों अच्छे लगते हैं?'' फिर थोड़ा झिझककर बोला, ''मम्मा, मुझे रश्मि की ब्रेस्ट बड़ी अपील करती है।'' बात करते हुए उसने मेरी ओर यों देखा था कि मुझे शर्म आ गयी। मैं मानव-मन में होने वाले परिवर्तनों का रहस्य उसे बताती रही। वह पूरी एकाग्रता से सुनता रहा।

''मम्मा, अपोजिट सेक्स में रिश्तों का क्या दखल है?''

''नेचुरली स्पीकिंग, कुछ नहीं।'' मैंने बताया।

''मम्मा, मुझे सभी लड़कियाँ अच्छी लगती हैं। क्या लड़कियों को भी इसी तरह लड़के अच्छे लगते हैं?''

''हाँ, बेटा। हारमोन्स तो एक ही तरह रिएक्ट करते हैं।''

''तुम्हें भी दूसरे लोग अच्छे लगते होंगे मम्मा कि नहीं?''

उसने पूरी गम्भीरता से पूछा। मुझे लगा जैसे वह मुझसे कोई राज जानने की कोशिश कर रहा था। मुझे पहली बार रवि से भय लगा। मेरा मनोविज्ञान डोल गया। शब्दों की ओट लेकर मैंने रवि से पिंड छुड़ाया। पता नहीं, क्यों मुझे ऐसा लगा, मानो रवि ने मेरी कोई चोरी पकड़ ली थी।

मैं अपनी साईकी की परतें उधेड़ने लगती। वो कौन-सी शक्ति थी डॉ. वसिष्ठ के हाथों में जो प्रकाश के हाथों में नहीं थी। जो काम वसिष्ट दो मिनट में कर लेता है, वह प्रकाश से दो घंटों में क्यों नहीं होता? कैसी कशिश थी डॉ. वसिष्ठ के आलिंगन में! एक समय था, किसी औरत के गैर-मर्द से सम्बन्ध के बारे में सुनकर ग्लानि से भर जाया करती थी। ऐसे सम्बन्ध बेचैन करते थे मुझे। जैसे किसी के संग विश्वासघात हो रहा हो। वही हाथ थे प्रकाश के और वही वसिष्ठ के, पर अनुभव बिल्कुल अलग-अलग! मानो मनोविज्ञान का यह एक पृथक अध्याय था—बिल्कुल नया और अछूता! डॉ. वसिष्ठ की अँगुलियों की पोरों को चूमती तो दिमाग में चकाचौंध करने वाली रोशनी फैल जाती। उम्र में से कई-कई बरस मनफी हो जाते। जैसे सब कुछ पहली बार हो रहा हो।

रवि डॉ. वसिष्ठ के संग खूब घुलमिल गया था। रवि के एक्सीडेंट के बाद उनकी यह दोस्ती और भी गहरी हो गयी थी। हर दूसरे-तीसरे रोज वसिष्ठ रवि के पास होता। वह उसे 'रवि द यंग मैन' कहकर बुलाता। उसकी ओर देखकर रवि मुस्कराता और उठने को होता। डॉ. वसिष्ठ कहता, ''वैरी सून, यू विल बी आलराइट। अभी कुछ समय और रेस्ट करो।''

रवि कहता, "फ्रेंड अंकल, बोर हो गया हूँ अब तो।''

''कम आन यंग मैन! पता है न, तुमको माउंटेन ट्रैकर बनना है। और मैं

तुम्हारे साथ हूँ।'' डॉ. वसिष्ठ साथ-साथ उसका मुआयना भी करता रहता।

''हम मोटर-सायकिलों पर लद्दाख चलेंगे। मैं ऐडवेंचर क्लब की ओर से एक बार गया था। मजा आ गया था। वहाँ के दृश्य...बर्फ ही बर्फ...बस, कमाल ही कमाल!''

रवि की आँखों में चमक आ जाती। उसे उत्साहित कर वसिष्ठ कमरे से बाहर आ जाता। साथ ही मैं भी। बगल वाले कमरे में मैं वसिष्ठ की बाँहों में होती। मेरे चेहरे को हाथों में लेकर वह चूमता। उसकी गिरफ्त में मै पिघलने लगती। मेरा अंग-अंग चुम्बक बन जाता। शरीर लहर-लहर बनकर फैल जाता। इन लहरों पर तैरता डॉ. वसिष्ठ दूर निकल जाता।

डॉ. वसिष्ठ ने अपने हाथों की छुअन मुझे अपने अस्पताल में दी थी। प्रकाश जोंडिस के मरीज थे और उसके अस्पताल के इनडोर पेशेंट। डॉ. वसिष्ठ का स्वभाव कील लेने वाला था। उसका स्टॉफ हद से ज्यादा हमारी केयर करता था। मैं कॉलेज से सीधे अस्पताल चली जाया करती। वसिष्ठ बड़े तपाक से मिलता। मेरे सब्जेक्ट्स जानने में रुचि दिखाता। उसने बताया था कि प्री-मेडिकल करते हुए उसने कॉलेज मैगज़ीन में कुछ कविताएँ छपवायी थीं, पर बाद में डॉक्टरी की पढ़ाई उसके लिखने के शौक को खा गयी। उसे यह जानकर खुशी हुई कि मैं कभी-कभार अखबार के लिए मनोविज्ञान पर लेख लिखा करती हूँ। उसके कहने पर मैंने उसे अखबारी कटिंग्स वाली फाइल दिखलायी थी और वह मेरे लिए कॉलेज मैगजीन का वह पुराना अंक ढूँढ़ लाया था।

जिस दिन प्रकाश को अस्पताल से छुट्टी मिलनी थी, उस दिन डिस्चार्ज़ स्लिप देते हुए डॉ. वसिष्ठ ने बेहद भावुक होकर कहा था, ''मैडम सेखों, इफ यू डोंट माइन्ड...एक बात कहूँ।''

उसके कमरे में हम दोनों ही थे। क्या बात हो सकती है? मेरे अन्दर अनेक सम्भावनाएँ उठ खड़ी हुईं। मैंने उन सम्भावनाओं को तलाशा जिनसे मैं सहमत हो सकती थी। आखिर, भीतरी कश-म-कश को समेटकर मैंने पूछा, ''बताओ।''

डॉ. वसिष्ठ ने हल्के से खाँसकर गला साफ किया और बोला, ''ज़िन्दगी पता नहीं क्यों हमेशा भरपूर नहीं होती, सब कुछ होते हुए भी तुमसे मिलकर लगा, इससे पहले मेरी जिन्दगी का एक कोना खाली था। बहुत साल पहले, मेडिकल कॉलेज में पढ़ते हुए ऐसा ही महसूस किया था मैंने। फिर, बाद में जीवन की उलझनों, सेटलमेंट के मसले...वह अहसास दबकर ही रह गया कहीं। मुझे उम्मीद नहीं थी, वह कोंपल फिर से फूट पड़ेगी।''

मेरे हाथ पर्स की तनी में उलझे रहे। एकाएक मुझे लगा, मेरा दिल ज़ोरों से धड़कने लगा था। सैंतीस बरस की उम्र में मेरे दिल की धड़कन में से यह कैसी आवाज़ निकली थी। क्या मैंने भी कुछ इस तरह ही सोचा था? इस तरह की किसी

सम्भावना की कल्पना की थी?

पर्स की जिप खोलकर मैंने डिस्चार्ज स्लिप रखी। अस्पताल के बैलेंस के बारे में पूछा तो उसने कहा, "कल दे देना...कुछ दवाइयाँ भी देनी हैं।" मैं चुपचाप उठी। मेरे पीछे-पीछे ही वसिष्ठ भी आया, प्रकाश को कार में बैठाने के लिए। कमरे के अन्दर रखे सामान को सँभालने में उसने मेरी मदद की। उसका मेरे इर्द-गिर्द मँडराना मुझे अच्छा लगा रहा था।

रात में जब मैं बिस्तर पर लेटी, डॉ. वसिष्ठ के शब्द मुझे बेचैन करते रहे। कई भाव उतरते-चढ़ते रहे। क्या यह वसिष्ठ का दूसरी औरत पर डोरे डालने का मर्द-विज्ञान था? या उसकी मोहब्बत? ...मुझे लगा, मेरी जिन्दगी में भी ऐसा एक कोना खाली पड़ा था जिसकी ओर वसिष्ठ कदम-दर-कदम बढ़ा चला आ रहा था।

अगले दिन, मैं कॉलेज से सीधे वसिष्ठ के अस्पताल में थी। अपने ऑफिस में अकेला जैसे वह मेरी ही प्रतीक्षा कर रहा था। मुझे देखकर वह कुर्सी पर से उठा और मेरे सामने आकर उसने मेरे हाथ को कसकर पकड़ लिया। इतनी बार प्रकाश ने हाथ पकड़ा था मेरा, पर ऐसा कभी नहीं हुआ था। शरीर में मानो जान ही न रही हो। कानों में से सेंक निकल रहा था। मेरी चुप में 'ना' थी या 'हाँ', मुझे कुछ नहीं मालूम। परन्तु, मैं उसकी बाँहों में थी। उसने मेरी आँखों, गालों और अधरों को बारी-बारी से चूमा। बालों को अँगुलियों की पोरों से सहलाया। फिर, धीमे स्वर में बोला, "आई लव यू।"

फिर, मैं उसके सामने बैठी थी। वह बोला, "कल रात एक कविता लिखी है। सुनाऊँ?"

मैंने सहमति में सिर हिलाया। उसने जेब में से कागज़ का एक टुकड़ा निकालकर खोला और पढ़ने लगा। मुझे लगा, मानो वह मेरे ही अहसासों को पढ़कर सुना रहा हो।

इसके बाद, हर दूसरे-चौथे रोज डॉ. वशिष्ठ का प्रकाश का हालचाल जानने घर पर आता रहा, प्रकाश उसके विषय में बहुत अच्छे विचार रखने लगे थे, उन दोनों के बीच अच्छे सम्बन्धों को देखकर रवि वसिष्ठ के लिए 'फ्रेंड-अंकल' का सम्बोधन इस्तेमाल करने लगा था, एक माह के भीतर ही प्रकाश फैक्टरी जाने के काबिल हो गये।

एक दिन वसिष्ठ का फोन आया, बोला—कॉलेज से लौटते समय अस्पताल होते हुए जाना, मैं प्रतीक्षा करूँगा। यह जानते हुए भी कि स्कूल से लौटकर रवि खाना मेरे हाथ से ही लेकर खाता है, मैं अस्पताल चली गयी, तीन से चार बजे तक का समय वसिष्ठ के लिए फुर्सत का समय होता था, उसके असिसटेंट का कैबिन भी खाली था। मिलते ही उसने मुझे आलिंगन में ले लिया। मैंने उसका साथ दिया। धीरे-धीरे वह मुझ पर हावी होने लगा। मेरा शरीर उसके सामने ढीला

पड़ गया। मेरा मनोविज्ञान जज्बों की बाढ़ में बहने लगा। कितना कुछ सिखाया था—परम्पराओं ने, पारिवारिक संस्कारों और सामाजिक बन्धनों ने। पति की सीमा से पार का क्षेत्र सदैव से वर्जित रहा था। यूनिवर्सिटी की पढ़ाई से लेकर आज तक कभी ऐसा नहीं हुआ था। नये युग की पढ़ी-लिखी औरत होने के बावजूद मैंने प्रकाश के ठंडे हाथों के स्पर्श को जीवन का अन्तिम सच माना था। इसी धर्म को निभाया था अब तक। बरसों की तपस्या भंग हो चुकी थी अब। अचानक ही महसूस हुआ था कि कोई आग इतना परितप्त कर सकती है। प्रकाश के हाथों ने मुझे इस प्रकार नहीं पिघलाया था। वसिष्ठ के हाथों ने मुझे मेरा अस्तित्व ही भुला दिया था।

घर लौटी रवि प्रतीक्षा कर रहा था। बोला ''मम्मा बहुत देर लगा दी। मैं स्कूल से आकर भूखा बैठा हूँ।''

"कालेज में जरूरी मीटिंग थी बेटा।" मैंने कहा, रवि के सम्मुख शायद यह पहला झूठ था मेरा।

एक शाम हमने शहर से बाहर एक रेस्टोरेंट में गुज़ारी। देर से लौटने पर प्रकाश से झूठ बोला, "एक कुलीग के घर गयी थी। उसने रोक लिया ज़बरदस्ती।"

प्रकाश ने सहजता से कहा, "कोई बात नहीं। फोन कर देतीं तो हम चिन्ता न करते।"

मुझे झूठ बोलने वाले लोग बुरे लगते थे, पर अब अपने झूठ मुझे अच्छे लग रहे थे। मैं स्वयं को जस्टीफाई कर रही थी। झूठ-सच तो रैलेटिव टर्म्स हैं। जीवन झूठ-सच से ऊपर है।

वसिष्ठ हमारे घर का हिस्सा बन गया था। प्रकाश और रवि का साझा दोस्त। मैं हमेशा उसकी प्रतीक्षा में रहती। वह आता तो वक्त आँख के फेर में बीत जाता। वसिष्ठ प्रकाश के साथ ड्राईगरूम में महफिल जमा लेता। रवि चुटकुले सुना-सुनाकर उन्हें हँसाता रहता। मैं रसोई में चिकन तैयार करती रहती। वसिष्ठ के तप रहे चेहरे की ओर देखती रहती। प्रकाश और वसिष्ठ की अन्दर ही अन्दर तुलना करती लेकिन, दृष्टि वसिष्ठ पर जाकर ही जम जाती।

ऐसी ही एक महफिल में शर्त लगी थी कि यदि रवि आठवीं कक्षा में मेरिट में आयेगा तो उसे मोटर-सायकिल मिलेगी। मैं बाजारों की भीड़भाड़ से डरती थी, पर डॉ. वसिष्ठ ने तर्क दिया था, "आजकल के बच्चे बहुत इंटेलीजेंट हैं। और रवि तो....ही इज यूनीक पर्सनेलिटी। सो रिलेक्स।"

रवि का रिजल्ट आया तो उसी शाम पोर्च के नीचे हीरो-होंडा खड़ी थी। प्रकाश ने कहा, "बाप इंडस्ट्रीयलिस्ट, माँ कॉलेज में प्रोफेसर, मोटर-सायकिल क्या चीज़ है!"

उसी शाम रवि के मेरिट में आने की खुशी से डॉ. वसिष्ठ को दावत दी गयी।

खुशी से डूबे प्रकाश पैग पर पैग चढ़ा गये। देर रात गये वसिष्ठ लौटने लगा। कार में बैठने से पहले मुझे चूमकर दोबारा शीघ्र मिलने का उसने वादा किया।

सम्बन्धों का यह सिलसिला डेढ़ साल तक यूँ ही चला था। वसिष्ठ साँसों की तरह मेरे अन्दर रच गया था। वह करीब होता तो सब कुछ भरा-भरा-सा लगता। जाता तो सब कुछ अर्थहीन हो जाता। कॉलेज में बैठे-बैठे कहीं खो जाती। क्लास लेते समय लेक्चर भूल जाती।

इसी बालकनी में खड़ी थी एक शाम। सामने देखा, वसिष्ठ की कार आ रही थी। सेवकराम ने आगे बढ़कर गेट खोल दिया था। अगले ही पल हम ड्राइंगरूम में थे। स्कूल से लौटकर रवि सो रहा था। वसिष्ठ ने मौका देखकर मेरा हाथ पकड़ लिया। ऐन उसी समय रवि सामने खड़ा था। पता ही नहीं चला, किस वक्त वह सीढ़ियाँ उतर आया था। मेरे चेहरे की हवाइयाँ उड़ गयीं। मेरा हाथ छोड़ते हुए डॉ. वसिष्ठ ने सहजता से कहा, "नहीं, टेम्परेचर तो बिल्कुल नहीं है।" फिर, रवि की ओर देखते हुए बोला, "हैलो, रवि दा यंग मैन! हाऊ आर यू?"

रवि के देखने का अन्दाज़ बदल गया था। वह बगैर कुछ बोले ऊपर चला गया। मैं डर गयी। वसिष्ठ ने मुझे 'सब ठीक ठाक है' की तसल्ली दी, पर मुझे लगा, यह बात ठीक नहीं हुई। चाय का कप पीकर वसिष्ट चला गया। मैं रवि के कमरे में गयी। वह स्कूल से मिला कोई प्रोजेक्ट-वर्क करने में व्यस्त था। मुझे देखकर वह बोला, "मम्मा, तुम ठीक तो हो न?"

मैंने राहत महसूस की, "थोड़ी तबीयत ढीली थी। तेरे फ्रेंड अंकल को बुलाया था। अब ठीक हूँ..."

"अंकल मुझे मिले बिना चले क्यों गये, मम्मा?" उसने पूछा।

"कोई जरूरी काम था।" मैंने कहा।

रवि ने मेरी आँखों में झाँका। मैं भयभीत हो उठी कि रवि अभी कोई प्रश्न पूछेगा–'मम्मा, आदमी इस तरह बीहेव क्यों करता है?' पर वह चुप रहा। मैंने उसके बालों को सहलाया, "यह क्या बना रहा है?"

"यह ह्यूमन माइंड का मॉडल है, मम्मा। मम्मा, यह ह्यूमन-माइंड भी क्या चीज है? कितनी कैपेसिटी है इसमें! मम्मा, एक बात बताओ। क्या आदमी कभी अपने माइंड को समझ सकेगा?"

"शायद बेटे। खोज तो बहुत हो रही है।"

अगले दिन शाम को दोस्तों के संग क्रिकेट खेलने गया रवि एक्सीडेंट का शिकार हो गया। उसके मित्रों ने बताया कि वह बहुत तेज मोटर-सायकिल चला रहा था। चौक में लगे बैरियर के पास आकर मोटर-सायकिल बेकाबू हो गयी और पास खड़ी पुलिस की वैन से जा टकरायी। पुलिस और लोगों ने उसे सँभाला। सुनते ही मैं पागलों-सी दौड़ पड़ी। फैक्टरी से प्रकाश दौड़े आये। डॉ. वसिष्ट की

मदद से शहर के सबसे बड़े आर्थो स्पेशलिस्ट के पास लेकर गये। रवि बेहोश था। दोनों टाँगों की हड्डियाँ जगह-जगह से टूट गयी थीं। चेहरे पर, बाँहों और बदन पर बेशुमार जख्म थे। रवि की यह हालत देखकर मेरी आँखों के आगे अँधेरा छा गया। वसिष्ठ मुझे और प्रकाश को हौसला देता रहा।

रवि के दोस्तों ने बताया, ''आज रवि ठीक से खेला भी नहीं था। बैटिंग बड़े जोर से कर रहा था।''

ऐसा क्यों किया रवि ने? मैं उसके मनोविज्ञान को समझने का प्रयत्न करती रही। एक अजीब धुकधुकी मेरे अन्दर लगी हुई थी। ईश्वर से रवि के ठीक हो जाने की प्रार्थना कर रही थी मैं।

रवि के दोस्त अस्पताल आते रहे। उसके स्कूल-टीचर, मेरे कुलीग और प्रकाश के मित्र भी। तीसरे दिन रवि को होश आया और सबसे पहले उसने मेरी ओर देखा। दोनों टाँगें पलस्तर में जकड़ी हुईं, बाँहों और माथे पर पट्टियाँ! मैंने परमात्मा का शुक्र मनाया। जख्मों का क्या है, कुछ समय बाद भर जायेंगे।

बारह दिन बाद रवि को अस्पताल से छुट्टी मिली। उसकी आमद से घर में फिर से रौनक लौट आयी। मैं कॉलेज से छुट्टियाँ लेकर उसकी सेवा में जुट गयी। माथे और बाँहों के जख्म भर रहे थे। रवि धीमे स्वर में बातें करता था। उसके दोस्त आते तो उनके संग हँसने की कोशिश करता।

फिर, एक दिन कहने लगा, ''बहुत बोर हो गया हूँ लेट-लेटकर। एक व्हील-चेयर ही ला दो, थोड़ा-बहुत मूव तो कर लिया करूँगा।''

''व्हील-चेयर क्यों बेटा? पलस्तर खुला तो तू एक दिन ठीक हो जायेगा। थोड़ा और हिम्मत कर।'' मैंने समझाया।

''नहीं, मम्मा। मेरा बहुत मन करता है, व्हील-चेयर पर बैठने को। तुम पापा से कहो।'' रवि ने जिद की।

शाम को डॉ. वसिष्ठ आया तो मैंने बात की। वह बोला, ''कोई बात नहीं। मैं भेज दूँगा अस्पताल से। खेलने-कूदने वाले बच्चे के लिए यह कन्फाइनमेंट बड़ी कठिन है।''

फिर, उसने रवि का चेक-अप किया और उसका साहस बढ़ाया, ''कम आन यंग मैन, बी ब्रेव!''

''पर अंकल अगर मैं हमेशा के लिए हैंडीकैप हो गया?'' रवि बोला।

''तुम्हें मैं अपने लद्दाख वाले चित्र दिखाऊँगा। और फिर हमने जाना भी तो है मोटर-सायकिल पर। सो, डोंट थिंक लाइक दैट। तुमने तो अभी बहुत काम करने हैं। वो गीत नहीं सुना तुमने—हज़ारों मील लम्बे रास्ते तुझको बुलाते।''

''सुना है, अंकल। मैं तो यूँ ही कह रहा था। बस, सोचता रहता हूँ लेटे-लेटे, अगर ऐसा हो जाये, अगर वैसा हो जाये...'' रवि ने कहा।

"थिंक पाजिटिवली।" वसिष्ठ ने प्यार से उसका माथा सहलाया। फिर वहाँ से उठकर साथ वाले कमरे में आ गया। मेरे हाथों को अपने हाथों में लेकर बोला, "इतने दिन हो गये, दिल नहीं किया?"

"रवि की बहुत चिन्ता है," मैंने कहा।

"ही इज रिकवरिंग वैरी सून।" कहते हुए वसिष्ठ ने मेरी ऐनक उतारकर एक ओर रखी और मेरी आँखों को चूमा। रवि के दुःख-दर्द की चिन्ता कुछ पल के लिए खत्म हो गयी। वसिष्ठ के हाथों ने जादू जगा दिया। उस जादू के असर तले मैं अपने आपको भूल गयी। तभी, पता चला जब वसिष्ठ अपनी टाई की नाट ठीक कर रहा था और सीढ़ियाँ उतरते हुए कह रहा था, "मैं व्हील-चेयर आज ही भिजवा दूँगा।" मैं उसे जाता हुआ देखती रही। उसने हाथ हिलाया और कार में बैठकर चला गया।

उसी शाम, डॉ. वसिष्ठ का एक कर्मचारी रिक्शे से व्हील-चेयर छोड़ गया। रवि खुश हो गया। उसने उसी समय उस पर बैठने की ज़िद की। मैंने उसे सहारा देकर उस पर बिठाया। पहिये को हाथ से घुमाकर वह बोला, "मज़ा आ गया, मम्मा!"

"तू मज़ा कर रहा है, हमें तेरे ठीक होने की चिन्ता है।" मैंने कहा।

वह अपने पापा से बोला, "रियली पापा, मोटर-सायकिल से भी मज़ेदार है व्हील-चेयर। अब तो बेशक मैं बहुत दिनों तक ठीक न होऊँ।"

रवि की टाँगों का पलस्तर एक बार खुलकर दोबारा चढ़ गया। डॉक्टरों ने धीरज बंधाया कि बहुत तेज़ी से रिकवरी हो रही है। डॉ. वसिष्ठ ने हमारा हौसला बढ़ाया। तीन दिन अस्पताल में रखकर रवि को छुट्टी दे दी गयी। छात्रों का सिलेबस पूरा करवाना था इसीलिए कॉलेज ज्वाइन करना मेरी मजबूरी थी। सवेरे रवि को व्हील-चेयर पर बैठाकर मैंने कॉलेज जाना शुरू कर दिया। वह बालकनी में बैठा ट्रैफिक को निहारता रहता या कोई किताब पढ़ता रहता। मन करता तो टी.वी. लगा लेता या फिर किसी दोस्त को बुला लेता।

एक दिन, रवि ने बड़ी मासूमियत से प्रश्न दागा।

"मम्मा, मैंने कभी आपसे अपने मन की बात नहीं छुपायी। आज मुझे एक बात बताओ। बताओगे न?"

'कौन-सी बात हो सकती है?' मैंने मन ही मन कयास लगाया।

रवि बोला, "आप डॉक्टर अंकल से..." उसने मेरी आँखों में झाँका।

मुझे यूँ प्रतीत हुआ मानो मेरे पाँव तले की जमीन डोल रही हो। मुझे कोई उत्तर न सूझा। मैंने चाहा कि कह दूँ, हमारे बीच ऐसा कुछ नहीं है। वह एक अच्छा इनसान है, बस। तेरे पापा का दोस्त है और तेरा फ्रेंड अंकल। पर होंठ सिल गये थे जैसे मेरे।

मेरी हालत से अपने प्रश्न का उत्तर पाकर रवि पुनः बोला, ''मम्मा, एक बात बताओ। ऐसा क्या है डॉक्टर अंकल में जो पापा में नहीं। आपकी सायक्लोजी इस बारे में क्या कहती है? बताओ न, मम्मा?''

मुझे लगा, मैं रवि के सामने बिल्कुल निर्वस्त्र हो गयी होऊँ। मेरे लिए अपने जवान बेटे के सम्मुख इस हालत में खड़ा होना कठिन हो गया।

उठने लगी तो रवि ने हाथ पकड़कर रोक लिया, ''आइ एम टेकिंग इट इजी, मम्मा। रिलैक्स! मैं पापा को नहीं बताऊँगा।''

दूसरे दिन कॉलेज गयी। दिन भर यही लगता रहा कि मुझसे कोई न कोई इस राज के बारे में पूछेगा। क्लास लेते समय उखड़ी-उखड़ी-सी रही। कई फैसले लिए, कई तोड़े। आखिर, मैंने सोचा, जो हो गया, सो हो गया, पर आगे से नहीं। यह चिंगारी यहीं बुझा दूँ तो अच्छा। इस हवा को आँधी बनने से रोक लूँ। बस, वसिष्ठ से कुछ बातें करूँगी। अगर प्रकाश को मालूम हो गया? अगर लोगों मे बात फैल गयी? वसिष्ठ मुझसे सहमत हो जायेगा, इस बात का मुझे यकीन था।

घर लौटी, गेट पर ही थी कि रवि ने हाथ हिलाया। ऊपर पहुँची तो बोला, ''आज बहुत बोर हुआ, मम्मा। बिजली बन्द, टी.वी. बन्द। पढ़ने को भी मन नहीं किया। डॉक्टर अंकल को फोन किया, बोले—शाम को आऊँगा।'' फिर, मेरी आँखों में नजरें गड़ाकर बोला, ''वो हम तीनों के दोस्त हैं।''

मैंने सिर हिलाया, पूरी सहमति से।

मैंने और रवि ने मिलकर खाना खाया। लेकिन रवि के पास बैठने में अब मुझे भय लगने लगा था। पता नहीं किस वक्त कौन-सा प्रश्न दाग दे। अन्दर ही अन्दर बेचैन हो रही थी। सोच रही थी—कुछ दिनों के लिए वसिष्ठ न आये तो अच्छा।

खाना खिलाकर मैंने रवि को बिस्तर पर लिटाया और स्वयं घर के छोटे-मोटे काम देखने लगी। प्रकाश का फैक्टरी से फोन आया और उसने घर की खैरियत पूछी। शाम को पाँच बजे वसिष्ठ आ गया। रवि सो रहा था। मैं चाहती थी, अपनी मनःस्थिति स्पष्ट करके अपना फैसला उसे सुना दूँ। कोई डर मुझे अन्दर ही अन्दर घुन की तरह खा रहा था। रवि को जगाना और उससे मिलना, इस कार्य को दूसरे नम्बर पर डालकर उसने मेरे साथ दूसरे कमरे में जाकर एकान्त का आनन्द उठाने वाले काम को प्राथमिकता दी। मेरा कहना-कहाना एक ओर धरा रह गया। उसके हाथ का स्पर्श पाते ही मेरा मन और जिस्म, दोनों बागी हो उठे। यह करामात थी वसिष्ठ के हाथों में। उसके चुम्बनों-आलिंगनों ने मुझे निढाल कर दिया। आसपास जैसे लपटें उठने लगीं। हमारे जिस्म इस अग्नि में भस्म होने लगे।

सहसा, मैंने देखा, रवि की व्हील-चेयर कमरे के अन्दर आ गयी थी। पता नहीं, कब से यहाँ मौजूद था वह। हकलाते शब्दों में मैंने इतना ही कहा, ''र... र... वि...''

वसिष्ठ बिजली की फुर्ती से मुझसे अलग हटकर एक ओर गुच्छा-मुच्छा होकर बैठ गया। पता नहीं किस तेजी से बेड की चादर खींचकर मैंने अपने ऊपर लपेटी। डर और गुस्से के अजीब वेग में बोली, "रवि, तू यहाँ?"

"हाँ, मैं यहाँ।" उसकी आँखें सुर्ख थीं और वह काँप रहा था।

वसिष्ठ शीघ्रता से अपने कपड़े उठाकर बाथरूम में जा घुसा। अगले ही पल, वह कमरे में आ खड़ा हुआ। बोला, "रवि बेटा, इस तरह है कि..."

"ब्लडी अंकल! मैं सिर्फ मम्मी से बात करूँगा, तुझसे नहीं। अगर तू बोला, तो मैं तेरा खून कर दूँगा।" क्रोध में उसने व्हील-चेयर पर से उठने की कोशिश की। वसिष्ठ उसे बिठाये रखने के लिए आगे बढ़ा तो रवि चीखा, "यहाँ से दफा हो जा, कुत्ते अंकल! आई विल किल यू..."

"चल रवि, अपने कमरे में..." मैंने स्थिति को सँभालने की कोशिश में कहा तो वह मुझ पर ही बरस पड़ा, "यू ब्लडी बिच्च, देखना आज... आज बताऊँगा पापा को। मैं अभी करूँगा फोन पापा को..."

वह फोन की ओर बढ़ा तो मैंने फोन की तार खींच दी। जल्दी-जल्दी कपड़े ठीक किये। रवि को जहर चढ़ा हुआ था। वह हम दोनों पर गालियों की बौछार कर रहा था। जान से मारने की धमकियाँ दे रहा था।

मैं और वसिष्ठ जितना उसे शान्त करने की कोशिश करते, वह उतना ही भड़क उठता। वसिष्ठ उसके उठने की हर कोशिश को असफल करता रहा। रवि ने उसके बाल नोंच लिए, कमीज के बटन तोड़ दिये पर, उसने कोई विरोध नही किया।

मैंने पूरी ताकत से उसकी व्हील-चेयर को कमरे से बाहर निकाला। पलस्तर वाली टाँगों को हिलाता हुआ वह डटकर विरोध कर रहा था। मेरी पकड़ से भी अधिक जोर से पहिये घुमा रहा था। गाली पर गाली दे रहा था। सीढ़ियों के ऐन सिरे पर जाकर चेयर का हैंडिल एकाएक मुझसे छूट गया। व्हील-चेयर कलाबाजियाँ खाती हुई नीचे लुढ़कने लगी। रवि को लुढ़कता मैं देखती रही। अगले ही पल वह नीचे पड़ा था। उसके सिर पर व्हील-चेयर उलटी पड़ी थी।

जब तक रवि को अस्पताल ले जाने का कोई प्रबन्ध होता, रवि नहीं रहा था। हमारा खेल खत्म हो गया था। रोते-बिलखते मैंने प्रकाश को फोन किया। शीघ्र ही वह आ गये। रवि का सिर गोद में रखकर बिलख-बिलखकर रोने लगे।

"यह कैसे हो गया, मेरे बेटे? यह क्या अनहोनी हो गयी?"

जिसने भी सुना, वही दौड़ा चला आया। मैं तो पत्थर हो गयी थी जैसे। रवि का चेहरा बेहद मासूम लग रहा था मानो वह सो रहा हो। मानो अभी उठ खड़ा होगा और कोई प्रश्न दाग देगा—"मम्मा, जरा समझाओ तो सही। इस ज़िन्दगी क़ा एलजबरा है क्या चीज?"

घर में कोहराम मचा हुआ था। प्रकाश रवि पर बिछते जा रहे थे। वसिष्ठ रूमाल से आँसू पोंछता एक कोने में खड़ा था। रवि पर किसी आवाज़ का असर नहीं हो रहा था। जिन्दगी का एक अध्याय खत्म हो गया था।

इस अध्याय को खत्म हुए आज दो हफ्ते गुजर चुके हैं। सामने वाले चौक में थोड़ा-बहुत ट्रैफिक चलने लगा है। सवेरे का घसमैला-सा उजाला फैलने लगा है। मैं अपने बिखरे हुए अस्तित्व को समेटने की कोशिश में अन्दर की ओर कदम बढ़ाती हूँ।

अचानक सामने / *बलबीर परवाना*

कितने ही दिन हो गये वह दृश्य देखे। मगर मन में जैसे कहीं अटककर रह गया है, बार-बार याद आता है। उस समय तो कुछ खास नहीं लगा था। कितना कुछ हम रोज़ ही देखते हैं, उसमें से कितना कुछ याद रह जाता है? मगर वह दृश्य....। बात एकदम आम-सी घटी। मैं हर रोज़ की तरह ही रुचिका को स्कूल की छुट्टी के समय लेने के लिए निकला था। हल्की-हल्की बारिश हो रही थी। सुबह मौसम साफ़ होने के कारण रेनकोट नहीं उठाया था। रुचिका की छुट्टी एक बजे होती है और एक पाँच पर वह स्कूल-गेट पर पहुँच जाती है। यदि उस समय उसे गेट पर कोई नज़र न आये तो परेशान हो जाती है। पहले-पहले तो रोने भी लग जाती थी। अब बेशक रोती तो नहीं, परन्तु उदास ज़रूर हो जाती है, "पापा, जब भी छुट्टी हो, आप पहुँच जाया करो।"

"कभी दो-चार मिनट आगे-पीछें हो जाते हैं, तुम घबराया ना करो....।"

"आप पहले चल दिया करो न....।" अभी छोटी है छः वर्ष की, समझती नहीं समस्याओं को। कई बार सोचा है, इसे रिक्शा लगा दें। मगर फिर वही समस्या....घर में इसे रिसीव कौन करेगा? और सीधे क्रैच भेजना, इसकी उम्र के साथ धक्का करना लगता है।

जब से हरप्रीत की तबदीली कपूरथला की हुई है, परिवार की कई समस्याएँ बढ़ गयी हैं। पहले तो कभी मैं, कभी वह दफ्तर में एडजस्ट कर उसे ले लेते थे, परन्तु अब वह जिम्मेवारी अकेले मेरे सिर पर आ पड़ी है। इसलिए प्रिंसीपल की भी बहुत चम्चागीरी करनी पड़ती है ताकि मेरा समय पहले पाँच पीरियडों मे ही एडजस्ट हो जाये, पौने एक तक। पन्द्रह-बीस मिनट उसके स्कूल पहुँचने तक लग जाते हैं। कई बार उसे जल्दी छुट्टी होनी हो तो कोई पीरियड छोड़ना भी पड़ता है। मेरी छोड़ी क्लास का प्रिंसीपल ज़रूर नोटिस लेगा। मुझे जो वह पहले पीरियडों में एडजस्ट करने के लिए ऑबलाईज करता है, इसके लिए मुझे बहुत ज़मीर मारनी पड़ती है। हमेशा ही उसकी हाँ में हाँ मिलानी पड़ती है। अब तो स्टाफ में कई कहने भी लगे हैं, "चलो छोड़ो यार, रिशी की राय क्या लेना। वह तो वही कुछ कहेगा जो प्रिंसीपल की राय होगी।"

बात तो मैंने कोई और शुरू की थी, चली कहीं और ही गयी। हाँ, उस दिन मैं रुचिका के स्कूल के लिए निकलने लगा तो बारिश हो रही थी। बारिश में भीगते ही मैं चल दिया। सड़क पर कोई ज्यादा भीड़ नहीं थी। मगर बारिश के कारण सड़क पर पानी होने के कारण, मैं मुश्किल से तीस-पैंतीस की स्पीड से स्कूटर चला रहा था। बस स्टैंड के पास वाले लाल बत्ती चौक पर पहुँचा तो तभी रेड सिगनल हो गया। मैं एक पल को रफ्तार तेज़ कर निकल ही जाता, मगर मुझसे आगे जा रहे हीरो हांडा को रोक लिया था। मैं एकदम उसके पास जाकर रुका। भीगे हुए कपड़ों में लड़का-लड़की....मगर लड़की बाँह आगे की ओर घुमाकर लड़के से चिपकी हुई बैठी थी। उसे देखते ही मैं सिर से पैरों तक झनझना उठा। कैसे एकदम लिपटी हुई थी उस लड़के के साथ। वह और लड़का....मालूम नहीं किस बात पर हँसकर रुके थे। एक मिनट जहाँ मैं रुका, चोर निगाह से उनकी ओर ही देखता ही रहा था। भीगे कपड़ों से बाहर झाँकते उनके जिस्म। हरी बत्ती हुई तो वह बायीं ओर माडल टाऊन की ओर जाती सड़क पर मुड़ गये और मैं सीधा स्कूल की ओर....। मगर, लड़की का पीछे से चिपककर बैठना, भीगे कपड़े, हल्की-हल्की हो रही बारिश....। मैंने बहुत सारे न्यूड तस्वीरों वाले मैगज़ीन भी देखे हैं और कई बार ब्लू फिल्में भी। मगर कोई भी दृश्य मेरे ज़ेहन में ऐसे नहीं अटका था। ना ही मैं कभी इतना उत्तेजित हुआ था। वह दृश्य याद आने पर तो अब भी उत्तेजित हो जाता हूँ। यह उत्तेजना तब और भी भड़क उठती है, जब हरप्रीत का रिस्पांस बहुत ठंडा हो। बस काम निपटाने की जल्दबाज़ी।

"तुम्हें शादी नहीं करवानी चाहिए था....। साध्वी बन किसी डेरे पर जा बैठना था.....।" मैंने कई बार उसे खीझकर कहा था।

"और आपको भी कोई औरत नहीं, वेश्या चाहिए थी....या फिर रबड़ की गुड़िया, जो आपकी इच्छानुसार सब करती।"

"मेरी इच्छा क्यों। तुम हमारी इच्छा क्यों नहीं कहती।"

"जितना कर सकती हूँ, कर रही हूँ। मगर मैं कोठे वाली रंडी नहीं बन सकती।"

कभी हँसी के साथ और कभी कड़वेपन के साथ, हमारी बात यहाँ आकर खत्म होती। एक-दो दिन मुँह भी फुलाकर रखते, मगर फिर ज़िन्दगी की रूटीन चल पड़ती। पिछले सात वर्षों से ऐसा ही चल रहा है, शादी के आकस्मिक तीन-चार महीनों को छोड़कर। वैसे तो विवाह के शुरुआती इन महीनों में भी हालत तो बेशक उसकी यही थी, मगर तब यह एहसास खटकता नहीं था।

ज़ेहन में सेक्स का चढ़ा हुआ खुमार....खलास होने के लिए बस कोई स्पेस ही चाहता है....बाकी सब बातें पीछे रह जाती थीं। हमारी ही नहीं, नये विवाहित जोड़ों की लगभग यही हालत होती है। हमारे जैसे समाज में, जहाँ विवाह से पहले

विरोधी-सेक्स के साथ बात करने के मौके भी मुश्किल से मिलते हैं, वहाँ विवाह के बाद सेक्स के लिए खुली छूट में, एक बार तो सब कुछ खोकर रह जाता है। विवाह से पहले बहुत कम लड़के-लड़कियाँ होते होंगे, जिन्हें सेक्स के इच्छित अवसर प्राप्त रहे होंगे। सबसे बड़ी समस्या है सामाजिक ढाँचा, सामाजिक मूल्य कीमतें, जो ऐसे करने को कलंक समझती हैं। कोई बोल्ड से बोल्ड लड़की भी स्पष्ट तौर पर यह नहीं कह सकती कि वह रात को अपने किसी दोस्त के साथ सो आयी है। और ऐसी स्थिति में,....मेरी स्थिति को तो एक और दुखान्त भी है।

मैं गरीब किसान परिवार में पैदा हुआ, तंगी-तुर्शी में पढ़ा। उस उक्त में, जब लड़कियों के साथ मित्रता निभाने का मौका आता, अपने कॅरियर का सवाल, ज़िन्दगी-मौत का सवाल बनकर सामने आ खड़ा होता। और किसी तरफ ध्यान ही न गया। वैसे यह भी ठीक है कि एम.ए. तक हर कक्षा में फर्स्ट डिवीज़न होने के कारण, और एक-दो प्राफेसरों की कृपादृष्टि के कारण, इस कालिज मे यह लैक्चरार की नौकरी मिल गयी। नौकरी के बाद मेरे लिए खुलने लगी थी समाज और ज़िन्दगी की बहुत सारी परतें। एक साथी लैक्चरार ओशो का संन्यासी था। उसके साथ निकटता होने के कारण बहुत सारा ओशो-साहित्य पढ़ा। जिसने मुझे ज़िन्दगी को भरपूर ढंग से जीना सिखाया कि जो मन चाहे, वह कर लेना चाहिए। और मनुष्य सभी धर्मों, वादों, सिद्धान्तों, मूल्य-कीमतों से ऊपर हैं। ये सभी मनुष्य के लिए हैं, मनुष्य इनके लिए नहीं।

इसी दौरान ही मेरे सम्बन्ध एक पुस्तक-प्रदर्शनी में प्रो. मीरा के साथ जुड़े। जानते तो पहले भी थे एक-दूसरे को, मगर उस दिन जब मैंने ओशो की पुस्तकों का सेट खरीदा तो प्रो. मीरा देखकर कहने लगी, "लगता है, आप ओशो को काफी पढ़ते हैं।"

"हाँ, मुझे अच्छा लगता है, खासकर बहुत सारे सामाजिक और रस्मों रिवाजों के प्रति इसकी पहुँच...।"

"कब से पढ़ रहे हैं?"

"पिछले दो-तीन सालों से...।"

"मैं तो जब एम.ए. कर रही थी, तब से पढ़ रही हूँ।"

किताबें लेकर हम काफी पीने लगे, जहाँ बैठकर अपने-अपने बारे में खुलकर बातें की। वह तलाक-शुदा थी। विवाह उसका दो वर्ष ही चला था या उसके कथनानुसार, "टकराव तो पहले महीने से ही शुरू हो गये थे, मगर दो बरस तक किच-किच चलती रही। बात तब ज्यादा बिगड़ गयी जब मैंने एबार्शन करवा लिया...ससुराल वाले तो क्या, मेरे माँ-बाप भी नहीं चाहते थे कि मैं एबार्शन करवाऊँ। ज़िन्दगी में तो गिले-शिकवे आते ही रहते हैं। जब बच्चा हो जाये, सब कुछ खुद-ब-खुब हल हो जाता है।"

परन्तु मुझे लगता था कि यदि ना निभी तो बच्चा इसका सन्ताप क्यों भोगे। मैं खुद ही एक नर्सिंग रूम में चली गयी और तीन महीने का गर्भ गिरा दिया। ससुरालवालों को मालूम हुआ तो उन्होंने साँझे जानकारों से कहलवा भेजा, ''अब इस घर में पैर रखने की ज़रूरत नहीं।'' शायद वे सोचते होंगे कि मैं गिड़गिड़ाऊँगी, अपनी 'गलती' के लिए उनके पैर पकड़ लूँगी। मगर, मैंने तो...उस दिन ही सोच लिया कि अब उस घर में नहीं रहा जायेगा, जब नर्सिंग होम में दाखिल होने के लिए गयी थी। इसीलिए वहाँ से छुट्टी मिली तो पाँच-सात दिन अपनी एक सहेली के साथ रही और फिर फ्लैट किराये पर ले लिया।

''घरवालों को मालूम हुआ तो वे भी नाराज़ हुए। तलाक तो आराम से हो गया। हाँ, बाद में ज़रूर अपने घरवालों से किच-किच होती रही, जब वे रिश्ते की कोई बात छेड़ बैठते। आखिर मैंने साफ इनकार कर दिया कि मैं विवाह करवाना ही नहीं चाहती। वे बहुत नाराज़ हुए। एक साल तक बोलचाल भी बन्द रही, मगर अब कभी-कभी माँ आ जाती है। मैं भी कभी पटियाले की ओर जाऊँ तो घर पर एक चक्कर लगा लेती हूँ।''

पहले काफी-हाऊसों, रेस्टोरेंटों में मुलाकातें होने लगीं, फिर एक-दूसरे के कमरों तक पहुँच गयी। कई रातें मैंने उसके फ्लैट में बितायी। बहुत सारी रातें मेरे कमरे में उसके जिस्म की महक फैली। ना कोई झिझक उसे निर्वस्त्र होने में लगती और ना ही एक-दूसरे के जिस्म की गर्मी को भोगते हुए। परत-दर-परत उधड़ती जाती थी वह। जीने का उसका यह अन्दाज़ मुझे इतना भाता कि बहुत बार मैंने उसे विवाह का आफर दी, मगर उसका जवाब सदा ही 'न' में होता, ''नहीं रिशी, मैं किसी की बाँदी बनकर नहीं रह सकती। दोस्ती और बात है, मगर कोई मुझे डिक्टेट करे... ।''

''अभी मैं तुम्हें कितना डिक्टेट करता हूँ।''

''विवाह से बहुत कुछ बदल जाता है। नहीं...मैं विवाह नहीं करवा सकती।''

''मगर ऐसे कितनी देर तक रह सकेंगे?''

''जितनी देर तक एक-दूसरे को समझ सकते हैं।''

''फिर... ।''

''फिर आराम से अलविदा... ।''

''मगर मैं अपने घरवालों से क्या कहूँ? उन्हें मुझसे बहुत उम्मीदें हैं, तुम्हें शायद मालूम नहीं, वह कितने पारम्परिक हैं।'' दिलचस्प बात थी कि उसने कभी भी, मेरे घरवालों को जानने की कोई उत्सुकता नहीं दिखाई थी।

''तुम शादी करवा लो।''

''फिर तुम दूर हो जाओगी।''

''देखो रिशी, हर एक के जीने का अपना एक सलीका होता है। मैं तेरे ऊपर

अपना सलीका नहीं थोप रही, फिर तुम क्यों थोपना चाहते हो।''

हरप्रीत के साथ रिश्ते की बात, मेरे ननिहाल वालों की ओर से चली। उनकी कोई दूर की रिश्तेदारी थी। अच्छे खाते-पीते घर की इकलौती बेटी। जब मैंने पहली बार हरप्रीत को देखा, सचमुच ही मीरा को भूल गया था। एकदम गोरी, भरे-पूरे अंग, बैठने-उठने का एक सलीका...। रिश्ता पक्का होने के छः महीने बाद विवाह हुआ। इन छः महीनों में मैं कई बाद उसके बैंक जाकर उससे मिला। कई बार किसी रेस्टोरेंट में हम चाय के बहाने मिले। मगर ये मुलाकातें कभी भी आधे-पौन घंटे से लम्बी ना हो सकी। मुकेरियाँ जैसे कस्बे में हर मोड़ पर लगता था कि कोई न कोई जानकार मिल जायेगा। उसका गाँव वहाँ से पन्द्रह किलोमीटर पूर्व की ओर था और मेरा उतना ही पश्चिम की ओर। दोनों एक-दूसरे से उलट दिशा में। बहुत बार शनिवार या सोमवार को ही हम मिलते। शनिवार को मेरे पीरियड बारह बजे तक खत्म हो जाते थे और मैं गाँव जाते समय मुकेरियाँ उतरकर जाता...या फिर सोमवार को सुबह आते समय। तब हर बार ही मुझे सुबह की हाफ-डे की छुट्टी लेनी पड़ती। वह भी एक बार जालन्धर आयी। मेरे कमरे में भी आयी, मगर बात चुम्बन से आगे न गयी, मेरे चाहने के बावजूद। अब मुझे हैरानी होती है कि उसके इनकार ने मुझे गुस्सा दिलाने की बजाय उस के साथ अधिक जोड़ा। अच्छी, सुशील, चरित्रवान...मालूम नहीं कौन-कौन से विशेषण स्वयं ही मेरे मन में आते रहते।

प्रो. मीरा के साथ मेल-जोल तो कम होना ही था, उसकी याद भी बहुत कम आती। हर पल हरप्रीत के सपनों से जुड़े हुए गुज़रता। हनीमून के लिए एक हफ्ते के लिए मनाली गये, बहुत घूमे। ना सिर्फ बाज़ार ही या और देखने योग्य स्थान ही देखे, बल्कि छोटे-छोटे तंग पहाड़ी रास्तों पर ट्रैकिंग भी की। एक-दूसरे के नज़दीक होने का यह बहुत सुन्दर समय था। जानकारों से दूर, हमसायों से दूर...जहाँ सिर्फ़ हम दोनों थे और थे हमारे सपने। मगर रात को बेड पर पहुँचते ही उसके ऊपर कोई खोल चढ़ जाता, वह खुलती ना..., बस जैसे कोई काम निपटाना हो, उसे इस प्रकार की जल्दबाज़ी रहती। प्रो. मीरा जो पिछले छः महीनों से मेरे सपनों से कहीं गुम हो गयी थी, ऐसे पलों में फिर से सिर उठाने लगी। वैसे मेरे पास खुश होने के अनेक अवसर थे कि विवाह के समय वह एकदम अनछुई-सी थी, उसका फिगर मीरा की फिगर से ज्यादा खूबसूरत था, अंगों में निखार भी, उनमें लचक भी। वैसे लगता भी है कि शरीफ घरों की लड़कियाँ, जिन्होंने जवानी के आरम्भिक वर्ष बहुत सारे बन्धनों में बिताये हों, वे धीरे-धीरे ही खुलती हैं। कोई बटन तो अन्दर लगा नहीं होता कि जिन इच्छाओं को आपने गठरी बान्धकर रखा हो मन के किसी कोने में गहरा दबा दिया हो, एकदम से खुल जायें। मगर पता नहीं उसके अन्दर कैसी उलझन थी कि खुलने की बजाय और भी उलझती जाती थी। मैं पहले बच्चे के

जन्म को कुछ टालना चाहता था, मगर वह बेसब्र थी।

"हरप्रीत, ज़िन्दगी को जानने-भोगने के लिए यही बरस ज़रूरी होते हैं। फिर तो बच्चे पालने-पढ़ाने के फ़िक्र ही साँस नहीं लेने देते?"

"मगर बच्चों के बगैर भी आदमी क्या होता है? मालूम है, बड़े भाई की शादी के ग्यारह महीनों के बाद लड़का हो गया था और दूसरे का साल बाद ही...।"

"वे गाँव में रहते हैं, खेती करते हैं...उनकी ज़िन्दगी अलग तरह की है। तुम खुद को उनके साथ क्यों मैच करती हो?"

परन्तु वह मैच नहीं करती थी, यह तो उसके अवचेतन में ही बसा हुआ था, उसके अवचेतन-चेतन मानसिकता में। और इस मानसिकता के खोल को जब भी मैंने तोड़ने की कोशिश की, वह परेशान हो गयी थी। कई बार मैं भी झुंझला उठता, "हरप्रीत, मालूम नहीं तुमने एम.ए. कैसे कर ली। तुम्हें तो शादी के अर्थ भी मालूम नहीं।"

"आपको भी अपनी शादी के अर्थों की व्याख्या पहले कर देनी चाहिए थी।"

"हरप्रीत," आगे कुछ कहने के लिए कोई जवाब न होता। वैसे 'बिस्तर' के अलावा ज़िन्दगी बहुत शान्त गति से चल रही थी। उसकी सुन्दरता की तो चर्चा थी ही, उसके कपड़े पहनने के सलीके को भी सराहा जाता, उसका मेकअप भी। मेरे घर-परिवार, रिश्तेदारी में सभी की चहेती थी। चहेती तो मेरी भी थी मगर 'बिस्तर' तक पहुँचने से पहले-पहले। ...शायद यदि मीरा के साथ मेल न हुआ होता तो उसका 'बेड का यह सलीका' भी बुरा ना लगता। मगर अब क्या हो सकता था? मीरा तो 'बेड' पर पहुँचते ही परत-दर-परत खुलने लगती थी और यह उसी लिहाज़ से सिकुड़ने। मालूम नहीं उसके ज़ेहन में मर्यादाओं के कौन-से ग्लेशियर जमे हुए थे जो पिघलने का नाम ही नहीं लेते थे, बल्कि तह-दर-तह उन पर और भी परतें जमती जाती थीं।

कई बार वह फ़िजूल-सी बातों पर भी ज़िद करने लगती। नहीं तो यह कौन सी इतनी बड़ी बात थी। मैं तब मुंबई गया तो उसके लिए नाईलोन की एक गुलाबी रंग की स्लीवलैस पारदर्शी नाईटी ले आया। पैकट खोलते ही एक बार तो वह खुश हो गयी। बड़े चाव से उसे पहना भी, मगर दस-पन्द्रह मिनटों के बाद ही उतारकर रख दिया, "यह भी भला कोई घर में पहनने वाली चीज़ है?"

"क्यों?"

"सारा शरीर तो इसमें से बाहर झाँकता है।"

"हरप्रीत, घर में और है भी कौन? तुझे मालूम है, आजकल इसका हाई-सोसायिटी में कितना रिवाज़ है?"

"घर में कोई आ जाये तो...। नहीं, मैं यह नहीं पहन सकती।" वह अड़ गयी थी।

"तुझे मालूम है, मैं कितने चाव से तेरे लिए लाया था?"

ऐसी कितनी ही छोटी-छोटी बातें थीं जो मानसिक तौर पर उससे दूर करती गयीं। मेरे मन के सपने फिर किसी 'ड्रीम-गर्ल' की तलाश में भटकने लगे। बाज़ार से गुज़रते हुए औरतों के जिस्मों को भूखी आँखों से ताड़ना, सफर में किसी के साथ थोड़ा कसकर बैठने की ख्वाहिश, कई बार मैं शाम को पार्क में सिर्फ़ इसलिए ही जाता हूँ कि वहाँ ढीले सैर के कपड़ों में आयी औरतों के थिरकते जिस्म देखे जा सकते थे। मैंने प्रो. मीरा से भी जुड़ना चाहा, मगर उसने साफ इनकार कर दिया, "देखो रिशी, मैं किसी की रखैल बनकर नहीं रह सकती...यह तो तुम्हें मालूम है ना।"

"इसमें रखैल वाली कौन-सी बात है....हमारे दरम्यान कितनी दोस्ती रही है।"

"हाँ, दोस्ती थी। जब थी, तब थी। अब तो नहीं रही। यह तो नहीं कि मैं तुम्हारे जिस्म की भूख शान्त करती फिरूँ....।"

"तुम्हें मेरी स्थिति का अन्दाज़ा नहीं है?"

"मुझे जानने की ज़रूरत भी क्या है? मुझे सारी उम्र इन शर्तों पर ही जीना होता तो विवाह क्यों तोड़ती...।" और फिर उसने अपना रहा-रहाया वाक्य दुहरा दिया। मैं इससे पहले भी कई बार उसके मुँह से सुन चुका था, "मैं किसी को भी अपना शहज़ादा बना सकती हूँ बशर्ते वह मुझे बराबर की शहज़ादी माने। गोली-बाँदी रहकर ना मैंने जीना सीखा है, ना जिऊँगी....।"

प्रो. मीरा ने जो दूरी कायम कर ली थी, मेरे यत्न करने पर भी न टूट सकी, ऐसे ही जैसे अपनी सारी कोशिशों के बावजूद मैं हरप्रीत को ज़रा भी तबदील नहीं कर सका था। वह तो गर्भ-निरोधक गोलियाँ लेने के लिए भी तैयार नहीं थी, "मर्दों के लिए अनेक साधन हैं, आप इस्तेमाल क्यों नहीं करते...गोलियाँ खाँ-खाँ कर मैं मोटी थुल-थुल नहीं बनना चाहती।"

"तू दकियानूसी पुरानी बूढ़ियों की तरह सोचना कब छोड़ेगी?"

मगर वह टस से मस न हुई। वैसे भी वह अपनी फ़िगर के प्रति बेहद चैतन्य थी। रोज़ सुबह पाँच बजे उठकर सैर करने जाना। महँगे से महँगे मेकअप का सामान उसके ड्रेसिंग टेबल पर पड़ा रहता। शहर के महँगे और फैशनेबुल बुटीकों में कपड़े सिलवाती है, मगर इस सब के बावजूद अब उसे देखते हुए मन में कोई उत्तेजना नहीं जागती। मेरे मन में उत्तेजना के जितने भी दृश्य घूमते हैं, उनका पहला सम्बन्ध प्रो. मीरा के साथ जुड़ता था और अब यह....उस दिन बारिश में देखे जोड़े के साथ। हरप्रीत के साथ मैंने इस जोड़े का कोई ज़िक्र नहीं किया। यदि करता भी तो वह यही कहती, "डिस्टर्ब्ड पर्सनैलिटी।" उसका स्वर ज़रूर हिंसक और रूखा होता।

पहले कई बार मैं किसी ब्लू फिल्म की कैसेट घर भी ले आता था, मगर वह

उस कमरे में झाँकती भी ना, "तुझे मालूम है, इनकी कितनी बड़ी सर्कुलेशन है। आखिर लोग देखते हैं, तभी तो बनती हैं....।" "देखते हैं तो देखते रहें....मुझे क्या लेना-देना?" मुझे उसका यह भाव बहुत बुरा लगता है। अब तो काफी अर्सा हो गया ऐसी कोई फिल्म मैं लाया ही नहीं। हाँ, कभी टी.वी. पर देर रात तक ज़रूर देख लेता हूँ। फिर आँखों में एक हवस लिए भटकता रहता हूँ, औरतों के जिस्मों को देखते हुए। मन ही मन उनकी नंगेज की कल्पना करता हूँ मगर हरप्रीत को छोड़कर, वह तो एकदम नंगी भी मुझे नग्न दिखाई नहीं दी।

काम-बली / *सुखजीत*

औमी जी ने आचमन में से, चुल्ली भरी और सामने बैठी भैरवी से कहा, "मेरा साथ दो भैरवी... ।"

भैरवी ने मुनिवर की ओर देखा।

बायाँ हाथ बैराग्य पे टिकाये, मृगछाल पर विराजमान, मुँदी आँखें, वह कोई पुरातन ऋषि प्रतीत हो रहे थे, जो हथेली से टप-टप गिरते जल को सँभालने का यत्न करते हुए प्रण भी कर रहे हैं और याचना भी, "मैं कामबली को वश में करूँगा भैरवी,तुम मेरी सहायता करो, मैं औमी साधू तुम्हारे और जज के समकक्ष प्रण करता हूँ कि इस महाबली को वश में कर ब्रह्मचर्य धारण करूँगा, तुम मेरे अंग-संग रहना... ।"

भैरवी एकटक मुनिवर को देख रही है।

"विनती स्वीकार करो भैरवी... ।" मुनिवर ने जैसे मिन्नत की।

भैरवी ने सलीके से आचमन टेढ़ा कर चुल्ली में जल लिया और अपनी ओक औमी जी की चुल्ली के नीचे कर दी ताकि महात्मा के जल की एक भी बूँद व्यर्थ ना जायें। आँखें बन्द की और नम्रता से कहा, "मैं वचन देती हूँ, कामबली को वश करने के लिए मुनिवर का तन-मन से साथ दूँगी.... ।"

दोनों ने चुल्ली में लिया जल धरती माता को अर्पित कर दिया। औमी जी उठे, दोनों हाथ जोड़ एक टाँग पर खड़े हो प्रार्थना करने लगे, "हे कामदेव, हे महाबली, बल बख्श ताकि मैं तेरे संग युद्ध लड़ सकूँ.... ।"

भैरवी ने भी कहा, "हे कामदेवी रति, शक्ति दे ताकि मैं अपना वचन निभा सकूँ।"

उन्होंने एक साथ धरती को नमस्कार किया, औमी जी ने आचमन और मृगछाला सँभालकर चलते हुए कहा, "चलो भैरवी।" और भैरवी साथ चल दी।

वह दोनो एकान्त में जाने के लिए दरिया किनारे वाली कुटिया के लिए चल दिये। वृक्षों के झुंड में छोटी-छोटी कुटियों वाला आश्रम पीछे रहता लगा। वृक्षों पर चहचहाते पक्षी और वृक्षों के नीचे ध्यान और साधना करते साधू भी। आश्रम के मुख्य साईं बाबा ने उन्हें जाते देख गहरी साँस लिया। दूर से उनकी परछाईयाँ एक

एकाकर होती नज़र आयीं तो साईं बाबा ने सोचा,"यह वह औमी तो नहीं, वह अक्खड़ साधू, हठी, जपी, तपी और भैरवी? भैरवी भी कौन-सी पहले जैसे रह गयी है....।"

चारों ओर उतर रही रात की कालिमा, सन्ध्या की लालिमा को निगलने लगी और साईं बाबा अपने बीते समय में खो गये....।

औमी जी की कुटिया में बजते अलार्म से साईं बाबा की नींद खुल गयी थी, मगर नींद अभी पूरी नहीं हुई थी। श्रद्धालु देर रात तक बैठे रहे थे। अलार्म बन्द हुआ तो वह फिर सो गये।

औमी जी ने अलार्म बन्द किया और बहुत ही रूखे ढंग से 'हरिऔम्' कहते हुए सेवक को आवाज़ दी। आँख तो सेवक की भी अर्लाम से खुल गयी थी, उठा नहीं जा रहा था, मगर औमी जी दूसरी आवाज़ नहीं देते थे। पहली आवाज़ के बाद ठंडे पानी की बाल्टी उलट देते थे या जो भी चीज़ हाथ में आये....।

मर्यादा को लेकर बहुत सख्त थे औमी जी। रात आठ बजे के बाद कोई श्रद्धालु उनकी कुटिया में नहीं रह सकता। औरत तो सूरज छिपने के बाद उनके माथे नहीं लगती, बड़ा तप-तेज था उनका। वह सभी को कसकर रखते, अपने शरीर को भी। कई बार साईं बाबा धीमे से कह भी देते, "सख्ती कम किया करो मुनिवर, ये आश्रम भी ऐसे ही चलते रहते हैं और दुनिया भी। ये लोग राम और कृष्ण जैसों से नहीं सुधरे, फिर हम कौन हैं।"

साईं बाबा मुखिया थे, इसलिए औमी जी उनकी बात नहीं काटते थे, मगर ऐसा मर्यादा-भंजक वचन सुनकर वह कान खींच-खींचकर लाल कर लेते....,धर्म की हानि के समय जब वह दूसरे से कुछ कह ना सकते तो खुद को सज़ा देते। कोई औरत बेवक्त माथे लग जाये या, छू जाये तो वह वस्त्रों सहित पानी में घुस जाते, फिर पवित्र तथा शान्त होकर ही बाहर निकलते। कड़ाके की सर्दी में रात को बाहर कुंड में जल भर दिया जाता, औमी जी नियम से तड़के चार बजे उसमें स्नान करते, फिर गेरुए वस्त्र लपेटकर समाधि में लीन हो जाते। सवा घंटे की समाधि के बाद पूजाघर में आ बैठते। श्रद्धालु और अन्य साधु उनके बाद आने शुरू होते। साईं बाबा का कोई निश्चित समय नहीं था। वह कभी भी आ जाते-आते ज़रूर जैसे उनके चेहरे पर मुस्कान ज़रूर रहती, शान्ति और सहजता भी।

श्रद्धालु साईं बाबा को आश्रम के मुखी और औमी जी को जाति-साति वाले हठयोगी करके पूजते। औरतें साईं बाबा के चरणों को दबाती-घुटती मगर औमी जी को कोई जाने-अनजाने छू लेती, वह मरने-मारने पर उतर आते और जाने-अनजाने छूने वालियों में भैरवी का नाम ज्यादा आता था।

भैरवी बंगालन।

इस बंगालन औरत की चाल में कोई रिदम था और बोलों में सुर कि साईं

बाबा ने इसका नाम भैरवी रखा था। भैरवी, साँवले रंग की मज़बूत कद-काठी वाली औरत, जब सरोवर से स्नान कर बाहर निकलती तो गीली साड़ी में लिपटी कोणार्क मन्दिर की मूर्ति प्रतीत होती।

आश्रम में अन्य औरते थीं, जिन्हें 'देवी' कहा जाता, वह आश्रम के ओर बने देवी-वास में रहती थी। उनमें से कई 'देवियों' के नाम किसी न किसी साधु से जुड़े हुए थे। मगर भैरवी की ऐसी बात कोई नहीं करता था। वह घंटों साईं बाबा के साथ बचन-विलास करती रहती, जिसे विचार-चर्चा कहते हैं। वह चर्चा मुख्यतः काम-क्रोध के बारे में भी होती और औमी जी के बारे में भी।

वैसे कई बार कईयों को लगता था कि भैरवी जान-बूझकर औमी जी की मर्यादा भंग करने पर तुली हुई है। औमी जी ने कई बार साईं बाबा से कहा कि, वह भैरवी को वर्जित करे। मगर साईं बाबा हँसकर टाल देते या कभी-कभी गम्भीर होकर कहते, "इतने सख्त न हुआ कीजिए मुनिवर। टूटने का भय रहता है।"

आगे से औमी जी कठोरता से जवाब देते, "नहीं भगवन्, मर्यादा पालन हमारा धर्म है, साधु होते समय हमने प्रण लिया था कि औरत, दौलत और शोहरत से दूर रहेंगे....। तीनों चीज़ें पाप की जड़ हैं ऋषिवर।"

"मैं जान देकर भी प्रण निभाऊँगा....।"

औमी जी दुहराते, "....भैरवी तो क्या कोई अप्सरा भी मेरा सति भंग नहीं कर सकती।" साई बाबा की मुस्कान, जो समय-समय पर गाढ़ी, फीकी, गहरी और हल्की होती रहती, मगर खत्म होने पर भी नहीं होती और वह सहजता से कहते, "ईश्वर कृपा करें, ऐसे ही हो ऋषिवर।"

साईं बाबा राधा-कृष्ण की कथा करते-करते जब कभी मौज में आ जाते तो राधा की सुन्दरता का बयान बहुत ही रस से करते, कहते, "राधा, जब अपने काले केश लहराकर एक कन्धे से दूसरे कन्धे पर फेंकती तो हवा का रुख़ बदल जाता....।"

"यह दिन और रात राधा की पलक-झपकने का खेल था सारा....।"

"वह हँसती तो मन्दिरों में घंटियाँ बज उठतीं और पुजारी आरती करने लगते।"

साईं बाबा जब राधा की उपमा करते तो श्रोताओं को लगता जैसे बंगालन भैरवी की उपमा कर रहे हों। वैसे कई बार हँसी से साईं बाबा भैरवी से कह भी देते, "भैरवी....तुम्हारे केशों और आँखों की चमक, ये सब 'मछली' की कृपा है।"

अब चाहे भैरवी मांस-मछली नहीं खाती थी, मगर ज्यादातर साधु उसके पहले से खाये से भी चिढ़े रहते। औमी जी तो उसके साये से भी दूर भागते। औमी जी क्रोध से और साईं बाबा मौज से भैरवी को 'रति' कहते। काम की देवी रति।

भैरवी उन दोनों की बाते सुन हँस देती। वहीं 'मन्दिरों' में घंटियों वाली हँसी'

और औमी जी ठंडे जल में घुसकर शान्त होते और सेवक उस भ्रष्ट हुए पानी को छींटों से बचकर निकलता और निर्मल जल भर देता।

सर्दी के एक दिन सन्ध्या की आरती हो रही थी, पक्षी घोंसलों की ओर लौट रहे थे और श्रद्धालु पूजा घर में इकट्ठे हो रहे थे। साईं बाबा ने राधा-कृष्ण की प्रेम-कथा छेड़ दी। साथ ही भैरवी उनके साथ मिलकर भजन गाने लगी। केसरी साड़ी में लिपटी भैरवी 'राधा' ही लग रही थीं। श्रद्धालु झूमने लगे। साईं बाबा पुकार उठे, "वाह....राधा....वाह।" भैरवी झूम-झूमकर गाने लगी, साईं बाबा नाचने लगे, "राधे....राधे।"

उनके श्रद्धालु भी नाचने लगे, "राधे....राधे।"

भैरवी के साथ दूसरी देवियाँ भी नाचने लगीं और गाने भी, "राधे, राधे....।"

सारा आलम नाच रहा था, गा रहा था।

मगर औमी जी वैसे के वैसे बैठे थे, कठोर, गुस्सैल और शान्त। जैसे-जैसे साईं बाबा मगन हो रहे थे, वैसे ही औमी जी के मस्तक पर त्यौरियाँ बढ़ती जा रही थीं। सूरज अस्त हो गया था, किसी ने भी रात की आरती नहीं उतारी थी। वृक्षों पर पक्षियों का सन्ध्या-मिलन का संगीत भी 'राधे-राधे' कहता सुनायी दे रहा था।

समूचा आश्रम वृन्दावन हो गया था।

हरेक मर्द कृष्ण था और हर औरत राधा।

चारों ओर एक आनन्द था, परमानन्द कि औमी जी की कहर भरी आवाज़ गूँज उठी, "बस करो....ओ....ठहरो....।"

सभी झटके से रुक गये, सिर्फ साईं बाबा और भैरवी झूम रहे थे,

"राधे राधे....राधे राधे।"

"कलयुग....घोर कलयुग....।" औमी जी चीख उठे थे।

भैरवी काँपकर रुक गयी, मगर साईं बाबा ना झूमने से रुके न गाने से, उन्होंने तो लय भी न बदली, सिर्फ शब्द बदल गये, "राधे राधे के स्थान पर कलयुग-कलयुग।"

भैरवी ने डरी नज़र से औमी जी की ओर देखा, एक पल फिर साईं बाबा की ओर देखते हुए जैसे उसका डर उतर गया हो। वह धीरे-धीरे झूमने लगी और साईं बाबा के सुर से सुर मिला ली,

"कलयुग....कलयुग।"

एक-एक करके सभी गोपियाँ और कृष्ण 'कलयुग-कलयुग' कह झूमने लगे। भैरवी के केश खुल गये और अन्य देवियों के भी।

मालूम नहीं कब भैरवी औमी जी के चरणों में खेलने लगी, उसके काले कोमल केश औमी जी की नंगी टाँगों को छूने लगे। उनका क्रोध सातवें आसमान तक जा पहुँचा, लगा जैसे वह कोई 'चेला' हो और 'डोलियाँ' खिला रहे हों। उनके होंठ

काँपने लगे और नथुने भी। वह पलटे और फुँफराते हुए बाहर निकल गये। पवित्र मूर्तियों के पास से निकलते हुए सिर भी न झुकाया। हाँफते हुए, गुस्साये, वह ठंडे पानी में घुसते ही जैसे जल-समाधि में चले गये। पानी खोलने लगा, मानो पानी में दो मगरमच्छ लड़ रहे हों और यह 'जलसमाधि' नहीं थी।

पूजाघर से अभी भी 'कलयुग कलयुग' की आवाज़ सुनाई दे रही थी।

मृगछाल और आचमन सँभाले औमी जी के पीछे आया सेवक डर रहा था, कहीं यह 'कलयुग' मुनिवर की जान न ले ले। इतनी देर तक वह पानी में कभी नहीं रहे थे। आखिर वह बाहर निकले और खौलते-खीझते कुटिया में जा घुसे। वस्त्र बदले, सेवक से मृगछाल और आचमन पकड़ी और अन्दर से वैराग्य भी। पूरी तैयारी से वह फिर एक बार पूजा घर में दाखिल हुए। 'कलयुग' की 'सुर' शान्त थी और सारे 'कलयुगी' मूर्तियों के आगे दण्डवत कर रहे थे, अलसाये से बड़े आनन्द में।

साईं बाबा ने औमी जी का स्वागत किया, "आइए मुनिवर आइए....आइए विराजिये....।" परन्तु औमी जी खड़े रहे तो साईं बाबा मुस्कराते हुए बोले, "क्रोध को जाने दो मुनिवर और हम कलयुगी जीवन को माफ़ करें....।"

औमी जी ने बिना कुछ कहे मृगछाल बिछायी, वैराग्ण पर बाजू टिकाते हुए एकदम सीधे बैठे और एक-एक शब्द चबाते हुए बोले, "देखिए साईं बाबा, आज मैं जति-सति की परीक्षा दूँगा। मैं दरिया किनारे वाली कुटिया में जा रहा हूँ, आप भैरवी, नहीं कामदेवी रति को भेजिए....।" उन्होंने नफरत से भैरवी की ओर देखा, "यदि यह मेरा सति भंग कर देगी तो मैं जलसमाधि ले लूँगा, परन्तु....।" वह एक क्षण रुके, "अगर यह ऐसा न कर सकी तो आप सभी देवियों सहित यहाँ से कहीं और....।"

आज पहली बार साईं बाबा के शान्त चेहरे पर गुस्से का साया आया। उन्होंने कठोरता से औमी जी की ओर देखा परन्तु वाणी पर काबू डाल, कहने लगे, "महापुरुषों ने कहा है मुनिवर, दावे कभी नही करने चाहिए न अपने लिए न किसी अन्य के लिए, ठीक नहीं होता....कहते हैं दूध और मति को फटते....।"

"नहीं महाराज, और बर्दाश्त नहीं होता। आपको भी मालूम हो कि बंगालिनों का जादू साधुओं पर अभी भी नहीं चलता....।"

"फिर मुझे क्यों घसीटते हो बीच में, यह आपका और भैरवी का झगड़ा है, आप दोनों स्वयं ही निबट लो....।" लगा साईं बाबा की शान्ति भंग हो गयी थी।

"नहीं भगवन्, झगड़ा यह नहीं, झगड़ा साधुओं की मर्यादा का है, इज्ज़त और सम्मान का है, आश्रम की आन का है...कि यहाँ कलयुग में भी एक ऐसा साधु है, जिसने काम को वश में किया है।" उन्होंने 'एक' पर ज़ोर दिया।

"इतना अहंकार अच्छा नहीं होता मुनिवर...।" साईं बाबा के स्वर में दुःख भी

था और तपिश भी। "मनुष्य, मनुष्य है, वह कब बच सका है इस महाबली से बस जितना भी बचा सकता है, वह प्रभु ही है जो हमारा पर्दा बनाये रखता है। प्रार्थना किया करो, वह हमारी इज़्ज़त बनाये रखे...।"

"हूँ, यह कमज़ोर मन की बातें हैं। बहाने हैं सब साईं बाबा...।"

औमी जी ने आचमन से चुल्ली भरी, "कसम है मुझे इस जल की, आचमन की, बैराग्य, मृगछाल और साधु भेस की, दिखा दूँगा इस नीच बंगालन को कि साधु का हठ क्या होता है...।" उन्होंने चुल्ली छोड़ी और एकदम चले गये, बिना प्रणाम किये।

भैरवी का सांवला रंग ऐसा हो गया जैसे किसी ने ताँबे को तपा दिया हो, अपमान हुआ समझ उसका मन और आँखें भर आयीं। साईं बाबा दुःखी हो गये, मगर टालने के अन्दाज़ में बोले, "वह मूर्ख है भैरवी, छोड़ो, स्वयं लौट आयेगा...।"

परन्तु भैरवी ने उनके चरण पकड़ लिए, "नहीं गुरुदेव, आज वह सारी सीमाएँ पार कर गये हैं, यदि अहंकारी का अहंकार ना तोड़ा गया तो आश्रम के लिए अच्छा नहीं होगा।"

"नहीं भैरवी, पागलपन नहीं करते...तुम भी उसकी तरह...छोड़ दो इस बात को...।" साईं बाबा स्पष्ट नहीं थे।

"मैंने आपसे कभी कुछ नहीं माँगा साईं बाबा, मुझे आज्ञा दीजिए, बल दीजिए...। भैरवी ने हाथ जोड़ दिये थे। भैरवी की आँखें अभी भी भरी हुई थीं। साईं बाबा सोच में पड़ गये, साथ ही उन्होंने श्रद्धालुओं की ओर देखा, सभी औमी जी के व्यवहार से दुःखी थे। औमी जी का 'कहीं और जाने के बारे में' कहना भी याद आया। यह भी याद आया कि औमी जी हमेशा स्वयं को साईं बाबा से श्रेष्ठ सिद्ध करते रहते हैं, वह किसी प्रकार सहते रहते। मगर आश्रम से ही चले जाने को कह देना...। साईं बाबा उठ खड़े हुए और भैरवी भी।

साईं बाबा ने राधा-कृष्ण की मूर्ति के आगे सिर झुकाया, भैरवी ने भी। साईं बाबा ने राधा के गले से 'दोमुखी रुद्राक्ष' की माला उतारी और भैरवी के गले में डाल आशीर्वाद देते हुए कहा, "जाओ भैरवी, राधा-कृष्णा तुम्हारे संग रहें...।"

भैरवी ने साईं बाबा के चरण छुए और तेज़ी से पूजा घर से बाहर चली गयी। जाते समय उसने किसी से भी नज़र न मिलायी, साईं बाबा से भी नहीं। मगर साईं बाबा की आह ज़रूर सुनाई दी और यह कहना भी, "अच्छा। जैसी तेरी मर्ज़ी...।"

...साईं बाबा ने आह भरी है, अतीत से बाहर आये, देखा, औमी और भैरवी आँखों से ओझल हो गये हैं। सेवक सामने भोजन लिए खड़ा है।

आज औमी जी के पीछे-पीछे जाते हुए उस दिन के बारे में सोचकर मुस्करा दी भैरवी...।

उस दिन मालूम नहीं किस वेग के तहत पहुँच गयी थी वह दरिया किनारे वाली कुटिया में...।

जाकर औमी जी को प्रणाम किया था तो उन्होंने इतनी हैरानी से देखा मानो उसके आने का यकीन ना रहा हो, फिर वह नेत्र मूँदकर, समाधि लगाने की भाँति बैठ गये थे। रास्ते में काफी कुछ सोचती आयी थी भैरवी, मगर औमी जी के सामने आकर पता नहीं क्यों सहज हो गयी थी।

"हम कुछ बातें तय कर लें मुनिवर....?"

"कौन-सी बातें?" औमी जी ने रूखे ढंग से पूछा।

"ऐसा न करें मुनिवर," भैरवी ने बेहद नम्रता से कहा, "इतना रूखा न बोलिए, यह तो खेल है, कोई जंग नहीं।"

"मेरे लिए जंग ही है, तू तय कर ले जो करना है....।"

"देखिए मुनिवर.....।" भैरवी, औमी जी का हाथ पकड़ने लगी तो वह हाथ झटककर क्रोधित होकर चीख उठे, "खबरदार, जो मुझे छुआ तो...."

भैरवी पल भर चुप रही, फिर बोली, "यही तो तय करना है मुनिवर कि मैं आपको कैसे रिझाऊँ?"

"क्या मतलबब?"

"मतलब आपको मोहित कैसे करना है? वचनों से, छूकर या अपना तन दिखाकर....।" उसने औमी जी को ग़ौर से देखा और बोली, "नेत्र आप खोलते नहीं, छूने आप मुझे नहीं देते, मेरी बात आप सुनते नहीं....ऐसे तो मैं जीत गयी....।" वह विश्वास से मुस्करायी।

"ऐसे कैसे जीत गयी तू!" औमी जी ने घूरकर देखा।

"आप डरते हैं, आँखें खोलेंगे तो डोल जायेंगे, छू लूँगी तो पिघल जायेंगे, सुनोगे तो अन्दर उतर जाऊँगी।"

"बस कुलटा बस....लज्जा नहीं आती ऐसे वचन करते हुए, यही सिखाया है साईं बाबा ने....?"

"बस मुनिवर, साईं बाबा के बारे में कुछ न कहना....और गालियाँ मैं भी बर्दाश्त नहीं करूँगी। मैं ऐसी-वैसी औरत नहीं, मुझे भी ज्ञान है। मैंने भी तपस्या की है....।"

"हूँ....तपस्या और तूँ....। यही सब सिखाकर भेजा है साईं बाबा ने कि बातों से ही जीतकर आ जाना। ऐसे नहीं जाने दूँगा मैं....। लो खोल दिये हैं नेत्र, दिखा क्या दिखाना है, आ छूले जहाँ छूना है....।" उन्होंने चादर उतार दी, "कर ले कुलच्छन, जो करना चाहती है, छुट्टड़ कहीं की।"

"गाली न दें मुनिवर, मैं फिर कहती हूँ, मैं ऐसी-वैसी नहीं। जति-सति वाली हूँ मैं भी। रही छुट्टड़, जिस मर्द ने मुझे छोड़ा, उसे मुझे ही छोड़ना था नामर्द को, मगर मर्दों का समाज, वाह....।" भैरवी ने गहरी साँस लिया, "मैनें तो फिर भी अपना-आप दरिया को सुपुर्द कर दिया था, बचा लिया साईं बाबा ने, बहते जाते

हुए, और बचा कर ले आये यहाँ....।" सिर हिलाकर विश्वास से कहा भैरवी ने, "उसी दिन से मैं जानती हूँ मुनिवर, आप परेशान हैं। आप को लगता है कि मेरी और साईं बाबा के दरम्यान कुछ है....परन्तु यह आपका भ्रम है। ऐसा कोई सम्बन्ध नहीं है हमारा....।

"झूठ, एकदम झूठ....कौन-सी स्त्री सच बोलती है, इस मामले में, यह जात तो नीचे से उठकर....।" औमी जी ने मुँह घुमा लिया।

भैरवी हँस दी, फीकी-सी हँसी, "अच्छा लगा, मुनिवर आपका आम आदमियों के तरह बातें करना....अच्छा लगा।" उसने तसल्ली से साँस छोड़ते हुए कहा, "यह तो मैं जानती थी कि आप मुझे चाहते हैं, मगर इतना चाहते हैं, यह नहीं मालूम था....।"

"क्या बकवास है? मैं और तुम्हें चाहता हूँ....? हूँ....?" औमी जी ने मज़ाक उड़ाने के अन्दाज में कहा।

"हाँ मुनिवर....।" गम्भीर हो गयी भैरवी, "आप उसी दिन से चाहते हो मुझे, आपकी वह पहली नज़र मुझे अभी तक नहीं भूली....।"

"क्या बकवास कर रही हो? मैं औरत का खयाल तक मन में नहीं रहने देता।"

"यह सच है, आप मेरा खयाल मन से निकालने का यत्न बहुत करते हो। मुझे कोसते हो, झिड़कते हो, अपने शरीर को कष्ट देते हो....।"

"झूठ, कपट, बस कर कुलच्छनी। यह त्रिया-चरित्र यहाँ नहीं चलेगा।" कह कर औमी जी उठ खड़े हुए। भैरवी भी खड़ी हो गयी। उसने हाथ जोड़ दिये, "शान्त मुनिवर शान्त, यह त्रिया-चरित्र नहीं। मैं कैसे आपको यकीन दिलाऊँ? मैं दासी हूँ आपकी महाराज, नहीं तो इतने तिरस्कार के बाद.....।" उसका गल रुँध गया। वह हाथ जोड़े, घुटनों के बल बैठ गयी। उसके कन्धे हिल रहे थे, हौले-हौले, रोते हुए।

औमी जी की आवाज़ नम्र हो गयी, मगर लहज़ा सख्त रहा, "मैं जानता हूँ, ये आँसू, ये रोना हथियार हैं स्त्री के....।" भैरवी कुछ न बोली, मगर उसकी हिचकियाँ तेज़ हो गयीं। औमी जी ने नीचे देखा, भैरवी की साड़ी का पल्लू कन्धें से सरका हुआ था। उसकी सांवली देह मुनि के चरणों में समर्पित थी। सच्चा और पूर्ण समर्पित। वह पसीज गये और डर भी। उन्हें लगा, यदि वह एक और पल भी यहाँ रुके तो झुक जायेंगे, झुककर भैरवी को उठायेंगे और गले से लगा लेंगे। उन्होंने पीछे हट जाने का फैसला किया, मगर ऐन उसी समय भैरवी ने उनके चरण पकड़ लिए और मस्तक उस पर टिका दिया। चरणों पर गिरते नमकीन आँसुओं से मुनि के अन्दर जैसे कुछ भुरने लगा। वह नहीं में सिर मारने लगे और उच्चारण करने लगे, "ना भैरवी ना....छोड़ दे मुझे....जा चली जा....। मेरी बरसों की कमाई दरिया में न गँवा, मैं तेरे हाथ जोड़ता हूँ....देख।" और उन्होंने सचमुच हाथ जोड़ दिये,

लगा वह खुद भी रो देंगे। भैरवी की जैसे जान ही निकल गयी। वह उनकी टाँगों से लिपट गयी। औमी जी का वजूद काँपने लगा। वह झुककर भैरवी को उठाने लगे तो उनके गर्म आँसू भैरवी की नंगी पीठ पर जा गिरे। भैरवी तड़प उठी।

कुछ देर के लिए सृष्टि चलने से रुक गयी।

बहता पानी, हवा, तेज साँसें, सभी कुछ ही....।

कुछ देर बाद मृगछाल से परे औमी जी की बाजू पर सिर रखे, आँखें मूँदे भैरवी पड़ी थी। मुँदी पड़े आचमन और वैराग्य से बेखबर औमी जी अधखुली आँखों से तारों भरे आकाश को निहार रहे थे। टिमटिमाते और एक-दूसरे में खोते तारों का यह खेल उन्होंने पहली बार देखा था। "यह आरम्भ है जीवन का....।" उन्होंने आनन्द-मग्न हो सोचा।

"और शायद अन्त भी....।" अन्तर्मन से जैसे आवाज़ आयी।

अचानक एक आह भरी गयी। वह उठ बैठे, मगर भैरवी नहीं। मुनिवर ने नज़र घुमायी। नज़र घूमते-घूमते अटक गयी, मुँदे पड़े आचमन पर और सीधी पड़ी भैरवी पर। सिर घुटनों में दे लिया....।

"क्या हुआ मुनिवर?" भैरवी जैसे बन्द आँखों से सब कुछ देख रही थी।

"मेरे जीवन का अन्त हो गया।" औमी जी की आवाज़ जैसे गहरे कुएँ में से बोले थे। भैरवी चुप थी।

"मेरा हठ ही मेरा वजूद था।"

"........"

"सब खत्म हो गया, हठ भी और वजूद भी।"

भैरवी उठकर बैठ गयी थी।

"तू जीत गयी भैरवी, जा, जाकर सारे आलम को बता दे कि औमी खत्म हो गया।" वह माथे पर हाथ मार रहे थे।

"सुनिए मुनिवर....।" भैरवी ने उनका हाथ पकड़ लिया था, "मैं आपकी दासी हूँ, आपका अपमान नहीं सह सकती। मैं किसी से कुछ नहीं कहूँगी।"

औमी जी ने गहरी साँस ली।

"आपकी जीत मेरी जीत है प्रभु। आश्रम का यश है....साधुओं का गौरव है, मैं तो कहूँगी....।" भैरवी ने नज़र झुका धीमे सुर में कहा, "मैं हार गयी, मुनिवर नहीं डोले।"

"ओ भैरवी....।" औमी जी को बहुत प्यार आया। उन्होंने भैरवी को कसकर जकड़ लिया।

सृष्टि फिर रुकने लगी....।

दूसरी प्रभात, आश्रम में औमी जी का सत्कार और भी बढ़ गया। पूजा के समय भैरवी ने प्रार्थना की, "मेरा गुनाह बख्शने लायक नहीं। मैंने पहुँचे हुए साधु की परीक्षा

ली। मुनिवर चाहते तो मुझे जलाकर भस्म कर देते, मगर यह बहुत कृपालु है। मैं मुनिवर और भक्तों से माफी माँगती हूँ।" श्रद्धालु औमी जी की प्रशंसा करने लगे।

औमी जी आँखें मूँदे, शान्तचित्त बैठे माला फेरते रहे।

साईं बाबा के चेहरे पर निरन्तर खेलती मुस्कान वैसे की वैसे नाचती रही। वह उठे और सहजता से कहा "औमी जी बड़े दिलवाले महात्मा हैं, जिन्होंने मुझे भी आश्रम में रहने की आज्ञा दे दी है, नहीं तो शर्त मुताबिक....।"

औमी जी काँप उठे। भागकर साईं बाबा के चरणों में पड़े कि साईं बाबा ने उठाकर उन्हें सीने से लगा लिया। भक्तगण दोनों की जय-जयकार करने लगे।

उन दिनों औमी जी के बदले व्यवहार से सेवक हैरान होते, भक्त भी। औमी जी अब बहुत शान्त रहते थे।

उन दिनों साईं बाबा बहुत कम आराम करते थे। उन्होंने रातों को आश्रम की परिक्रमा शुरू कर दी। वह कभी दरिया किनारे की कुटिया के आस-पास घूमते, कभी औमी जी की कुटिया के और कभी देवीवास के। जहाँ परिक्रमा कर रहे होते, वहाँ किसी को भी जाने न देते, औमी जी के सेवक को भी नहीं।

फिर एक दिन....उन्होंने भैरवी से कहा, "भैरवी, मैं कितनी देर तक ध्यान रखूँगा। यह आश्रम की इज़्ज़त का सवाल है, तुम्हारी और मुनिवर की भी इज़्ज़त का।" भैरवी नज़रें झुकाये बैठी रही तो उन्होंने हँसकर कहा, "वैसे भी मैं बूढ़ा हो गया हूँ। इतना चलना-फिरना मुझसे नहीं होता, हुआ पल-घड़ी। मगर तुम लोग तो....सारी-सारी रात मुझसे खड़ा नहीं हुआ जाता पहरे पर....।"

भैरवी सहम भी गयी और शरमा भी गयी। उसने साईं बाबा की ओर देखा। आज मुस्कान के साथ शंका भी शामिल थी उनके चेहरे पर। वह गहरी साँस ले बोले "तुझे बाप की तरह प्यार करता हूँ भैरवी, औमी भी इस आश्रम की शोभा है। बहुत नाम है उसका, मैं तो नाम का मुखी हूँ। आश्रम को एक मर्यादा और सम्मान उसी ने दिया है।" वह रुके फिर कहा, "तुम दोनों के बारे में उठी कोई भी बात मुझसे सहन नहीं होगी।" फिर मानो कठिनता से कहा, "मैं सारा प्रबन्ध कर देता हूँ मेरी बच्ची, तुम कहीं और चले जाओ....।"

चौंक गयी भैरवी। अचम्भे से देखा साईं बाबा की ओर। बात कहने के बाद उन्होंने सहजता से कहा, "पवित्र गृहस्थ जीवन जीना ही ईश्वर को पाने का मार्ग है। देख, तेरा वियोग मैं सह लूँगा, मगर अपनी बच्ची और एक मुनिवर की बेइज़्ज़त नहीं....।" स्वयं पर काबू न रहा भैरवी का, वह अपना सिर साईं बाबा की गोद में रख, 'बापू-बापू' कह फूट-फूटकर रोने लगी। तभी ही कुटिया के दरवाज़े में खड़े औमी जी आँखें पोंछते हुए, ठंडे पानी में जा घुसे। कितनी ही देर शान्त बैठे कोई फैसला करते रहे और फिर....।

उस दिन सन्ध्या समय मृगछाल पर बैठ औमी जी ने आचमन में जल की

चुल्ली भर सामने बैठी भैरवी से कहा, "मेरा साथ दो भैरवी....।" "भैरवी।"

मुनिवर की आवाज सुनकर सोचों से बाहर आयी भैरवी।

यह पहली रात है....।

दोनों ने अपने-अपने वस्त्र उतार दिये। एक-दूसरे के निकट आये। चाँदनी रात में औमी जी का काला जिस्म नाग की भाँति चमक रहा है। साक्षात् काम रुप। भैरवी के तांबई जिस्म से लिपटे काले केश ऐसे लग रहे हैं जैसे चन्दन को अनेकों नाग लिपटे हों। भैरवी की चमकती आँखों के आमन्त्रण से बचने के लिए, औमी जी ने नज़र झुकायी, मगर झुकी नज़र सीने की गोलाईयों पर अटककर रह गयी। अन्दर झन्नाहट छिड़ गयी है, जिस्म को ऊपर से नीचे की ओर देखते हैं तो नाभि के गड्ढे में डूब जाने के डर से झुरझुरी-सी आ जाती है। वह कसकर आँखें मूँद लेते हैं और धीरे-धीरे उच्चारते हैं, "नहीं मैं नहीं डूबूँगा भैरवी।" भैरवी एकदम उनके निकट आ गयी है, जहाँ साँसें एक-दूसरे को छूने लगती हैं, गर्म साँसें। भैरवी फुसफुसाती है, "मन पर काबू डालें मुनिवर।"

"हाँ मैं नहीं डोलूँगा....।" औमी जी अपनी मुट्ठियाँ कसकर भींच लेते हैं, "तू कुछ भी कर काम देवी, मगर मैं....।" भैरवी की छातियाँ औमी जी के शरीर से छू जाती हैं, वह सिसक उठते हैं। सारा ज़ोर मुटिठयाँ भींचने तथा अपने शरीर को पीछे खींचने पर लगा दते हैं। मगर शरीर जैसे भैरवी के जिस्म के दो बिन्दुओं से जुड़ गया हो। औमी जी की आवाज़ बन्द हो जाती है।

उस रात मायूस मन से वह आश्रम में लौट आते हैं।

दूसरी और तीसरी रात भी ऐसे ही घटता है।

चौथी रात.....।

भैरवी लेटी हुई है, औमी जी एक-एक कर उसके वस्त्र उतारते हुए अपने मन पर काबू रखते हैं। उसे सिर से चूमना शुरू करते हैं। भैरवी मचलने लगती है। मुनिवर मन पर अकुंश बनाये रखते हैं। मगर भैरवी के सीने की ऊँचाई से फिसल जाते हैं....।

आठवीं रात....।

पिछली रातों में औमी जी ने स्वयं पर काफी काबू डाल लिया है। आज वह लेटे हुए हैं। भैरवी उनके वस्त्र उतार रही है। वह शान्त पड़े रहते हैं। भैरवी उनके चरणों में बैठ जाती है। उसने उनके पैर के अँगूठे और पहली अँगुली के बीच को जीभ से छुआ है। वह सिहर उठते है....।

और दोनों नज़रें झुकाये आश्रम लौट आते हैं।

औमी जी को लगता है, वह कभी भी जीत नहीं पायेंगे। उन्हें स्वयं पर गुस्सा आता है और भैरवी पर भी। कहते हैं, "शास्त्रों में सच कहा गया है, स्त्री नरक का द्वार है।"

भैरवी खीझती है, वह कुछ कहने ही लगती है कि साईं बाबा सामने आ जाते हैं, "स्त्री जननी है, माता है मुनिवर, देवी है....हाँ कुछ स्त्रियाँ बुरी हो सकती हैं, मगर बुरे तो आदमी भी होते हैं और कुछ साधु भी।" औमी जी शान्त नहीं होते, गुस्से में कहते हैं,

"यह आप मुझे कह रहे हैं, भगवन्?" साईं बाबा ने तुरन्त उन्हें अपने साथ लगाकर कहा, "नहीं-नहीं मुनिवर, आप तो जल्दी ही ब्रह्मा तक पहुँचने वाले हैं।"

औमी जी गहरी साँस लेते है, "बहुत कठिन मार्ग है प्रभु। सोचता हूँ खुद के बारे में कितने भ्रम पाल लेते हैं हम। मैं कैसे जी रहा हूँ। स्वयं को कितना बड़ा ऋषि समझता था, मर्यादा पालक, ब्रह्मचारी, मगर....।"

साईं बाबा ने थपथपाया, "हौंसला रखें, साधना के मार्ग पर जा रहे हो तो प्राप्ति अवश्य होगी।"

"यही तो सोचता हूँ साईं बाबा कि इतनी देर क्यों कर दी चलने में, कितनी उम्र बीत गयी।" उन्होंने ठंडी साँस भरी, "एक बात कहूँ साईं बाबा, आगे चलकर कोई प्राप्ति हो या न हो, मगर इन दिनों का जो अनुभव है, वह बहुत बड़ी प्राप्ति है।"

"अनुभव....।" भैरवी ने हैरानी से पूछा।

"हाँ भैरवी, अनुभव हुआ है कि साधु, ऋषि, मुनि, महात्मा यह सब कुछ भी नहीं होता, यह सब भ्रम है। मनुष्य मनुष्य होता है और कुछ नहीं। अपने गुण-अवगुण सहित, बाकी सब ओर हैं। साईं बाबा ठीक कहते हैं, ईश्वर हमारा पर्दा बनाये रखना....।" औमी जी ने एक आह भरी तो भैरवी तड़प उठी, "ऐसे हिम्मत न हारें मुनिवर, दुनिया में महापुरुष भी होते हैं, तपस्वी और त्यागी भी। अभी साधना में कमी है। वैसे मैं देख रही हूँ, एक दिन आपका नाम आकाश में चमकेगा। ध्रुव तारे की भाँति। क्यों साईं बाबा....?"

"हाँ हाँ....।" साईं बाबा मुस्करा दिये, मगर औमी जी की हालत वैसी ही रही, "नहीं भैरवी, अब सब झूठ लगता है, जैसे मेरे श्रद्धालु धोखे में हों। कितनी कहानियाँ जोड़ दी है मेरे साथ। ऐसे ही, मालूम नहीं यह ध्रुव भी....क्या मालूम....।"

"ना-ना, इतने निराश न हों औमी जी....।" साईं बाबा की कुटिया आ गयी। भैरवी शायद लघु शंका के लिए आगे बढ़ गयी थी। वह स्नान करने के बाद ही साईं बाबा की कुटिया में आना चाहती है, परन्तु पहले से उलट आज बिना पवित्र हुए ही औमी जी साईं बाबा के साथ कुटिया में आ गये हैं। उन्होंने स्वयं ही घड़े से पानी लेकर पिया और सेवक से पूछा, रोटी पड़ी है कोई। लंगर में जाकर देख, शायद हो। बड़ी भूख लगी हुई है। सेवक हैरान हो चल दिया क्योंकि औमी जी सूरज छिपने के बाद भोजन नहीं करते।

औमी जी को आम आदमी की तरह व्यवहार करते देख साईं बाबा के चेहरे

पर मुस्कराहट गहरी हो गयी है। तभी सेवक ने आकर कहा, "मैं भोजन लेकर आ रहा था मुनिवर, देवी भैरवी ने मना कर दिया...।"

भैरवी भी अन्दर आ गयी। सेवक सहम गया कि औमी जी भैरवी से बुरा-भला कहेंगे। परन्तु औमी जी ने सहजता से कहा, "बैठ जा भैरवी, तू जा सेवक....।" साईं बाबा मुस्करा रहे थे कि भैरवी तेजी से बोल उठी, "यह क्या कर रहे हैं मुनिवर, बरसों की तपस्या मिट्टी में मिला रहे हैं। इतनी निराशता.... रात समय भोजन, थोड़ा ध्यान कीजिए। धीरे-धीरे अन्तर आयेगा। आप देख नहीं रहे, पिछली रातों से कितना धीरज आ गया है आप में....।"

फिर भैरवी अधिकार से बोली "मैं आपको ऐसा नहीं करने दूँगी। चलिए विराजिए, सुबह पूजा में जाना है....।"

बिना एक भी शब्द बोले औमी जी कुटिया में चले गये और भैरवी साईं बाबा को प्रणाम कर देवी-वास की ओर।

फिर नवीं, दसवीं, ग्यारहीं और बारहवीं रात गुज़र गयी। अभ्यास की रातें....।

और तेरहवीं रात। तेरहवीं रात, कुछ अलग-सा घटा। पहले-पहल औमी जी, भैरवी के जिस्म की गोलाईयाँ देख मचल उठते, फिर शारीरिक छुअन से, भैरवी की गर्म साँसें और और कामना भरे बोल, उन्हें उत्तेजना से भर देते। मगर इन रातों में औमी जी ने अपना ध्यान मन को वश में करने में लगाये रखा। भैरवी जी के पोरों से लेकर जीभ तक के सभी कार्य साथ-साथ चलते रहे और साधना भी। औमी जी अपना ध्यान पवित्रता पर केन्द्रित करते। कभी वह भैरवी को माँ के रूप में देखते, कभी पूजनीय देवियों में। वह उनके साथ लिपटती तो वह विरोध न करते, बल्कि खुद को उसके हवाले कर देते और महसूस करते जैसे खुद को पवित्र-गंगा के हवाले कर दिया हो। यह विधि साईं बाबा ने बतायी थी। वैसे कितनी ही विधियों से गुज़रते हुए वह मंजिल के करीब पहुँचने वाले हैं और आज तेरहवीं रात है।

इस रात से एक दिन पहले....

साईं बाबा को औमी जी के अन्दर घटित हो रहे परिवर्तन का अनुभव हो गया था। उन्होंने कुछ साधुओं और देवियों को बुलाकर रहस्यपूर्व अन्दाज़ में कहा था, "आश्रम में करिश्मा घटित होने वाला है। औमी जी तथा भैरवी देवी एक प्रयोग में लगे हुए हैं, मेरे आदेश पर। प्रार्थना करो, वे सफल हों और एक बड़े उत्सव की तैयारी भी, जो उनका सम्मान कर सके। मगर उन्हें नहीं बताना....।"

तेरहवीं रात खत्म हो रही है और दिन चढ़ रहा है। भैरवी की आँखों में आँसू आ गये हैं, खुशी से। उसने अपना सिर औमी जी के चरणों में रख दिया, "धन्य हैं मुनिवर....।"

औमी जी भी खुश हैं, मगर उन्होंने कहा, "डर लगता है भैरवी। एक रात पहले गुज़र चुकी है, जब मैं.....।" मगर उससे अगली रात फिर वही कुछ हुआ था।

"यह उस तरह की रात नहीं प्रभु, मैं जानती हूँ, आज मुझे एहसास होता रहा कि मैं किसी साधारण मनुष्य के साथ नहीं बल्कि महान् तपस्वी के संग हूँ। जब आप नेत्र खोलकर मेरी ओर देखते तो मैं काँप जाती, काम से नहीं, भय से, मुनिवर। आज मुझे आपके नेत्रों में काम के नहीं शिव के दर्शन होते रहे....।"

"फिर भी हम कुछ दिन और देखेंगे....।"

"जो आज्ञा प्रभु....।" भैरवी ने पूरी श्रद्धा से कहा। अजीब हालत है उसकी, वह समझ नहीं पा रही थी कि हँसे या रोये। वह एक ही समय में खुश भी है, उदास भी। मालूम नहीं क्यों?

तीन दिन और तीन रातें और गुज़र गयीं। भैरवी ने सचमुच बेहद ज़ोर लगाया। मगर औमी जी स्थिर रहे। वह उनके शरीर के साथ खेलती, खिलौने की तरह। मगर वह ऐसे होते जैसे कपड़े का गुड्डा हो, कोई बाबा जिसमें ना जान हो न भावना और यह रात भी गुज़र गयी।

सत्रहवाँ दिन है। शुभ प्रभात। अभी वह दरिया वाली कुटिया से लौटे नहीं कि उन दोनों के नामों की जय-जयकार से आकाश गूँज उठा। वह कुटिया से बाहर आये। कितने ही हाथ उन पर फूलों की वर्षा करने लगे। वह हैरान ही खड़े थे कि साईं बाबा ने आकर उनके गले में पुष्प-हार डाले। उन्होंने बाबा के चरण छुये। साईं बाबा ने उन्हें दायें-बायें अपने साथ सटाते हुए कहा, "श्रद्धालुजनों ये दो पाक रूहें हैं जिन्होंने काम जैसे महाबली को जीत लिया है। मैं इन के हर पल का गवाह हूँ कि कैसे इन्होंने इस कठिन मार्ग को पार किया। हम पूरे सत्कार से इन्हें आश्रम में लेकर जायेंगे।"

शोभायात्रा आश्रम पहुँच गयी। भैरवी ने सत्कार के कारण औमी जी के बराबर बैठने से इनकार कर दिया। साईं बाबा से आज्ञा ले, वह उत्सव के प्रबन्ध में जुट गयी। निर्मल जल में इत्र और गुलाब की पत्तियाँ मिलाकर औमी जी को स्नान करवाया गया। मेवे डालकर दूध पिलाया गया। शानदार मंच पर सजाये गये सिंहासन पर औमी जी सुशोभित हैं। हरेक गुणगान कर रहा है। उनके साथ आश्रम की स्तुति हो रही है। श्रद्धालु दौलत के ढेर उनके चरणों में लगा रहे हैं।

यह सब देख अचानक साईं बाब को औमी जी के शब्द याद आते हैं, "मैं औरत, दौलत और शोहरत से दूर रहूँगा।" उनकी मुस्कान गहरी भी हो जाती है और रहस्यमयी भी। उन्होंने धीरे से कहा, "सब माया है।" तभी उन्होंने सुना, भैरवी किसी से कह रही थी, "सब साईं बाबा की कृपा है।" वह असहज हो गये। उन्हें लगा हमेशा भैरवी उनके मन की बात पढ़ लेती है, और कोई नहीं, औमी जी भी नहीं। फिर वह सोचते हैं, उनमें पढ़ने लायक है ही क्या? आश्रम के सबसे सरल और सीधे साधु माने जाते हैं वह। मगर फिर खुद ही सोचते हैं कहीं ऐसा तो नहीं कि सबसे सरल मनुष्य ही सबसे उलझनमय भी होता है। शायद ऐसा ही होता हो।

"हाँ, हाँ, ऐसे ही होगा।" भैरवी ने कहा तो वह सकपका गये।

"क्या। क्या कहा तुमने भरैवी...?"

"देखो प्रभु, सभी लोग औमी जी का चरणामृत चाहते हैं। अब यह तो सम्भव नहीं कि सभी उनके चरण धोयें। मैंने प्रबन्ध कर लिया है, चाँदी के बर्तन का और पाँच कन्याओं का भी।"

"तो फिर?" साईं बाबा सहज हो गये हैं।

"कुछ देवियाँ और साधु कह रहे थे कि कंजकों की उम्र बड़ी है। मगर मैंने कहा, वह कंजकें नहीं...क्वाँरी कन्याएँ हैं। कंजकों से हम चरण स्पर्श नहीं करवाते। मगर यह कन्याएँ मुनिज़ी के चरण धोयेंगी।"

"ठीक है, जैसा तुमने किया।" साईं बाबा कुछ जल्दी में लगे, मानो सारा कुछ जल्दी समेटा जाये।

पवित्र जल आ गया, चाँदी का बर्तन भी। बड़े सलीके से सजी-सँवरी पाँच क्वाँरी कन्याओं ने सारा कुछ सँभाल लिया। सजी हुई कन्याओं को देखकर एक बार तो साईं बाबा भी चौंक गये। उन्होंने गौर से भैरवी की ओर देखा। उनकी मुस्कराहट और भी गहरी हो गयी।

दो कन्याओं ने बड़ी नजाकत से औमी जी के चरणों को पकड़ा। एक ने बड़ी इज्ज़त से नीचे चाँदी का बर्तन रखा। औमी जी बड़े उल्लास में हैं। उनके नाम के भजन गाये जा रहे हैं। लगता है जैसे वह स्वर्ग में आ गये हो। सारे प्रबन्ध को भाग-दौड़ से निभा रही भैरवी की ओर बड़े प्यार से देखते हैं। कन्याओं का सलीका देख वह समझ गये हैं कि यह सब कुछ उन्हें भैरवी ने सिखाया है। निर्मल जल बड़ी नरमी से उनके चरणों पर पड़ रहा है, उससे भी अधिक नम्रता से दो कन्याएँ उनके चरणों को प्यार से धो रही हैं। अचानक मुनिवर की नज़र नीचे की ओर जाती है, झुककर चरण धो रही क्वाँरी कन्याओं के खुले गिरेबान के अन्दर...।

उफ़। यह क्या हो रहा है? काम जैसे महाबली को वश में कर चुके मुनि का जयघोष हो रहा है। मगर उनके मन में क्या होने लगा है। मन में कैसा ज्वारभाटा उठ खड़ा हुआ है। वह कभी नीचे खुले गिरेबान की ओर देखते हैं, कभी सूरज की ओर। मन में उठा ज्वारभाटा शरीर में भरता जा रहा है। बेहद उत्तेजित हो उठे हैं वह...इतने उत्तेजित कि उनकी उत्तेजना से भैरवी परेशान हो गयी है और शायद साईं बाबा भी।

साईं बाबा ने भैरवी की ओर देखा...अर्थ भरपूर निगाह...जैसे कह रहे हों, "इन कन्याओं का चुनाव तुमने क्यों किया भैरवी?"

भैरवी झेंप रही है, तेज़ी से कह रही है, "सूरज परेशान कर रहा है मुनिवर को, ...नेत्रों में चमक पड़ रही है...।"

साईं बाबा सिर हिलाते हुए कहते हैं, "हाँ-हाँ...सूरज...औमी जी देख रहे हैं कि सूरज कब छिपेगा...?"

वह परी कौन है? / *सरूप स्यालवी*

वैदिक काल के विद्धानों ने मनुष्य की अतृप्त भावनाओं की तृप्ति करने के लिए ...देवलोक की रचना की।...लेखकों तथा दुनियादारों की...। देवलोक के स्वादों तथा विवादों के अनुसार, काम, क्रोध, मोह की मानवी प्रवृत्ति वाले देव तथा परियाँ मातृलोक का भ्रमण करते रहते हैं और चमत्कारित ऋषि मुनि, राजा-महाराजा-देह सहित जाकर देवलोक के सुखों-स्वादों का आनन्द प्राप्त कर लेते हैं।

मातृलोक का भ्रमण करते हुए...यम देव तथा यामिनी (मयी) अप्सरा चलते-चलते, पुरातन धर्म तथा संस्कृति वाले देश कम्बोडिया के तांकेऊ प्रान्त में पहुँच गये। तांकेऊ अस्पताल में बीमार पड़े, सत्रह वर्षीय नौजवान सुंग की पूरी तत्परता से देखभाल कर रही नर्स लिली ने...यामिनी अप्सरा का ध्यान अपनी ओर खींचा।...सुंग और लिली की बिल्लौरी आँखें, दोनों की लालिमा भरे चेहरे, एक-से नैन-नक्श.... जैसे कुदरत ने दोनों को एक ही साँचे में ढाला हो। यामिनी अप्सरा उन्हें देख-देखकर खुश हो रही थी।

लिली सुंग की बीमार, बेबस आँखों को अत्यन्त स्नेह भरी नज़रों से देखती.. ..तो सुंग की आधी बीमारी दूर हो जाती।....वह उठने से मजबूर सुंग को, अपनी बाँहों का सहारा देकर बिठाती। लिली के कोमल अंग....कभी सुंग की पीठ को कभी दर्द करती पसलियों को सहला रहे होते तो हाय-हाय करते सुंग की आँखों में चमक आ जाती। और आभार प्रकट करती सुंग की नज़रें लिली की नज़रों से जा मिलती।

हँसते-हँसते लिली के सहारे चलने की कोशिश करते सुंग को मालूम भी ना लगा कि वह कब लिली के प्यार में धँसता गया। थोड़ा-सा ठीक होने पर सुंग को अस्पताल से छुट्टी दे दी गयी। सुंग अब अर्ध बीमारी की हालत में कहाँ जाता। जबकि थोड़े-थोड़े अर्से के बाद उसे अस्पताल आकर चेक करवाने जाना था।.... ऐसी हालत में लिली बिना बताये उसे अपने घर ले गयी। दूर-दराज़ की काम-धाम वाली जगहों पर भटकता सुंग, लिली के घर आकर जैसे स्वर्ग में पहुँच गया हो। जबकि स्वर्ग से मातृलोक में घूमने आयी यामिनी अप्सरा का दिल लिली के प्यार में ग्रसे सुंग को देखकर मचलता रहता, क्योंकि यामिनी अप्सरा के देखते-देखते

लिली का सुंग से प्यार परवान चढ़ गया था। जबकि अल्हड़ यामिनी तो अपन प्यारे यम को मुँह फाड़कर कह भी चुकी थी। और वह घटना यामिनी की आँखों के सामने घूम जाती।

कैलाश पर्वत की रमणीय वादियों में घूमते यामिनी की आँखों में उत्तेजना देखकर यम पीछे रहने लगा। झरने में किसी के छलाँग मारने की आवाज़ आयी। यम ने देखा यामिनी फलों-फूलों से लदी पहाड़ी से गिरकर कल-कल बहते झरने में तैर रही थी। उसके कपड़े झरने के किनारे पर रखे हुए थे। यम सोचता रहा कि यामिनी ने देवताओं, परियों और राजे-रानियों को नदी के किनारों पर जल-क्रीड़ा करते देख लिया होगा। लुक-छिप के जाते भी यम को दरख्तों की टहनियों से दिखाई दे ही गया। यामिनी कभी झरने में उतरी, कभी सीधी तरह से तैरने लगतीं, टाँगों और बाँहों से झाग बनाते पानी को उछाल रही थी। हँस-हँसकर शरारतें कर रही थी। पानी के उल्टे बहाव की ओर तेज़-तेज़ कदमों से चलते यम का दिल किया कि वह भी पहाड़ी के ऊपर जाकर झरने में नहा ले। मगर साथ ही साथ उसके दिल में डर बैठ रहा था कि कहीं वह पहाड़ी की ढलान से गिरकर, झरने के पानी में बहकर नीचे नहा रही यामिनी के पास ही ना पहुँच जाये। उसने कितनी देर से पानी में खेल रही यामिनी को हरियाली भरी पहाड़ी के पीछे छुप रहे सूरज की ओर इशारे करते हुए झरने से बाहर निकलने का वास्ता दिया। यम को जैसे बहाने से जाने की जल्दबाज़ी थी।....उसका दिल ज़ोर-ज़ोर से धड़क रहा था। यामिनी के गले में पड़े लम्बे काले केशों में से बहती पानी की धाराएँ उसकी छाती पर बँधे गीले वस्त्र से निकलकर उसके पेट तथा नाभि की ओर फिसल रही थी। मन ही मन में रोमांचित हो रहा यम सूरज की किरणें पड़ने से यामिनी के सुनहरी बदन पर पड़ती पानी की बूँदों से निकलती सात रंगों की किरणों की ओर टकटकी लगाये देख रहा था। यामिनी ने जैसे सब कुछ भाँप लिया हो। उसने आगे बढ़ते यम को रोक, उसकी आँखों में आँखे डाल कहा,

"अमरत्व प्राप्त देवता....सहवास का सुख प्राप्त करते हैं, जो कि मातृलोक के लोगों के लिए वर्जित है।"

"हमें वह कर्म नहीं करना....जो पहले किया जा चुका है।"

"परम पिता प्रजापति ने हमें गर्भ में ही पति-पत्नी बना दिया। उसके काम में कोई बन्धन नहीं बन सकता। सूरज के नेत्र दिन तथा रात इकट्ठे होकर धरती तथा आकाश की भाँति मिल रहे हैं। मैं तुम्हारे वियोग को सहन नहीं कर सकती। मैं कामाग्नि के कारण ऐसे वचन बोल रही हूँ....तुम मेरे शरीर से....अपने शरीर को जोड़ दे।"

"ईश्वर के गुप्तचर जो धरती पर घूमते रहते हैं....कभी रुकते नहीं, कभी अपनी आँखें बन्द नहीं करते। हे यमी! मैं अपना शरीर तेरे शरीर के संग नही

मिला सकता। जो अपनों के साथ सहवास करता है, लोग उसे पापी कहते हैं। सुन्दरी, तुम मेरे बिना ही आमोद-प्रमोद करो।"

"मुझे दुःख है, तुम बहुत कायर हो। जो बातें तुम कर रहे हो, यह अर्थहीन हैं। यह तुम्हारी कमज़ोरी को ही प्रकट करती हैं। मैं तुम्हें....।"

यम डर गया कि कामान्ध भावनाओं को आहत करने के कारण, गुस्से में लाल-पीली हुई यामिनी उसे शाप दे देगी, जैसे इन्द्र के अखाड़े की परम सुन्दरी उर्वशी अप्सरा ने भी....कामाहत होते हुए शाप दे दिया था।

देवराज इन्द्र ने देखा कि उसके साथ सिंहासन पर बैठे अर्जुन की सम्मोहित निगाहें.....मधुर सगीत की तान पर नृत्य कर रही अप्सराओं में से सबसे हसीन अप्सरा उर्वशी पर पड़ रही हैं। देवराज इन्द्र के इशारे को समझते हुए उर्वशी अप्सरा आधी रात को एकान्त में अर्जुन के पास चली गयी।

मातृलोक के अजित धनुषधारी अर्जुन के कमल-पत्र जैसे चौड़े नेत्र, घुटनों तक लम्बी भुजाएँ, मस्त हाथी-सी चाल....उर्वशी तो पहले ही अर्जुन पर मोहित हो गयी थी।

उर्वशी के आते ही, अर्जुन का कमरा दूधिया रोशनी से भर गया और चारों ओर सुगन्ध फैल गयी। अर्धनग्न अवस्था में खड़ी उर्वशी अप्सरा आँखे मटकाते तथा मन्द-मन्द मुस्कराते खड़ी अर्जुन की ओर देखती रही।

अर्जुन का ठंडा रवैया देखकर उर्वशी सोचने लगी कि मातृलोक के वासी तो इन्द्र के अखाड़े की अप्सराओं को याद करते ही रोमांचित हो जाते हैं। उनके किस्से सुनाते हैं....हूर-परियों को ब्याह के लिजाने के गीत गाते हैं, मगर अर्जुन कैसा व्यक्ति है, जो इन्द्र के अखाड़े की परमसुन्दरी उर्वशी को अपने सामने प्रत्यक्ष खड़े देखकर भी भोग के लिए विचलित नहीं हो रहा, बल्कि नज़रें झुकाये बैठा है। उर्वशी ने अर्जुन का डर दूर करने के लिए कहा, "हे अर्जुन! सतियुग से लेकर अब तक तुम्हारे पूर्वज देवलोक में आते रहे हैं और मेरे सहित अन्य अप्सराओं के साथ सहवास करते रहे। अप्सरा के साथ सहवास ही....देवलोक का सबसे बड़ा सुख है।"

मगर अर्जुन हाथ जोड़े बैठा रहा। "हे देवी....पूर्वजों के सहवास करने के कारण ही....मैंने आपकी ओर माता भाव से देखा था। मुझे माफ कर दीजिए और अपने स्थान पर चली जायें।"

देवलोक की सबसे गरूर भरी उर्वशी अपनी कामान्ध भावनाओं को ठेस पहुँचाये जाने पर....आपे से बाहर होते हुए बोली "हे अर्जुन....तुम मेरी नृत्य मुद्राओं पर मोहित होकर....काम....भावनाओं से सराबोर होकर....मेरे अर्धनग्न शरीर को काम भरपूर नज़रों से देखता रहा। मगर अब जब मैं तुम्हारे पास आयी हूँ तो तुम तरह-तरह से बहाने बना रहे हो।"

"हे अर्जुन....तुम मेरा अपमान कर रहे हो....तुम योद्धा नहीं....कायर हो। तुम्हें अपनी भुजाओं के बल पर ही भरोसा नहीं! तभी तो तुम शिवपुरी, ब्रह्मपुरी... .जाकर तपस्या कर शस्त्रविद्या प्राप्त कर रहे हो।"

दिव्य दृष्टि वाली उर्वशी अप्सरा ने अत्यन्त आक्रोश भरे शब्दों में कहा, "हे अर्जुन।....वैसे भी तो तुम मोहवश कायरता दिखाते....,पुत्रों, भाइयों और संगे-सम्बन्धियों के जंग में मारे जाने से डरते हुए....महाभारत का युद्ध शुरू होने से पहले ही....धनुषबाण फेंककर मूर्च्छित होकर गिरना ही है....अर्थात् क्षत्रियों वाले अपने युद्ध-कार्य के फ़र्ज से भागकर हिजड़ो वाला काम करना ही है।....लो मैं तुम्हें अभी ही हिजड़ा बनने का शाप देती हूँ।"

शाप देते ही, अत्यन्त दुःखी मन से अप्सरा उर्वशी अपने कक्ष में चली गयी।

....अर्जुन को शाप देने पर....ऋषि-मुनि तो क्या देवी-देवते भी अचम्भित हो गये। महाभारत के रचनाकार मुनि वेद व्यास को बहुत बड़ा धक्का लगा। "हैं.... महाभारत का नायक हिजड़ा बन गया।" पाण्डवों को लाख के घर में जलाने की साजिश, पाण्डवों का राज्य कपट से जुएँ में जीतना, द्रौपदी को भरी सभा में नग्न करने की कोशिश....घोर अन्याय और मुनि वेद व्यास....कौरवों द्वारा किये जा रहे. ...कपट, साजिशों तथा अत्याचारों का बदला ले सकने वाले ऊँचे चरित्र के मालिक, अजित धनुषधारी, महाभारत के नायक अर्जुन का बड़ी लगन से चरित्र चित्रण कर रहा था। उस रचनाकार की क्या अवस्था रही होगी। जिसके द्वारा रची जा रही रचना का नायक ही 'हिजड़ा' बन गया हो। और अर्जुन को 'हिजड़ा' लिखने से पहले ही मुनि के भोज-पत्रों पर स्याही गिर गयी और मुनि वेद व्यास जी ....लिखे जा रहे भोजपत्रों पर ही मूर्च्छित होकर औंधे मुँह गिर पड़े। देवराज इन्द्र का सिंहासन डोल गया।

देवराज इन्द्र ने उर्वशी से अर्जुन को दिये शाप को वापस लेने को कहा, जिसे सुनकर वह सकते में आ गयी। उसने कहा, "हे देवराज इन्द्र....मैं भी सौन्दर्य देव. ...कामदेव की उपासक....कामेश्वेरी हूँ, मेरा शाप व्यर्थ नहीं जा सकता। अर्जुन को कम से कम एक वर्ष के लिए तो हिजड़ा बनकर रहना ही पड़ेगा.... ।" और अर्जुन को वह शाप भोगना ही पड़ा।

उर्वशी के दिये....महाभारत के नायक अर्जुन द्वारा हिजड़ा बनकर भोगे शाप को याद करते ही यम घबरा गया। और अब यामिनी अप्सरा की क्रोध भरी आँखों की ओर देखते हुए डरता खड़ा था। यामिनी अप्सरा बोली, "हे यमदेव....अर्जुन द्वारा कामान्ध उर्वशी को आहत करने की तरह, तुम भी मेरी काम-भावनाओं को आहत किया है। इसलिए मैं भी तुम्हें शाप देती हूँ कि....तुम भी विवाह नहीं करवा पाओगे। मैं भी किसी और से सम्बन्ध नहीं बनाऊँगी। परन्तु जब भी तुझे मातृलोक में ऐसे सम्बन्ध जुड़ते नज़र आयेंगे....तुम्हें मेरी बात माननी ही पड़ेगी।"

यामिनी के शाप से यम घबरा गया। परन्तु अगले पल उसने सोचा कि कल को बचपन के सम्बन्धों वाली भावनाएँ भारी होते ही यामिनी अपना शाप वापस ले लेगी। परन्तु युवती हुई यामिनी के मन पर अब....जन्म के सम्बन्धों की बजाय जवानी के सम्बन्धों की भावनायें हावी होने लगी थीं। इसलिए यामिनी अल्हड़पन में की गयी ज़िद पर अड़ी रही.... और यम को लेकर मातृलोक में घूमती रही।

"आहा....।" यामिनी की खुशी का ठिकाना न रहा।

अब सुंग और लिली ने विवाह करवा लिया था। उनके घर में अदृश्य घूमती यामिनी अप्सरा....सुंग तथा लिली की प्रेम क्रीड़ा देखते ही वह स्वयं उत्तेजित हो जाती और कई बार लिली की गैर हाज़िरी में सोचती कि वह खुद भी सुंग संग लिली के रुप में प्रेम क्रीड़ा करे। परन्तु फिर वह सोचती कि लिली के आने पर भेद खुलने पर सुंग बेचारा डर जायेगा। सुंग और लिली सहमे हुए सयानों के चक्कर में पड़ जायेंगे कि लिली की गैरहाज़िरी में कोई ऊपरी शै सुंग के पास आती है। यामिनी हँसी, "वे मुझे परी नहीं, भूतनी समझेंगे....।" फिर वह डर गयी कि कहीं वह ऊँचा न हँस दे, बेचारे डर जायेंगे....ये कौन हँस रहा है, घर में तो उन दोनों के अलावा और कोई है नहीं, क्योंकि यामिनी चाहती थी कि सुंग और लिली डरें या बिछुड़े ना बल्कि यामिनी तो यह देखने के लिए उतावली थी.... जितनी जल्दी हो सके तो भेद खुले.... ताकि यह यम को दिखा दे कि यह देखो कि मातृलोक में भी।

अन्त में यामिनी की इच्छा पूरी हुई।....सुंग की विनती और....बिछुड़ों को मिलाने वाली संस्था.... "कुलैक्ट सेफ ऑफ पीपुलज़ (सी.एस.पी.) ने उसे उसकी माँ को ढूँढ़कर मिलवा दिया था। उन्नीस सौ पचहत्तर में खमेर रूज़ के सैनिकों द्वारा....कम्बोडिया में की गयी लूट-मार, मार-धाड़, कत्लोगारत और रेप-बलात्कारों के कारण सुंग का परिवार खंड-खंड हो गया था, बिछड़ गया था....और सुंग ने अपनी माँ को मरा हुआ समझ लिया था। सुंग अपने गाँव नेमपों से आकर बता रहा था कि वह अपनी सत्तर वर्षीय माँ, थियसोन से मिलकर आँखे भर आयी थीं और वह कितनी देर तक एक-दूसरे के गले लगकर ज़ारों-ज़ार रोते रहे और फिर परिवार के बिछुड़े जीवों की बातें करते रहे।

लिली की सुरति भी....जैसे गाँव की गलियों के मीड, घरों के आँगन में सुंग द्वारा की जाती बातों के साथ-साथ घूमती रही। वह गाँव में जीवित आदमियों को मिलने की, खुशी की बातें सुन....सुंग साथ हँसने लगती।....सुंग के गाँव के खमेर रूज़ के सैनिकों की ओर से किये गये हमले, मार-धाड़ और लूट-मार आदि में मारे गये आदमियों के बारे में बातें सुनते हुए, सुंग के रोने के साथ-साथ वह भी रोने लगती। यह सब उससे खुद-ब-खुद हो रहा था। उसका खुद पर वश नहीं था। वह अन्दर से बिल्कुल टूट चुकी थी।

लिली तब आठ वर्ष की थी। उसे सुंग से तीन वर्ष बड़ी होने के कारण थोड़ी समझ भी थी। लिली की बहनों की इज्ज़त बचाते-बचाते उसके बाप को दंगाइयों ने कत्ल कर दिया था। वह यह सोच....काँप गयी कि कैसे सैनिक उसकी आँखों के सामने, उसकी बड़ी बहनों प्रोमा और बोफा को खींचते....घसीटते....उनके रोते-कराहते, मिन्नतें करते के कपड़े फाड़कर ज़ोर ज़बर्दस्ती से बलात्कार करते रहे और फिर सैनिक नौजवान लड़कियों के साथ-साथ बच्चियों को भी फ़ौजी ट्रकों में भरकर ले गये थे। लिली को जब होश आया तो वह तांमेऊ शहर में एक वृद्ध दम्पती के पास थी। वृद्ध दम्पती भी चार-पाँच वर्ष बाद गुज़र गये। अच्छी किस्मत से तांमेऊ अस्पताल में नर्स की ट्रेनिंग दे....नौकरी पर रख लिया गया।

तब लिली बच्ची थी। अब समझदार होने के कारण उसकी बहनों प्रोमा तथा बोफा के हुए बलात्कार तथा कत्ल उसे अत्यन्त दुःख पहुँचा रहे थे। वह ज़ारो-ज़ार रो रही थी, जैसे अभी भी उसके सामने उसकी बड़ी बहनों के बलात्कार तथा कत्ल किये जा रहे हों। वे घटनाएँ उसे अब और भी ज्यादा तकलीफ़ दे रही थीं। उसे फ़ौजी ट्रक में फेंकने के बाद....कितने समय तक अस्पताल में इलाज किया जाता रहा। यह सोचते वह भयभीत हो जाती कि बेहोशी की हालत में फ़ौजी उसके मासूम बदन के साथ...पता नहीं क्या-क्या दुर्व्यवहार करते रहे होंगे। उसे लगा जैसे उसके साथ तब से अब तक बलात्कार ही होता रहा हो।....यह सोच वह काँप गयी जैसे उसके पुत्र तांकू ....उसके साथ किये बलात्कारों का ही फल हो। उसे लगा जैसे उससे बलात्कार करने वाला सुंग....साक्षात् उसके सामने बैठा है। सुंग की ओर देखते हुए वह झेंप गयी। अभी-अभी वह सुंग के साथ हँस-हँसकर दोहरी हो रही थी। यदि सुंग उसे इस प्रकार हँसते देखा फिर उसके साथ बलात्कार कर लेगा। वह डर गयी....कहीं भावपूर्ण नज़रों से देखते हुए सुंग उसके नज़दीक आ, उससे फिर बलात्कार न करने लगे। इस डर से भागकर वह बाथरूम में जा घुसी और अन्दर से चिटकनी लगाकर बैठ गयी।

बाथरूम में रोते-पीटते वह सोचने लगी जैसे फ़ौज़ियों ने उसकी बहनों के साथ बलात्कार करने के बाद उनके जननांगों को काट दिया था, अच्छा होता सुंग भी उसके साथ ऐसा ही करता, फिर उसका पाप-कर्म, उसका पुत्र तांकू पैदा न होता। अन्दर बाथरुम में वह सिसकियाँ ले-ले रो रही थी, बाहर उसके पुत्र तांकू ने रो-रोकर बुरा हाल कर लिया था। दुःखी हो सुंग ....बाथरूम का दरवाज़ा खटखटाते हुए थक गया था। जब लिली ने दरवाज़ा न खोला तो सुंग ने दरवाज़े को ज़ोर-ज़ोर से धक्का मारा। चिटकनी टूटकर जा गिरी। सुंग ने अन्दर जाकर देखा....लिली बेहोश पड़ी थी।

सुंग लिली को उठाकर बाहर लाया। होश में आते ही वह तांकू पर झपट पड़ी। यदि सुंग उसे भागकर न पकड़ता तो वह तांकू का गला घोंट उसे मार देती।

फिर हाल-बेहाल हुई लिली....अपनी छातियां नंगी कर....चाकू उठाये घूमती रहती। सुंग कभी लिली के हाथ से चाकू छीनता....कही वह तांकू को मार न दे। लिली के सिर पर कोई भूत सवार हो गया या वह पागल हो गयी। जब लिली को सँभालते-सँभालते भी वह बेकाबू होती गयी तो सुंग ने उसे ज़बर्दस्ती खींचकर बिस्तर पर डाला और उसे बेहोशी का टीका लगा दिया।

बिलखते तांकू को....सुंग ने गहरी खुमारी में पड़ी लिली की कमीज़ खोल, उसकी छाती से लगा दिया। कब से भूखा बच्चा लिली की छाती को हड़बड़ाहट से चूसने लगा। सुंग ने तांकू को इतना मस्त होकर दूध पीते कभी नहीं देखा था। मगर लिली कभी तांकू का हाथ झटक रही थी, कभी उसे थप्पड़ मार रही थी।

होश में आने पर लिली....फिर तांकू को गले से पकड़ने लगी। तंग आकर सुंग ने लिली के हाथ-पैर पलँग से बाँध दिये। सुंग तांऊ अस्पताल में लैब अटैंडेंट की नौकरी करते....लिली को बैंड से बँधे देखता रहता। तांकू, माँ का दूध पीता और उसकी छातियों से खेलते हुए उसकी छाती पर ही सो गया। सुंग ने तांकू को उठा बगल के कमरे में अपने बेड पर सुला दिया।

सुंग गहरी नींद में उतरी लिली....उसके सीने के उभारों को देखता रहा। उसके मन में उथल-पुथल होने लगी....आखिर है तो उसकी पत्नी....क्या हुआ अगर बेहोश है और बँधी हुई है। मगर लाश बनी लिली क़ो देखते ही....अपने इस विचार के प्रति मन गलाजत से भर गया.....जैसे पशुओं के अस्पताल में लेडी डॉक्टर को पशु अस्पताल में....शिकंजे में जकड़ी गाय-भैंस को पाईप द्वारा सीमन चढ़ाते देख....उसका मन गलाजत से भर जाया करता था। वह जल्दी ही इस पशुमयी कार्य से ऊब गया। उसने लिली के बन्धन खोल दिये। उसे अच्छी तरह से कम्बल ओढ़ा कर, वह अपने कमरे में जा लेटा।

यामिनी अप्सरा....सब कुछ घटते देख अचम्भित होती रही। एक बार तो अदृश्य घूमती यामिनी अप्सरा के दिल में आया कि सुंग के साथ वह सबसे सुन्दर लड़की के रूप में सोकर....उसे तनावमुक्त कर दे। फिर उसने सोचा कि असल में तनावग्रस्त तो लिली है और लिली को तनाव दूर करने के लिए....उसके पास कोई हल नहीं था।

दूसरे दिन कभी तांकू को मारने के लिए भागती....कभी अपनी छातियों तथा जननांग को काटने के लिए चाकू/छुरा ढूँढ़ती लिली को तांकेऊ अस्पताल में मानसिक रोगियों के वार्ड में दाखिल करवाकर....सुंग, तांकू को अपने गाँव जाकर. ...अपनी सत्तर वर्षीय बूढ़ी माँ के पास छोड़ आया।

अस्पताल में लिली के दिमाग में बिजली के झटके लगाये जाते....। नशीली दवाइयाँ दी जातीं और वह बेसुध पड़ी रहती। काफी समय तक अस्पताल में रहकर लिली की हालत सुधरने लगी थी। मगर जब सुंग उसके सामने आ जाता....उसे

पागलपल का दौरा पड़ जाता। डॉक्टरों को लिली की बीमारी समझ में आ गयी थी। डॉक्टरों के कई दिनों तक समझाते रहने पर लिली इस शर्त पर घर जाने के लिए तैयार हुई कि सुंग उसके नज़दीक नहीं आयेगा। दूसरे कमरे में रहेगा।

एक दिन सुंग ने देखा....लिली अखबार में पढ़ते-पढ़ते स्वयं ही बोलने लगी थी,

"सुनिधि की भाभी की बच्चेदानी में खराबी होने के कारण....विवाह के बारह वर्षों बाद भी, उसका भाई बच्चे की किलकारी सुनने को तरसता रहा था। सुनिधि के भाई-भाभी का इलाज कर रही, इन्दौर की डॉ. शेफाली ने बताया कि, "अब इसके सिवा और कोई चारा नहीं कि सुनिधि के भाई के वीर्य के शुक्राणु और भाभी की कोख में अंडे से तैयार किये भ्रूण की कोई अन्य स्त्री अपनी कोख में रख कर बच्चा पैदा कर दे। मगर इस तरह से बच्चे को जन्म देने के लिए कोई भी स्त्री तैयार नहीं हो रही थी। जब सुनिधि से अपने भाई-भाभी की तकलीफ देखी न गयी तो वह कम्प्यूटर-कोर्स अधूरा छोड़....दिल कड़ा कर....अपने भाई के बच्चे के लिए 'सेरोगेट मदर' बनने का फैसला कर लिया। उसने उस तैयार भ्रूण को अपने गर्भ में बड़ा किया और नौ महीने बाद एक स्वस्थ बच्चे को जन्म दिया।"

सुंग ने समझा नशे की दवाइयाँ खांने के कारण लिली काफी अपसेट हो गयी है। लिली लगातार बोलती नजर आ रही थी, "भाई के बच्चे के लिए बहन सेरोगेट मदर.... ।"

लिली के दिमाग को झटका-सा लगा। हे भगवान् यदि कुदरत ने उसे अपने ही भाई के बच्चे की माँ ही बनाना था...तो वह भी सुनिधि की तरह....अपने भाई सुंग के बच्चे की 'सेरोगेट मदर' बन जाती। फिर लिली सोचने लगी, यदि सुनिधि की भाभी की कोख के साथ-साथ उसके 'ऐग' भी नुक्सदार होते तो क्या सुनिधि अपने भाई के बच्चे के लिए अपने गर्भ के 'ऐग' भी दे देती? जिस सुनिधि ने अपने कॅरियर की परवाह न कर भाई के बच्चे के लिए सेरोगेट मदर बनना स्वीकार कर लिया, वह कुछ भी कर सकती थी। तो क्या भाई के वीर्य और बहन के 'ऐग' से तैयार हुआ भ्रूण सुनिधि की कोख में पलता? लिली के मन से आवाज़ आयी, "शायद हाँ।" और अगर उस बच्चे को जन्म दे जब सुनिधि इतनी खुशी महसूस कर रही है तो स्वयं लिली....? जो कुछ भी हुआ....इसमें सुंग का क्या कसूर है? और फिर वह कब तक अपने भाई सुंग से यह भेद छुपाकर रख सकेगी? लिली का मन बेचैन होने लगा....क्यों न वह सुंग को सब कुछ बता दे।

लिली के दिमाग से....बचपन की यादें ताजा होने लगीं। यादों के साथ-साथ उसके चेहरे के भाव भी लगातार बदलते जा रहे थे। कभी उसके चेहरे पर मुस्कान आ जाती....कभी उसका चेहरा गम्भीर हो जाता। बगल के कमरे में बैठी सुंग उसके चेहरे के बदलते हाव-भाव देखता जा रहा था। उसे खुशी हुई कि लिली अब ठीक होने लगी है।

लिली....सुंग को बचपन की कोई घटना बताकर अचम्भित करना चाहती थी। मगर नशे की दवा लेने के कारण उस पर बेसुधी-सी तारी होती जा रही थी। इसलिए उसे जल्दी-जल्दी में कोई भी घटना याद नहीं आ रही थी। फिर उसे एक घटना याद आ गयी....बचपन में लिली और सुंग शर्त लगाते कि देखें...,किसके शरीर पर कितने तिल ज्यादा हैं? टाँगों, बाँहों और गर्दन के तिल दिखाकर, सुंग निकर ऊपर कर अपनी जाँघ का तिल दिखाता। लिली झट अपनी फ्राक खोल सीने के मध्य वाला तिल दिखाती। दवा लेने के कारण लिली नशे में ही शीशे के सामने अपनी ब्रा को ऊपर कर छातियों के मध्य वाले तिल की पुष्टि करनी चाही, क्योंकि उसने सुना था कि शरीर के तिल स्वयं बनते-मिटते रहते हैं।

और लिली उसी हालत में सुंग को वह तिल दिखाने चल दी। वह सुंग से पूछना चाहती थी, "सुंग बताओ तो भला....यह तिल दिखाकर, कौन तुमसे शर्त जीता करता था।" और जब सुंग को याद आ जायेगा तो वह बचपन से बिछुड़े भाई....सुंग के गले लगकर....जी भरकर रोयेगी और उसका मन हल्का हो जायेगा।

मगर जब लिली....सुंग के पास जाकर....खुशी-खुशी उसे अपना सीने के मध्य तिल दिखाने लगी तो सुंग ने उसे कुछ भी बोलने से पहले, उसे इतना खुश देख.....तुरन्त बाँहों में भर लिया....मगर वह सुंग की बाँहों में बेहोश हो नीचे गिर पड़ी।....सुंग उसे उठाकर....उसके कमरे में, बेड पर लिटा आया।

लिली की हालत....सुंग की समझ से बाहर थी। वह रोने लगा। जब नहा-धोकर वह बाथरूम से निकला तो देखकर हैरान रह गया कि लिली उसके कमरे में....पूरे हार-शृंगार कर निखरी बैठी है। जैसे कोई परी आकाश से उतर लिली का रूप धारण कर आ गयी है। मगर जब सुंग अपने कमरे में गया....तो बगल के कमरे में कराहने की आवाज़ आयी। सुंग ने खिड़की में से देखा, लिली तो बिस्तरे पर पड़ी है। सुंग चकित होकर बोला, "हैं....फिर मेरे बिस्तर पर जो बैठी है, 'वह परी कौन है?" सुंग ने पलटकर बिस्तर की ओर देखा वहाँ कोई नहीं था।

दैवी आहट हुई। यम देव ने प्रवेश किया। बहन यामिनी अप्सरा और भाई यमदेव....दोनों एक-साथ आगे चल दिये...और दुनिया देखने के लिए.....।

तू कौन है? / *वीना वर्मा*

हवाई जहाज़ अपनी पूरी रफ्तार से आकाश को छूता हुआ उड़ रहा था। लन्दन से टोरंटो की फ्लाईट। इंग्लैंड से कनाडा तक का लम्बा सफर। आधे मुसाफिर थककर सो गये थे या ऊँघ रहे थे। एक-दूसरे के कन्धों पर सिर दिये या तंग सीटों पर बैठे ही वे इधर-उधर झूल रहे थे। जहाज़ का पायलेट रास्ते में आने वाली खास जगहों के बारे में मुसाफिरों को सचेत कर देता था कि अब जहाज़ कहाँ से गुज़र रहा है किस मुल्क की राजधानी है या धरती का कौन-सा हिस्सा है, जिसे बगैर छुये ही जहाज़ आगे बढ़ रहा था और उत्सुक हुए कई मुसाफिर अपनी सीटें छोड़ बाहर देखने लगते।

मगर किरन के लिए यह कोई नयी बात नहीं थी। जहाज़ों में सफर करना उसका रोज़ का ही काम था। अपने बेटे बनी को गोद में सुलाये वह निश्चल बैठी थी कि कहीं हिलने-डुलने से उसकी आँख न खुल जाये।

"कितना प्यारा है बनी....।" उसने खुद से कहा। माथा, आँखें और बाल भूरे घुँघराले, एकदम पापा जैसे और नाक, होंठ और ठुड्डी अपनी माँ जैसी। जैसे कुदरत ने दो रंग मिलाकर यह तस्वीर बनायी थी। दस वर्षों का बनी था, मगर समझ बड़े आदमी जैसी। इतनी छोटी उम्र में ही कितना सयाना हो गया था वह। पिछले दो वर्षों से बोर्डिंग स्कूल में है। कभी-कभी छुट्टियों में घर आता है वह और कितना कम समय होता है दोनों के पास एक-दूसरे के साथ बिताने के लिए। किरन की कोशिश होती है कि अपने बेटे को ढेर सारा प्यार और आराम दे। बनी को साल में दो बार 'हाली डे' पर लेकर जाना, फुटबाल मैच और उसकी पसन्द का सिनेमाघर में फिल्में दिखाना, स्वीमिंग पुल, स्पोर्ट्स सेंट्रर जाना और भी बहुत कुछ ...जो वह कर सकती करती ताकि बनी उदास न हो, उसे कोई कमी महसूस न हो। वह माँ-बाप दोनों का प्यार बनी को देना चाहती थी।

सिंगल मदर थी वह। हर तरीके से अपने बच्चे का खयाल रखना उसकी जिम्मेवारी थी। मगर बनी भी कमाल का बच्चा था, उसने किसी भी चीज़ के लिए माँ को तंग नहीं किया था। आम बच्चे की तरह कभी ज़िद नहीं करता था और वह ही माँ को उदास देख सकता था। जब कभी वह उदास हो जाती तो बहुत

छोटी-छोटी बातें कर उसे हँसाने की कोशिश करता। यदि बात न बनती तो घर के कामों में उसकी मदद करता।

किरन के लिए सभी कुछ बनी था। दो जहान की खुशियाँ, उसका अकेला बच्चा। उसे कोई कमी थी भी नहीं। अमेरिकन कम्पनी में फर्स्ट क्लास नौकरी, मार्केटिंग मैनेजर की। फर्स्ट क्लास घर और कम्पनी की ओर से एयरकंडीशन कार और बनी जैसे प्यारा बच्चा। किरन हर ओर से खुश थीं सिर्फ एक पति नहीं था उसके पास जो यूरोप की अधिकतर औरतों के पास नहीं होता। पति की उसे ज़रूरत थी भी नहीं, मगर बनी के लिए बाप का स्थान खाली था। उसकी लाख कोशिशों के बावजूद बनी कई बार उदास हो जाता था। खास कर जब बनी के स्कूल में पैरेंट्स डे या छुट्टियों के समय वह उसे स्कूल लेने या छोड़ने अकेली ही जाती। क्रिसमस तथा जन्मदिन जैसे मौकों पर जब बनी की उम्र के बच्चे अपने माँ-बाप के साथ आते और वह अकेली होती। वह भी उससे कुछ कहता नहीं था, मगर कई बार खामोशी भी बोलती है और इसका असर कहने से अधिक होता है।

इसीलिए किरन ने कभी बनी को उसके पापा से मिलने से नहीं रोका था। बनी का बाप विनोद, जो कभी किरन का कानूनी पति था, जो अब किसी अन्य औरत का धर्मपति है और शायद उसके दो-तीन बच्चों का बाप भी। मगर किरन ने फिर से शादी न की। अपना सारा ध्यान उसने अपने कॅरियर तथा बेटे की ओर लगा दिया और पीछे की ओर मुड़कर भी न देखा। कितना हंगामा हुआ, कितनी बदनामी हुई और कितना कुछ टूटा-जुड़ा, सब पर एक ही बार मिट्टी डाल उसने अपना नया जीवन शुरू कर लिया था। इस नवजीवन के निर्माण में उसके बेटे ने उसका पूरा साथ दिया था, जैसे वह उसका पुत्र नहीं उसका दोस्त हो।

बनी बोर्डिंग से जब भी घर आता, माँ से लिपटकर ही सोता, जैसे वह उसे छोड़कर भाग न जाये। बेशक घर में बनी का रूम अलग था मगर वह कभी अलग नहीं सोया था। उसके बोर्डिंग स्कूल जाने के बाद भी किरन उसके कमरे को सजा-सँवारकर रखती। मगर एक काम बनी खुद करता था, वह था किरन और विनोद की एक साथ की तस्वीर को साफ करना, जो बनी ने अपने सिरहाने रखी हुई थी। दिल से किरन नहीं चाहती थी कि विनोद की कोई भी तस्वीर उसके घर में कहीं पड़ी हो। मगर बनी ने एक दिन उसके विवाह की एलबम में से यह तस्वीर निकालकर अपने कमरे में रख ली थी। किरन हैरान रह गयी थी, जब उसने होस्टल वाले कमरे में उसने दीवार पर अपनी और विनोद की तस्वीर का बड़ा सारा पोस्टर लगा देखा, जो शायद बनी ने स्वयं अपने हाथों से बनाया था।

किरन के दिल पर जैसे छुरी-सी चल गयी थी। विनोद के साथ अपनी कई पुरानी तस्वीरें निकालकर उसने फ्रेमों से जड़वा दी। बनी बहुत खुश हुआ। दो-तीन तस्वीरें वह साथ ले गया। किरन ने उसकी किसी भी बात में दखल न दिया। उस

दिन के बाद बनी अपने रूम में पड़ी अपने मम्मी-पापा की तस्वीर को घर आने-जाने पर अवश्य चूमता था।

सारा घर जैसे बनी के लिए ही बना था। चार बेडरूम का खुला-बड़ा घर। पीछे सौ फीट का गार्डन और आगे कार पार्क करने के लिए गैरेज। हीथरो हवाई अड्डे से ज्यादा दूर नहीं था किरन का घर। गोरों के रहने वाला इलाका, साफ-सुथरा और महँगा एरिया। वेस्ट लन्दन में काम करते हुए किरन को यह घर एकदम सही बैठता था। उसे नौकरी के सिलसिले में या बनी के साथ हॉलीडे पर जाते समय कई-कई दिनों तक बाहर रहना पड़ता था। बेशक घर में सिक्योरिटी अलार्म वगैरह लगे हुए थे, मगर फिर भी वह घर, अकेला न छोड़ने के डर से एक रूम हमेशा किराये पर देकर रखती। कोई कपल, स्टूडेंट या सिंगल लेडी हमेशा उसके घर में रहती थी। ऐसी हालत में घर से बाहर रहने पर किरन को एक बेफ्रिकी-सी रहती थी कि पीछे घर में कोई है।

एस्टेट एजेंसी को फोन कर उसने अपनी समस्या समझा दी थी कि उसे पैसों की नहीं बल्कि किसी शरीफ तथा जिम्मेवार किरायेदार की ज़रूरत है, जो उसकी गैर-हाज़िरी में उसका घर सँभाल सके। एस्टेट एजेंट ने उसे कई बढ़िया किरायेदार ढूँढ़कर दिये थे। किरन को किरायेदारों से कभी कोई प्रॉबलम नहीं आयी थी।

मगर इस बार वह अपसेट हो गयी थी, नये किरायेदार को देखकर। वह एकदम उजड्ड किस्म का लगा। किरन को वह पसन्द नहीं आया था। वह उसके स्तर का आदमी नहीं था। लेबर टाईप, बेसलीके कपड़े, मोटे जूते और शरीर से आती मज़दूरों जैसी दुर्गन्ध। उसे मितली-सी होने लगी थी, जब वह सिटिंग रूम में उसके पास सोफे पर आकर बैठा था।

"आप सोच लें, मैं भी देखती हूँ।" किरन ने उसे रूम दिखाने के बाद पीछा छुड़ाने के लिए कहा।

"सोचना क्या है ये पकड़ो पैसे—रूम मुझे पसन्द है।" इतना कह उसने पचास-पचास के पौंड निकाल मेज़ पर रख दिये।

"यह क्या....।" वह घबरायी।

"एक महीने का एडवांस किराया। मैं महीने की पहली तारीख को तुझे किराया दे दिया करूँगा....। मैं पैसे के लिए शोर नहीं मचाता कभी....।" उसने पर्स अपनी जीन की ज़ेब में डालते हुए कहा।

"वॉट....?" आज तक उसे कभी किसी ने तू कहकर नही बुलाया था। सभी उसे 'किरन जी' कहकर बुलाते थे। और ना ही आज तक उसने किसी मर्द से इस प्रकार पैसे पकड़े थे, इसलिए वह थोड़ी झिझक-सी गयी।

"बस चाबी मुझे दे दे। मैं तो कल को मूव करूँगा।" वह उठकर खड़ा हो गया।

चाहते हुए भी किरन कुछ न कह सकी। अनमने ढंग से उसे चाबी दे दी। वह उठकर जाने लगा तो किरन ने पूछा,

"वटस यूअर नेम प्लीज़....?"

"सुखपाल....। मेरा मोबाइल नम्बर भी नोट कर ले....।" वह खुरदरी आवाज़ में बोला।

किरन ने नम्बर नोट किया और उसे दरवाज़े तक छोड़ आयी।

"स्टूपिट....।" वह बुदबुदाई और सोचा पहले एस्टेट एजेंट से फोन कर पूछे कि यह क्या नमूना भेजा है। पिछले तीनो महीनों से वह किरायेदार के लिए पूछ रही थी, मगर उसकी पसन्द का कोई मिल नहीं रहा था। बनी की छुट्टियाँ नज़दीक आ रही थीं। खाली घर छोड़कर वह चार हफ्ते के लिए बाहर नहीं जा सकती थी, इसलिए खामोश रह गयी। सोचा, जब वापस आयेगी तो पहले इस बेहूदा किरायेदार को बाहर निकालेगी। उसका मोबाइल नम्बर उसने गुस्से से अलमारी के ड्राअर में फेंक दिया।

अगले दिन ही सुखपाल शाम को उसके आने से पहले ही घर आ गया था। अन्दर घुसते ही मिट्टी से भरे उसके बड़े जूते किरन को नज़र आये। बाथरूम में गयी तो सारे फ्लोर पर पानी के छींटे पड़े हुए थे, जैसे आदमी नहीं किसी भैंस को नहलाया हो।

"माई गॉड....। इसे यह सब समझाना पड़ेगा।" वह बुदबुदाई।

बाथरूम साफ कर वह ऊपर अपने बेडरूम में चली गयी। काफी देर तक जागती रही, मगर वह वापस न लौटा। कई दिनों तक उसने फिर अपनी शक्ल न दिखायी। वह कहाँ जाता था, क्या काम करता था, कितने बजे घर लौटता था, इसकी कोई जानकारी किरन को नहीं थी। जब हॉलीडे पर जाने में सिर्फ दो दिन बाकी रह गये और किरायेदार नज़र न आया तो किरन को फ़िक्र होने लगी कि कम से कम जाने से पहले वह उसे बता तो दे। उसने उसका मोबाइल नम्बर निकाला।

"हैलो डार्लिंग....।" काफी देर बाद किसी ने फोन उठाया।

"हैलो....मैं किरन बोल रही हूँ।" वह खुश्क आवाज़ में बोली।

"कौन....।" आगे से किसी ने पूछा।

"किरन सग्गी। आपकी लैंडलेडी....।" उसने खीझकर कहा।

"ओह, सॉरी।" सुखपाल सँभला।

"घर कितने बजे आते हैं आप....।" किरन ने पूछा।

"मेरा कोई निश्चित समय नहीं....।" सुखपाल का जवाब था।

"मैं दो दिनों बाद कनाडा जा रही हूँ, जाने से पहले आपसे ज़रूरी बात करनी है।" किरन ने जैसे आदेश दिया।

"मैं आया अभी आधे घंटे में....।" कह, उसने फोन बन्द कर दिया।

ठीक आधे घंटे बाद वह घर आ गया। किरन सिटिंग रुम में ही थी। गन्दे जूते ले वह नये कारपेट पर पैर रखते उसकी बगल वाली कुर्सी पर आ बैठा, कोई सवाल बनकर।

" मैं अपने बेटे के साथ परसों कनाडा जा रही हूँ, फोर वीक्स के लिए। आपको समय पर घर आना होगा।" किरन ने रूखे अन्दाज में जैसे उसका फ़र्ज़ याद करवाया।

"तेरा बेटा भी है? मैं तो समझा था तू क्वाँरी है?" वह हैरान हुआ

"नहीं, दस साल का बेटा है मेरा....साऊथ वैस्ट के बोर्डिंग स्कूल में पढ़ता है। कल मैं उसे लेने जा रही हूँ और परसों रात की हमारी फ्लाइट है।" किरन ने बताया।

"अच्छा....। मुझे नहीं मालूम था। कोई नहीं, तू बेफ़्रिक्र होकर जा। मैं टाईम पर घर आ जाया करूँगा। मुझे एजेंट ने सारी बात बता दी थी।" जैसे उसे अचानक टैनैंसी कांट्रैक्ट याद आ गया हो।

"और दूसरी बात प्लीज़....। माईंड न करना, अपने गन्दे शूज़ पैसेज़े में न रखा करो। बुरा लगता है....मेरी फ्रैंडस वगैरह आती रहती हैं।" किरन बोली।

"औरैट (ऑल राईट)।" सुखपाल ने सिर हिलाया।

"और बाथ लेने के बाद वहाँ मप मार देना।" अब वह सफ़ाई की ओर मुड़ी।

"औरैट....।"

"मेरे प्लांट्स को ऐवरी वीक पानी देना है।" किरन ने कमरे और गार्डन में लगे पौधों की ओर इशारा किया।

"औरैट....।"

"सुबह-शाम, दोनों समय गैस और हीटिंग चेक करनी है और बाहर का दरवाज़ा डबल लॉक करके जाना है। अलार्म सेट करना मैं आपको बता दूँगी।" किरन ने घर की सिक्योरिटी के बारे में बताया।

"औरैट....।" वह सिर झुकाये बैठा था।

"मि. औरैट....। कुछ समझ भी आया कि नहीं?" वह खीझकर बोली।

"यस प्लीज़।" उसने आँखें ऊपर उठायीं।

किरन ने पहली बार उसे ध्यान से देखा। अजीब-सी मूर्खता झलकती थी उसके चेहरे पर, जैसे सभ्यता का कोई प्रभाव उस पर कभी पड़ा ही न हो। रंग गोरा, भूरी आँखें, खुरदरी दाढ़ी, मोटे हौंठ और साधारण नैन-नक्श। कोई आकर्षण नहीं था उसकी सूरत में। एकदम साधारण। गले में सोने की मोटी चेन, हाथ में कड़ा और अँगुलियों में मोटी अँगूठियाँ और सुनहरी घड़ी। सोने से लदा हुआ था वह। यदि उसका वश चलता तो वह सोने की चूड़ियाँ और बूँदें भी पहन लेता।

"औरेट....।" कह जैसे किरन ने उसकी नकल उतारी और उठकर खड़ी हो गयी। वह भी चुपचाप अपने कमरे में चला गया।

आज हवाई जहाज़ में सफ़र करते हुए वह सोच रही थी कि कनाडा से आने के बाद वह पहला काम 'मि. औरेट' को घर से निकालने का करेगी और कोई साफ-सुथरा-सा किरायेदार रखेगी।

हॉलीडे से आकर वह कई दिनों तक बिज़ी रही। घर जैसे छोड़कर गयी थी, वैसे ही पड़ा था, जैसे घर में कोई रहता ही न हो। किचन कभी इस्तेमाल ही नहीं की गयी थी। टेलीविज़न और फर्नीचर पर धूल पड़ी थी। शायद उन्हें कभी हाथ ही नहीं लगाया गया था। फ्रिज़ में पड़ा दूध, फ्रूट और अन्य सामान या खराब हो गये थे या तारीख निकलने के बाद बेकार। पौधों को पानी ज़रूर दिया गया था। ऐसा पहली बार हुआ था। वरना जब भी वह घर से बाहर गयी थी तो किरायेदार ने घर की सफाई का पूरा ध्यान रखा था। किरन को दुःख-सा हुआ।

"एक अजनबी आदमी उसके घर की सँभाल क्यों करेगा? ठीक है चौकीदारी कर दी, मगर क्लीनिंग ओर डसटिंग करना तो उसकी ड्यूटी नहीं। वह क्यों फ़िज़ूल-सी बातें एक्सपेक्ट कर रही है।" उसने खुद को समझाया।

किरन को एक हफ्ता घर ठीक करने में लगा। सुखपाल अब समय पर घर आ जाता। किरन घर में हो या न हो, मगर वह शाम को घर में एक चक्कर ज़रूर मारता। उसे 'हैलो' कहता और सीधा अपने कमरे में चला जाता।

किरन ने सोचा "अजीब आदमी है। न घर में खाता-पीता है, न टी.वी., न रेडियो, न ही पढ़ने-लिखने वाला आदमी है। आखिर इतनी देर तक अकेले कमरे में करता क्या है? न इससे कोई मिलने आता है, न कभी कोई चिट्ठी....।"

किरन को जो डर था, वह नहीं हुआ। वह सोचती, यह आदमी घर को गन्दा रखेगा, फ़िज़ूल किस्म के लोग इसके पास आयेंगे। रसोई में बीयर के खाली डिब्बे और शराब की बोतलें नज़र आयेंगी, मगर ऐसा न हुआ। फिर उसे न कभी बाथरूम गन्दा मिला न पैसेज़ में गन्दे बूट। घर में उसकी मौजूदगी का पता भी न लगता। उसने कभी सिटिंग रूम में किरन के बराबर बैठने की कोशिश न की न कभी गलत नज़र या इशारा किया। किरन से भी उसकी जिन्दगी के बारे में पूछा तक नहीं। इसलिए फ़िलहाल कमरा खाली करवाने का इरादा किरन ने टाल ही दिया।

एक शाम जब सुखपाल घर आया और सिटिंग रूम की लाईट जलायी तो किरन को अँधेरे में सोफ़े पर पड़े देख हैरान हो गया।

"क्या बात है किरन जी....? सब ठीक है न?" उसने घबराकर पूछा।

"जी हाँ।" किरन की आवाज़ दर्द भरी थी।

"क्या हुआ?" वह उसके नज़दीक आया।

"आज सुबह पैर स्लिप कर गया और चोट लग गयी।" उसने सिर उठाया

"फिर....? डॉक्टर के पास गयी कि नहीं?" वह पास पड़ी कुर्सी पर बैठते हुए बोला।

"मैं आफिस चली गयी कि खुद ही ठीक हो जायेगा। मगर वहाँ जाकर जब दर्द कम नहीं हुआ तो घर वापस आ गयी। मगर अब पैर सूज गया है। चला ही नहीं जा रहा। पैर वज़न नहीं उठा रहा। इसलिए यहीं पर ठंड में लेट गयी। अब देर हो गयी है। कल अपने डॉक्टर को घर बुलाऊँगी।" उसने बैठकर अपना सूजा हुआ दायाँ पैर नंगा किया।

"ओह! यह तो मोच आ गयी लगती है। अब तक तो मलहम-पट्टी हो जानी चाहिए थी।" सुखपाल ने उसका पैर पकड़कर दबाया।

"ओह नो....। दबाओ न प्लीज़....बहुत दर्द होता है।" उसकी घुटी-घुटी-सी चीख निकल गयी।

"कोई दवा खायी।" सुखपाल ने उसका पैर सोफे पर टिका दिया।

"पेन किलर खायी थी सुबह। मगर अब उठा नहीं जा रहा। पानी नहीं था दवा लेने के लिए। फ्रैंड को फोन किया दो-तीन बार, मगर वह मिली नहीं।" किरन की आँखें छलक उठीं।

"मुझे फोन कर देती तू। मैं मर गया था।" उसने जैसे उलाहना दिया।

"मैंने सोचा, क्या तकलीफ़ दूँ आपको।" किरन ने आँखे पोंछी।

"लो भला। दुःख-सुख में हम एक-दूसरे के काम नहीं आ सकते?" वह उठा और रसोई से पानी का गिलास ले आया। किरन को सहारा देकर बिठाया और अपने हाथ से उसे पानी पिलाया।

"मुझे लगता है, तुम्हें बुखार भी है। ठंड में पड़ी रही....फिर चोट के कारण भी बुखार हो जाता है।" उसने फिर से उसे सोफ़े पर लिटा दिया।

"मेरे पर्स से रूम की चाबी निकाल कम्बल ला दो मुझे, मेरे बेड से प्लीज। साथ ही हीटिंग भी ऑन कर दो। मैं सोफे पर ही सो जाऊँगी।" उसने कराहते हुए कहा।

"सोफ़े पर क्यों? अपने कमरे में जाकर....।" सुखपाल ने सलाह दी।

"मुझसे सीढ़ियाँ नहीं चढ़ी जायेंगी।" किरन ने मजबूरी बतायी।

"मैं उठाकर छोड़ आता हूँ।" उसने बाँहें फैलायी।

"नहीं, नहीं।" किरन झिझकी।

"शर्माओ नहीं। आराम से सो सकोगी। नहीं तो ठंड में कुलफ़ी जम जायेगी तुम्हारी।" इतना कह उसने किरन को उठाने की कोशिश की।

"ओ.के. मुझे सपोर्ट दो, थोड़ी-सी।" किरन ने बैठते हुए कहा।

सुखपाल ने उसे बाँहों का सहारा देकर उठाया, मगर किरन की चीख निकल

गयी। वह निढाल हो सोफ़े पर गिर पड़ी।

सुखपाल ने उसे फूलों-सा बाँहों में उठाया और बेडरूम में ले गया। बेड पर धीरे से लिटा, ऊपर से कम्बल ओढ़ा दिया। वह पहली बार उसके कमरे में आया था और बड़े ध्यान से हर चीज़ को देख रहा था।

किरन ने उसे इलेक्ट्रिक ब्लैंकेट का स्विच ऑन करने को कहा।

"तुमने सुबह से कुछ खाया नहीं होगा?" उसने पूछा।

"नहीं। भूख नहीं है।" किरन ने झूठ बोला।

"भूख क्यों नहीं। तुम्हारा चेहरा मुरझाया पड़ा है। मैं अभी बाज़ार से कुछ लाया।" वह बाहर जाने लगा।

"बाज़ार से क्यों? मुझे एक कप चाकलेट वाला दूध गर्म कर दो प्लीज़।"

"नहीं, फिर तुम कहोगी, रसोई में गन्द फैला दिया....। मैं बाहर से ही ले आता हूँ।" सुखपाल ने कोई पुराना ताना दिया।

"नहीं कहूँगी। फ्रिज में दूध पड़ा है और गैस के पास ही चाकलेट का डिब्बा। बस और कुछ नहीं चाहिए।" किरन ने शर्मिन्दगी से कहा।

सुखपाल उसके कहे अनुसार चाकलेट वाला दूध ले आया। उसे सहारा देकर बिठाया और दूध पिला दिया। सुखपाल के कपड़ों से आती बदबू उसे बुरी न लगी बल्कि उसका अपनापन, उसका छूना अच्छा लगा।

"और कुछ लाऊँ?"

"नो.....थैंकयू। अब आप जाओ, रेस्ट करो।" किरन ने आँखे खोलीं।

"रात को ज़रूरत पड़े तो मुझे जगा लेना। कहीं अकेले में पड़े तड़पती रहो।" सुखपाल ने बेड से उठते हुए बोला।

"आयी विल....।"

सुखपाल उसके कमरे की लाईट बुझाकर बाहर चला गया। कमरे में रह गयी उसके शरीर तथा कपड़ों की तेज़ गन्ध जो महसूस करते पता नहीं कब उसकी आँख लग गयी।

दूसरे दिन डॉक्टर ने आते ही एम्बूलेंस मँगवा उसे अस्पताल भेज दिया। अस्पताल में एक्सरे के बाद पैर पर मोटा प्लस्तर लगा दिया गया। उसने सुखपाल से अस्पताल से शाम को घर आने की बात कही थी। मगर डॉक्टरों ने जब एक हफ्ते अस्पताल में रहने के बारे में बताया तो वह डर गयी। न बनी, न घरवालों की इस बात की खबर थी।

नर्स के साथ व्हील चेयर पर बैठ उसने अपनी माँ तथा बनी को झूठ बोला कि वह एक हफ्ते के लिए बिज़नेस टूर पर जा रही है। आफिस में भी बता दिया। सुखपाल को समझा दिया, किसी का भी फोन आये कोई जवाब न दे और टाईम पर घर आ जाये। सभी इन्तज़ाम कर वह बेड पर आ लेटी।

शाम के सात बजे नर्स ने आकर बताया कि कोई उससे मिलने आया है। किरन ने हैरानी से दरवाज़े की ओर देखा। सुखपाल काला थ्री पीस सूट और सिर पर बड़ा-सा हैट पहने हाथों में फूलों का ताज़ा गुलदस्ता लिए खड़ा था। किरन को अपनी आँखों पर यकीन न आया। ऐसी हालत में भी उसे हँसी आ गयी।

नर्स ने सुखपाल को किरन के बेड की ओर इशारा किया।

"हैलो जी। गुड ईवनिंग।" उसने गुलदस्ता किरन को पेश किया।

किरन ने मुस्कराते हुए गुलदस्ता ले लिया। सिर्फ गुलदस्ते में से नहीं, सुखपाल के सूट में से भी पेरिस के किसी बढ़िया परफ्यूम की खुशबू आ रही थी।

जितने दिन किरन अस्पताल में रही, सुखपाल लगातार चक्कर लगाता रहा। अस्पताल से डिस्चार्ज के समय भी वह खुद उसे लेने आया। किरन के मन में सुखपाल के लिए घृणा का जो ग्लेशियर था, वह उसकी सेवा और सादगी से पिघल गया। अस्पताल से आने के बाद दोनों में निकटता बढ़ गयी। किरन को सुखपाल भी पुराने किरायेदारों समान अच्छा लगने लगा।

उसके कपड़ों की मैल, शरीर की दुर्गन्ध और उजड्डपन को किरन ने अब स्वीकार कर लिया। पहले दिन शाम को सुखपाल उसके लिए खाना लेकर आया, क्योंकि किरन अभी अधिक देर तक खड़ी नहीं रह सकती थी। किरन ने खाने से संकोच किया तो सुखपाल को अच्छा न लगा। "किरन जी, मैं उन आदमियों में से नहीं हूँ जो बाहर औरतों के बारे में बकवास करते हैं। मैं कद्र करता हूँ तुम्हारी, जैसे अपने घर के सदस्य की करते हैं। मेरे बारे में कभी कोई शिकायत नहीं मिलेगी तुम्हें। मैं तो बल्कि हैरान हूँ तेरी बहादुरी पर कि तू अकेली जवान लड़की ने एक गैर मर्द को अपने घर में रखा हुआ है। कोई लालच नहीं, कोई ज़रूरत नहीं और कोई डर नहीं। मर्दों जैसी है तू।" सुखपाल के मुँह से इतनी गम्भीर बात की किरन को उम्मीद नहीं थी।

अब दोनों में मित्रता हो गयी। इकट्ठे खाना बनाते, टी.वी. देखते बातें करते। सुखपाल ने उसे बताया कि वह एजेंट को पैसे दे गैर-कानूनी ढंग से सारी दुनिया का चक्कर लगा इंग्लैंड पहुँचा था। उसकी पत्नी और दो बच्चे पंजाब के किसी गाँव में रहते हैं। किरन को उसकी सच्चाई पसन्द आयी तो उसने भी अपनी कहानी बता दी कि कैसे इंडिया से आये लड़के के साथ उसका विवाह हुआ, जो एक बच्चा होने से पहले ही टूट गया।

दोनों टूटे हुए थे, इसलिए आपस में जुड़ने में देर न लगी। सुखपाल का नर्म स्वभाव किरन को बहुत अच्छा लगा। उसमें कोई भी छिछोरापन नहीं था। पूरा मर्द था वह, जिस पर पूरी तरह से भरोसा किया जा सकता था।

उसकी बातें सुन वह खूब हँसती। देहाती और साधरण बातें। इंटैलीजेंट और पढ़े-लिखे लोगों से दिन-रात किरन का वास्ता पड़ता था। मगर एक साधारण

आदमी से बात करने का मज़ा ही कुछ और है, यह बात उसे सुखपाल से मिलने के बाद मालूम हुई। अब वह पहले जितना शर्मीला और चुप्पा नहीं रह गया था। दोनों अक्सर मिलकर ठहाके लगाते।

"मैंने कभी सोचा नहीं था सुखपाल कि मैं तुम्हारे साथ इतनी खुलकर बात किया करूँगी।" एक शाम किरन ने किसी बात पर हँसते हुए कहा।

"जो औरत एक बार मुझसे लिपट जाये, फिर कहीं नहीं जाती।" सुखपाल भी हँसा।

"चैलेंज है यह?" किरन ने पूछा।

"आज़मा कर देख लो।" सुखपाल की नज़र में नंगी ख्वाहिश थी।

"कितनी आज़मा चुकी हैं।" किरन ने धीमे से पूछा।

"बहुत हैं। मगर मैं नाम नहीं लेता औरतों के। रात गयी बात गयी।"

"और लेटेस्ट कैंडीडेट कौन है?" वह हँसी।

"हैं मेरी सुपरवाईज़र गोरी मेम। कब से अपने कम कपड़ों में अपनी जाँघें और छातियाँ हिला-हिलाकर दिखाती घूमती है। मगर मैंने भी कहा, "साली, नंगी छाती लेकर भी आ जायेगी तो भी मैं तेरे साथ नहीं सोऊँगा।" सुखपाल ने मेज़ पर मुक्का मारते हुए कहा।

किरन उसके चेहरे की ओर देखती रह गयी। उसे उम्मीद नहीं थी कि समुद्र सा शान्त सुखपाल इतनी नंगी बातें भी कर सकता है।

"गोरी सुपरवाईज़र आशिक हो गयी हैं...। हूँ...शक्ल देखी है कभी अपनी?" किरन ने मज़ाक किया।

"ऐसे कामों में शक्ल कौन देखता है? खुद कौन-सी सुन्दर है। मुझे तो वैसे भी अच्छी नहीं लगती गोरियाँ। जो मज़ा अपनी देसी औरत के साथ बातचीत करके आता है, वह गोरियों संग कहाँ?" सुखपाल ने कहा।

"देसी औरतों के तो पीछे-पीछे घूमना पड़ता होगा।" किरन ने बात खत्म करनी चाही।

"आदमी में जान हो तो औरत खुद उठकर पास आ जाती है। पीछे-पीछे घूमने की ज़रूरत नहीं पड़ती।" उसने नज़रें चार कीं।

"वैरी गुड। अच्छी रिसर्च की है आपने।" किरन ने उठते हुए कहा।

वह सुखपाल के पास से उठकर अपने कमरे में आ गयी। कितना सच कहा था सुखपाल ने, मर्द में जान हो तो...। जिस दिन सुखपाल उसे उठाकर उसके कमरे तक लाया था, उसे उसकी जान का एहसास हो गया था। किरन को छूकर सुखपाल ने उसकी सोयी इन्द्रियाँ जगा दी थीं। पहली बार अपने बेटे के बाद उसे किसी और से लगाव होना शुरू हुआ था। एक बार तो दिल किया कि उठकर सुखपाल का कमरा खटखटाए। मगर हिम्मत न पड़ी।

दूसरे दिन छुट्टी थी। सुखपाल बहुत देर तक सोया रहा। किरन कब से जाग रही थी। बेड टी पीने के बाद लेट न सकी। बहाने से सुखपाल के कमरे में जा घुसी। सारा कमरा कपड़ों और सामान से बिखरा पड़ा था। सुखपाल दीवार की ओर मुँह किये नंगा ही सो रहा था, सिर्फ धड़ कम्बल से ढका हुआ था। किरन लौटने लगी तो अचानक सुखपाल ने करवट ली, जैसे उसकी चोरी पकड़ी गयी।

"मैंने सोचा, आपसे पूछ लूँ, वाशिंग मशीन में कपड़े तो नहीं डालने कहीं।" किरन ने घबराकर कहा।

"नहीं कपड़ा तो कोई नहीं धोने वाला।" कम्बल को अपने कमर में लपेटते वह उठ बैठा।

किरन तेज़ी से बाहर आ गयी। सफ़ाई करने के बाद वह फ़ोन पर काफी देर तक बनी के साथ बातें करती रही। सुखपाल बिना नहाये नाईटसूट में उसके सामने आ बैठा।

"पौधे प्यासे हैं। पानी देना हैं।" किरन ने पास वाले पौधे के पत्ते पर हाथ फेरा।

"सिर्फ पौधे ही नहीं प्यासे...।" सुखपाल की आँखों में रात वाली प्यास फिर जागी।

"आज मेरा बर्थडे है। बनी का फोन था।" किरन ने बात बदली।

"अच्छा। तूने मुझे बताया नहीं...।" सुखपाल के लिए जैसे यह बहुत बड़ी खबर थी।

"मैंने कभी मनाया ही नहीं। बनी ज़रूर कार्ड और फोन द्वारा विश करता है।" किरन ने उदास स्वर में कहा।

"आज मनायेंगे हम...।" सुखपाल ने विश के लिए हाथ आगे बढ़ाया।

"नहीं, आई डोंट नीड ईट।" किरन ने सुखपाल का हाथ पकड़ा।

"क्यों नहीं, मनाना? तू बैठ चुप करके।" सुखपाल ने उसका हाथ मरोड़ दिया।

"ओ.के.। बताओ, क्या खाना है?" किरन ने हार मानी।

"खाना खूना नहीं। बाहर चलेंगे हम आज...।" वह अचानक उठकर खड़ा हो गया।

सुखपाल बाहर चला गया और किरन फिर से घर के कामों में बिज़ी हो गयी। दो घंटों के बाद वापस आया तो उसके हाथ में बड़ा-सा पैकेट था और एक महँगा सुनहरा कार्ड।

"हैपी बर्थडे टू यू।" उसने किचन में खड़ी किरन के गाल को चूमा।

दिल भर आया किरन का। आज कितने वर्षों के बाद किसी ने उसे जन्मदिन की मुबारकबाद दी थी। क्वाँरी थी तो मम्मी-डैडी उसका जन्मदिन मनाते थे। डैडी

के गुज़र जाने के बाद वह मानसिक तौर से टूट गयी थी। रिश्तेदार वैसे ही दुश्मन बने हुए थे। खासकर जबसे किरन का डायवोर्स हुआ था, जैसे विवाह टूटने के बाद ही उसकी मार्किट वैल्यू कम हो गयी थी।

किरन को सोचों में खोया देख सुखपाल ने हाथ में पकड़े गुलदस्ते को उसकी आँखों के सामने लहराया।

"थैंक्यू।" किरन के होंठों पर ज़ख्मी मुस्कान थी।

"आज सिर्फ़ थैंक्यू से काम नहीं चलेगा। मुँह मीठा करवाना पड़ेगा।" सुखपाल की आँखों में शरारत थी।

"ओ.के. फ्रिज खोलने दो, राईस पुडिंक बनायी है मैंने?" किरन ने पीछे हटते हुए कहा।

"मुझे नहीं अच्छे लगते गोरों के खाने..." सुखपाल ने 'न' में सिर हिलाया।

"गुड़ खा लो फिर।" किरन ने उसे उसका देहातीपन याद करवाया।

"गुड़ से भी काम नहीं बनता अब...।" कहकर सुखपाल ने अपने मोटे सूखे होंठ किरन के पतले होंठों पर रख दिये।

किरन ने कोई विरोध न किया। अपनी बाँहें सुखपाल के गले में डाल जैसे उसे वीज़ा दे दिया, अपनी निजी ज़िन्दगी में दाखिल होने का। दोनों काफी देर तक एक-दूसरे में समाये खड़े रहे।

किरन ने कार्ड खोला, वह वैडिंग एनवर्सरी का था। किरन ने कहा, "यह तो शादी का कार्ड है। पढ़कर नहीं लिया?"

"मुझे नहीं मालूम। मैं कोई पढ़ा-लिखा थोड़े हूँ। सिर्फ़ पंजाबी जानता हूँ।" शर्मिन्दा होते सुखपाल ने किरन को बाँहों में भर लिया।

शाम को डिनर लेकर लौटे वह, दोनों नशे में थे। दोनों ने शराब नहीं पी थी। वह दोनों एक-दूसरे के नशे में ही रात के अँधेरे में खो गये।

× × × × × × × × × × × × ×

शुरू-शुरू में सुखपाल, किरन से उसके कमरे में आने के लिए पूछता। यदि उसका दिल करता तो हाँ कह देती, नहीं तो बहाना बनाकर टाल देती। फिर धीरे-धीरे वह अपनी मर्ज़ी भी करने लगा।

अब वह अक्सर बिना पूछे ही अन्दर आ जाता और उसके साथ लेट जाता। जब बनी घर आया होता, तब भी वह किरन के साथ सोने की ज़िद करता। किरन के लिए मुसीबत बन जाती, जब उसके आफिस के काम सुखपाल के कारण डिस्टर्ब होने लगते।

किरन कई बाद उसे अपनी ज़िन्दगी की मज़बूरियाँ और नौकरी की जिम्मेदारियों के बारे में समझा चुकी थी। मगर सुखपाल जैसे अब उस पर अपना कब्ज़ा समझने लगा था। काम का प्रेशर और अकेली माँ होने के कारण उसके लिए फालतू रिश्तों

का दबाव बर्दाश्त करना मुश्किल हो गया। अक्सर उसे लगता, जैसे पानी सिर के ऊपर पहुँच चुका हो।

इसी प्रकार एक बार जब उसे पेरिस जाना था और रात को वह अपने कमरे में बैठी कोई ज़रूरी पेपर पढ़ रही थी कि अचानक सुखपाल अन्दर आ गया।

"अपने दफ्तर का काम घर में न लाया करो।" उसने किरन के सामने पड़े पेपर उठा दिये।

"यह ज़रूरी डील है। कल सुबह ग्यारह बजे मेरी मीटिंग है। जाने से पहले पढ़ना ज़रूरी है।" किरन खीझ गयी।

"नहीं, मेरे टाईम में तू आफिस का काम नहीं कर सकती।" उसने फैसला सुनाया।

"तेरा टाईम? वॅट आर यू टॉकिंग?" किरन उठकर खड़ी हो गयी।

"औरत घर में सिर्फ अपने आदमी की होती है, औरैट?" वह रोब से बोला।

"डोंट टॉक रबिश एंड बिहैव लाईक ए ब्लडी हस्बैंड। माई टाईम इज़ फॉर मी। आई कांट वेस्ट इट टू प्लीज़ ए मैन।" किरन की आवाज भी ऊँची हो गयी।

"और जब तेरा खुद का दिल करता है?" सुखपाल को उम्मीद नहीं थी कि किरन ऐसे भी बोलेगी।

"तुम्हारे सवाल में ही मेरा जवाब छुपा हुआ है। आई विल काल यू वैन आई नीड यू...।" किरन ने कागज़ उसके हाथ से छीन लिए।

"शटअप...एंड गटौट हो जा यहाँ से...।" सुखपाल ने कागज़ ज़ोर से खींच कर फाड़ दिये।

"इनिफ़ इज़ इनिफ़...गटौट मैं नहीं हूँगी, तू होगा। वह ज़माने गये जब तुम हमें गटौट (गेट आऊट) करते थे। अब हम तुम्हें गटौट करेंगी। दिस इज़ माई हाऊस..यू हैव नो राईट टू स्ट्रे हीयर विदाऊट माई प्रमिशन...। गैट आऊट...।" किरन का पारा सातवें आसमान जा पहुँचा।

"प्लीज़ डार्लिंग।" सुखपाल की आवाज़ ढीली पड़ गयी।

"गेट आऊट।" किरन का लहज़ा वैसा ही रहा।

वह ज़ोर से दरवाज़ा मारते बाहर चला गया।

कई दिन वे आपस में न बोले। किरन पेरिस से दूसरे दिन लौट भी आयी।

जब किरन टस से मस न हुई तो सुखपाल ने पहल की। एक रात मीटिंग अटैंड कर जब वह दस बजे लौटी, तो उसने किरन का रास्ता रोक लिया, "मैं सॉरी हूँ...।" उसकी आँखें भीगी हुई थीं।

"तू सोया नहीं अभी तक?" किरन ने घड़ी की ओर देखते हुए कहा।

"आशिक एक ही बार सोते हैं और जब सोते हैं पूरी दुनिया को जगा देते हैं।" सुखपाल मुस्कराया।

किरन भी मुस्कराहट रोक न सकी। बहस करनी फ़िज़ूल लगी। ओ.के. कह उन्होंने फिर से समझौता कर लिया।

मगर इस घटना के बाद सुखपाल का रवैया बदल गया। अब उसने पहले की तरह ठहाके मारने छोड़ दिये और गम्भीर रहने लगा। किरन के साथ उसकी शाम भी छोटी हो गयी। अब वह किरन के साथ गम्भीर बातें करता और किसी सयाने बुजुर्ग की तरह उसे ज़िन्दगी के फायदे-नुकसान समझाने लगता।

"तुझे शादी करवा कर सेट हो जाना चाहिए किरन...। जवानी ज्यादा देर तक नहीं रहती। बुढ़ापे में आदमी के लिए बहुत मुश्किल होता है फिर...।" वह अक्सर बात छेड़ता।

"विवाह तो एक ही काफी है आदमी को तबाह करने के लिए।" वह आगे से जवाब देती।

"लो भला एक रेलगाड़ी का एक्सीडेंट हो जाये तो सारी गाडियाँ चलनी बन्द तो नहीं हो जातीं।" वह दलील देता।

"मगर क्या मालूम, आगे नया आदमी कैसा मिलेगा?" वह शंका प्रकट करती।

"अब आदमी अपनी गारंटी तो दे सकता है, किसी और के बारे में तो कह नहीं सकता। फिर आदमियों को तो तू डाँटकर भगा देती है...। इसी कारण मैं भी तुझसे कटता जा रहा हूँ।" वह नज़रें झुकाकर कहता।

"मेरे साथ काम करने वाले लड़के चालीस-चालीस हज़ार पौंड सालाना कमाते हैं। जिस पर भी अँगुली रख दूँ, मुझसे शादी के लिए राज़ी हो जायेंगा। मगर मैं अब किसी झंझट में पड़ना नहीं चाहती। मेरा बेटा ही मेरे लिए सब कुछ है। कोई भी दूसरा मर्द उसका बाप नहीं बन सकता। मैं नहीं चाहती, खुद सेट होने की कोशिश में मैं अपने बच्चे को अपसेट कर दूँ।" इतना कह वह सुखपाल को उसकी हकीकत भी याद करवा देती।

यह बात खत्म हुई कि सुखपाल ने नयी ज़िद पकड़ ली।

"अपने प्यार की कोई निशानी होनी चाहिए।"

"कौन-सी निशानी।" किरन ने पूछा।

"हमारा बच्चा होना चाहिए।" वह सलाह देता।

"बच्चे तो तेरे भी हैं और मेरे भी। और बच्चों की ज़रूरत क्या है?" किरन ने सवाल किया।

"मेरे बच्चे इंडिया में हैं, यहाँ कभी नहीं आयेंगे। तेरा बच्चा भी एक ही है। कल को अच्छा निकला या बुरा, क्या मालूम। एक बच्चा और होना चाहिए तेरे पास। अकेला बच्चा बिगड़ जाता है।" वह समझाता।

"यदि दोनों ही बिगड़ गये फिर?" वह पूछती।

"कोई बात नहीं, मैं जिम्मेवार हूँ।" वह गारंटी देता।

"ओ.के.। हो जाये दूसरा बच्चा, मुझे कोई आब्जेक्शन नहीं है।" वह पीछा छुड़ाती।

"ऐसे कैसे हो जायेगा, जब कीड़ेमार दवाई डालती है हर बार...।" वह हल्के गुस्से से बोला और किरन पेट पकड़कर कितनी देर तक हँसती रही।

मगर सुखपाल ने बात हँसी में खत्म न होने दी। हफ्ते बाद फिर वह बच्चे के लिए किरन पर प्रेशर बनाने लगा।

"तूने शायद कोई बहुत बड़ा ड्रीम देखना शुरू कर दिया है।" किरन ने एकदम खीझते हुए कहा।

"ड्रीम नहीं, डर लगता है, मालूम नहीं कब तू धक्के मारकर घर से बाहर निकाल दो, कम से कम मेरा बच्चा निशानी के तौर पर तो तेरे पास रहेगा।" उसने अपना डर बताया।

"मैं तो बस निशानियाँ ही इकट्ठी करने के लिए ही रह गयी हूँ शायद।" उसने व्यंग्य से हँसते हुए कहा।

"इतनी ज़हरीली क्यों है तू? कोई प्यार, मुहब्बत तुझ पर असर क्यों नहीं करता?" सुखपाल ने दुःखी आवाज़ में पूछा।

"मेरे जितनी तकलीफें तुमने सहन की हो तो तुम्हें पता लगता कि मैं इतनी ज़हरीली क्यों हूँ। तेरे कहने से कि तू मुझे प्यार करता है, मैं यकीन नहीं कर लूँगी। इतनी बेवकूफ नहीं हूँ मैं।" किरन की आवाज़ में सचमुच ज़हर भर गया था।

"क्या तकलीफ है तुझे? अच्छा खाती है, बुरा बोलती है। बढ़िया नौकरी है, ऐश करती हैं, एकदम मज़े में है तू।" सुखपाल भी शायद लड़ाई के मूड में था या वह समझा-समझाकर थक गया था।

"यहाँ तक पहुँचने के लिए मैं किन राहों से गुज़रकर आयी हूँ, यह सिर्फ़ मैं ही जानती हूँ या मेरा भगवान। दो महीने का था बनी, जब मैं काम पर जाने लगी थी। उसका बाप तो मेरे साथ तलाक होने से पहले ही इंडिया जाकर दूसरा विवाह करवा आया था।...मैं एक बार गलती कर चुकी हूँ, अब रिपीट नहीं करूँगी।" किरन का मुँह गुस्से से लाल हो गया।

"मगर मैंने तो शादी की बात ही नहीं की।" सुखपाल ने सफ़ाई दी।

"विवाह की बात कर-कर तू थक गया है। मालूम हो गया तुझे कि यह चिड़िया पिंज़रे में रहने वाली नहीं। इसलिए तूने अब बच्चे का शोशा छोड़ा है, मुझे इमोशनली ब्लैकमेल करने के लिए।" वह नफ़रत से बोली।

"ब्लैकमेल तो तू कर रही है। पहले दिल ले लिया, अब तोड़ने की धमकी भी देती हो।"

"मैंने कोई धमकी नहीं दी। न मैं धमकी से डरती हूँ। डरती होती तो आज यहाँ तक न पहुँचती। मेरी नरमी, मेरे प्यार को मेरी कमज़ोरी न समझ। वी आर गुड फ्रैंड्स।" किरन की आवाज़ धीमी हो गयी।

"कोई प्यार नहीं करती तू किसी से। यही तुम विलायतनों का दस्तूर है। बस आदमी को इस्तेमाल करो और बाद में मक्खन से बाल की तरह बाहर निकाल फेंको।" सुखपाल ने सीधा हमला किया।

"इसमें बुराई भी क्या है? जो तुम लोग सदियों से हमें देते रहे हो, हम वही तो तुम्हें ब्याज़ समेत लौटा रही हैं। कौन-से प्यार की बात तू कर रहा है? किताबों तथा फिल्मों वाले प्यार की, जिसमें लवर्स एक-दूसरे के लिए जान दे देते हैं? डोंट टेल लाई।" वह तिलमिला उठी।

"हाँ, मेरा प्यार वही है तेरे साथ?" सुखपाल ने नम्रता से कहा।

"क्या प्रूफ़ है?" किरन ने पूछा।

"जो हम अब तक करते रहे हैं।" उसने कहा।

"इट इज़ जस्ट ए फिजीकल नीड। रोटी-पानी की तरह यह सिर्फ़ जिस्मानी ज़रूरत है। मुझसे पहले पता नहीं तू कितनी औरतों के साथ सोया होगा और मैं भी वर्जिन नहीं हूँ। क्या किसी के साथ सोने से ही प्यार हो जाता है? कई बार तो आदमी जिसके साथ सोता है, उसे दिल से नफ़रत करता है। मगर हालात ऐसे होते हैं कि उन्हें बिजनेस कांट्रैक्ट की तरह यह डील करनी पड़ती है।" वह बोली।

"मगर अपना प्यार बिजनेस नहीं है।" सुखपाल ने यकीन दिलाना चाहा।

"बिजनेस है पक्का। तू अलर्ट है हर समय कि इस डील में से तुझे क्या मिलेगा। हर हफ्ते तू अपने घर पैसे भेजता है क्या कभी तूने मुझसे पूछा कि तुझे किसी चीज़ की ज़रूरत तो नहीं। हालाँकि अपनी औरत की तरह तू मुझे...। क्या मेरे बच्चे को तूने उसके जन्मदिन पर भी दस पौंड दिये? जबकि अपने बच्चों को वाया पोस्ट पार्सल भेजता है। मुझे मालूम है तू उससे जैलसी करता है। न तू कभी मेरा बना है ना मेरे बच्चे का। मुझ जैसी औरतों को खसम तो मिल जाते हैं, मगर हमारे बच्चों को बाप कभी नहीं मिलते। बल्कि कई बार तो वह अपनी माँओं को भी गवाँ बैठते हैं।"

"तुम्हारी तो अपनी तनख्वाह ही काफी है।" सुखपाल ने बात बदलनी चाही।

"अमीर से अमीर औरत भी चाहती है कि उसका प्रेमी उसे कुछ दे। बेशक एक फूल ही सही। जिस रिलेशनशिप में मर्द, औरत को खाना शुरू कर दे वहाँ वह औरत की नज़र में ज़ीरो हो जाता है, चाहे कितना ही बड़ा हीरो क्यों न हो।" किरन ने जैसे पत्थरों की मुट्ठी उसके मुँह पर दे मारी।

"अगर यही बात थी तो तू पीछे हट जाती।" सुखपाल ने कन्धे उचकाये।

"पीछे तो मैं तब हटती यदि आगे बढ़ी होती।" किरन फीकी हँसी हँस दी।

“अभी तू कह रही थी मैं तुझे मुफ्त में भोग रहा हूँ। मैंने तुझे गुमराह किया है?”

“नहीं तूने मुझे गुमराह नहीं किया। दूध-पीती बच्ची नहीं हूँ मैं। तू मुझे भोग रहा था तो मैं भी तुझे भोग रही थी। तूने मेरे साथ कोई ज़बर्दस्ती नहीं की। जो भी हुआ, मेरी मर्ज़ी से हुआ। अपने काम के लिए मैं खुद रिस्पैंसीवल हूँ। मैं तुझे ब्लेम नहीं दे रही। दो जवान जिस्म नज़दीक होंगे तो यही कुछ होगा। इट्स नैचुरल। आई डोंट रिगरैट। आई लाईक यूअर बॉडी एंड इन्जुआय सेक्स विद यू। दैट्स इट।” किरन ने बात खत्म की।

“फिर झगड़ा किस बात का है। तू मुझे समझती नहीं। तुझे क्या धोखेबाज़ लगता हूँ।” सुखपाल ने प्यार से उसका हाथ पकड़ा।

“मुझे क्या मालूम, तू कौन है?” किरन ने अपना हाथ पीछे खींचा।

“मैं कौन हूँ? तुझे नहीं मालूम? दो साल से हम इकट्ठे खाते-पीते-सोते हैं। कोई पर्दा नहीं।” सुखपाल की आवाज़ डूब गयी।

“यहाँ सारी उम्र इकट्ठे रहकर भी लोग एक-दूसरे को पहचानते नहीं। दो साल तो ट्रायल पीरियड भी नहीं बनता। नाम-पता जाली है तेरा। मालूम नहीं कहाँ आया है और कहाँ जायेगा तू, एक मुसाफिर की तरह। मेरे लिए तो यह सब एक मिस्ट्री है।”

“मैं चला जाऊँ फिर यहाँ से।” सुखपाल ने जैसे खुद से कहा।

“अप टू यू। तू चला जायेगा तो कोई और आ जायेगा।” किरन ने उसके अन्दाज़ में ही जवाब दिया और उसे वहीं छोड़ तेज़ कदम भरती अपने कमरे में चली गयी।

डिप्रेशन / *सुरिन्दर नीर*

मुझे लग रहा था कि बस सफलता का आखिरी शिखर छूने ही वाला हूँ। हम दोनों आज जिस मुकाम पर पहुँच चुके थे, वहाँ दोनों के मनों में उथल-पुथल मची हुई थी। मगर इस उथल-पुथल का नज़रिया दोनों का अपना-अपना था। "जानता है....कल तक जो कटुता ज़हर समान मेरे खून में दौड़ रही थी और वह ज़हर मेरे शब्दों द्वारा मेरे व्यवहार से ज़ाहिर होता था। आज उस कटुता और ज़हर के लिए मेरे दिल-दिमाग़ में कोई स्थान नहीं रह गया। तूने ब्लाटिंग पेपर की तरह मेरे अन्दर का सारा ज़हर चूस लिया है।'' उसने मेरी दाहिनी बाजू पर अपनी अँगूठियों वाली अँगुलियाँ फेरते हुए सरूर से कहा। "हूँ" मैं उसे उसके सरूर में से बाहर निकालना नहीं चाहता था, इसलिए अपनी बातों में उलझाने की बजाय मैं उसे, उसके अपने ही शब्दों के बहाव में बह जाने देना अधिक मुनासिब समझा। इसीलिए सिर्फ "हूँ....हाँ" करके ही उसे उत्साहित करता रहा।

"मालूम है....तू मेरे ज़ेहन में, मेरी सोच पर इस तरह से छा गया है...., मेरी सोच को तूने अपने खयालों में इतना लबरेज़ कर दिया है कि किसी और के अनचाहे खयालों का मेरी सोच में दाखिल होने के लिए कोई स्पेस ही नहीं बचा ....तुझे मालूम नहीं, तूने मुझे कितना बदल दिया है....।" वह उसी उन्माद भरी स्थिति से बोल रही थी। उसकी अँगुलियाँ मेरी बाँह पर लगातार सितार बजा रही हैं और मेरी आँखों के आगे फिल्म 'देवदास' का दृश्य घूम जाता है। देवदास, चन्द्रमुखी से कह रहा है—"पारो के नाम से इस देवदास नाम का प्याला इतना भर चुका है चन्द्रमुखी कि इसमें तुम कुछ और डालोगी तो छलक जायेगा.....।"

"मगर फिर भी लोग तो यही कहेंगे ना कि प्याले को छूकर निकली है।"

उस चन्द्रमुखी ने भी, मेरे सामने बैठी चन्द्रमुखी समान सरूर भरी हालत में कहा, देवदास पर मुझे हँसी आती है दोनों परिस्थितियों पर, परन्तु मैं अपनी हँसी जबर्दस्ती दबा देता हूँ। इस समय मेरा हँसना शिष्टाचार के विरुद्ध है।

जिस संवेदनशील हालत में चन्द्रमुखी इस समय अपनी भावनाओं का खुलासा मेरे सामने कर रही है, उस हालत में उसके प्रेमी को भी ऐसी संवेदना तथा एहसास को प्रकट करना चाहिए। देवदास और देवदास वाली चन्द्रमुखी का विश्लेषण फिर

कभी सही। हालाँकि देवदास फिल्म के इस डॉयलाग पर मेरा मन हमेशा आलोचना करने को करता है मगर इस समय यह आलोचना, इस चन्द्रमुखी के सामने नहीं की जा सकती। इसलिए मैं अपने चेहरे पर हद दर्ज़े की संवेदनशीलता लाकर अपनी अँगुलियों को उसके कटे बालों में उलझा लेता हूँ और वह जैसे तड़प कर अपना चेहरा मेरे सीने में छुपा लेती है।

चन्द्रमुखी से मेरा रिश्ता भी अजीब है। देखने-सुनने वाले जानते हैं कि मैं जिस घर में कमरा लेकर, एक प्राईवेट टूटोरियल में 'मैथ्स' की ट्यूशन पढ़ाता हूँ, चन्द्रमुखी उसी मकान की मालकिन है। मुझसे सिर्फ़ चार छाल छोटा उसका बेटा दूसरे शहर के किसी कालेज में इंजीनियरिंग की पढ़ाई कर रहा है और उससे दो साल छोटी बेटी फैशन डिज़ाईनिंग कोर्स करने के लिए दिल्ली गयी हुई है। उसका पति, यानी इस घर का मालिक, एक सरकारी विभाग में बड़ा अफसर है यानी कि ब्यूरोक्रेट।

सुबह जब एक सफेद एम्बेस्डर कार उनके दरवाज़े पर आकर रुकती है तो एक वर्दीधारी आदमी, ड्राईवर की बगल वाली सीट से बाहर निकलकर जल्दी-जल्दी घर की सीढ़ियाँ चढ़ता हुआ ऊपर जाता है और कुछ देर बाद ही हाथ में बड़ा ब्रीफकेस लेकर नीचे उतरता है तो सिर्फ़ उस समय मैं ठक-ठक सीढ़ियाँ उतरते अपने मालिक का दीदार करता हूँ। उसकी गाड़ी चले जाने के बाद तुरन्त मेरी नज़र टैरिस पर कैकटस के गमलों के दरम्यान खड़ी चन्द्रमुखी पर पड़ती है। मैं बहुत ग़ौर से उसके चेहरे से किसी प्रकार के भाव पढ़ने की कोशिश करता मगर कभी सफलता नहीं मिलती। रात को जब मैं सो चुका होता तो गाड़ी का हार्न बजता। नौकर दौड़ कर गेट खोलता और एक अजीब-सी हलचल में सारे ऊपर चले जाते हैं। बस उस समय मुझे मालूम पड़ता है कि मालिक घर आ गये हैं।

मेरा कमरा पोर्च के ऊपर है। जब मैंने कमरा ढूँढ़ने के लिए इस कालोनी में रहते अपने एक दोस्त से कहा तो उसने झट से इस घर की सिफ़ारिश कर दी। मेरे दोस्त की बीवी भी उसी किटी पार्टी की मैम्बर है, जिसकी चन्द्रमुखी। मैंने जब अपनी दोस्त की बीवी के द्वारा इस घर में कमरा लेने की बात चलायी तो चन्द्रमुखी ने सबसे पहले यही बात कही थी कि उसे कोई फेमिली वाले लोग चाहिए। परिवार छोटा हो और यदि किराये पर रहने वाली औरत उसकी उम्र—साथ की हो तो और भी अच्छा है। वह दरअसल अपने अकेलेपन से बेहद परेशान रहती है और चाहती है कि घर में कोई उसके साथ बुलाने-बोलने वाला उसका अकेलापन बाँटनेवाला हो तो उसकी उदासी भी घट जाये। ये बातें मेरे दोस्त की बीवी ने ही मुझे बतायी थी। बातों-बातों में मुझे मालूम हो गया था कि चन्द्रमुखी का अफसर पति अक्सर दौरों पर ही रहता है। वैसे ही वह शहर के बड़े-बड़े क्लबों का मैम्बर है, इसलिए उसकी दिन-रात की व्यस्तता ही चन्द्रमुखी के डिप्रेशन तथा अकेलेपन

का कारण है। यह सब सोचकर मैं पशोपेश में पड़ गया था। किराये पर कमरा लेने की शर्त ज़रा मुश्किल तो थी मगर दिलचस्प भी कम नहीं थी। मेरे अन्दर जैसे उत्सुकता का कोई कीड़ा बुलबुलाया था। "ठीक है भाभी जी। मैं पाशी और अपनी बेटी को भी यहाँ ले आता हूँ। इसी बहाने डिम्पी को भी किसी अच्छे स्कूल में डाल देंगे। पाशी भी तो एम.ए. बी.एड. है। हो सका तो किसी प्राइवेट स्कूल में उसकी भी एडजस्टमेंट करवा दूँगा–।" मैंने झटपट सारी योजना बना डाली और अगले ही दिन हम चन्द्रमुखी के घर किरायेदार होकर, उनके पोर्च के ऊपर बने कमरे में शिफ्ट हो गये। साथ ही एक छोटा-सा किचन था। पाशी को हालाँकि इतना छोटा-सा किचन पसन्द नहीं आया था, मगर बाकी सारा वातावरण उसके मिज़ाज के अनुकूल था। उसे भी शोर-गुल पसन्द नहीं था, इसीलिए उसकी शान्ति पसन्द तबीयत के लिए यह माहौल काफी सुखदायी था।

कुछ ही दिनों में पाशी और चन्द्रमुखी पक्की सहेलियाँ बन गयीं। हालाँकि उनमें उम्रों का बहुत बड़ा फ़ासला था। धीरे-धीरे पाशी के द्वारा मुझे चन्द्रमुखी के इन्तहा सुनेपन का अन्दाजा होने लगा। हम यही सोचते हैं कि क्या पैसे के साथ सारी खुशियाँ हासिल की जा सकती हैं? इतना पैसा है इन लोगों के पास, परन्तु दिल को चैन नसीब नहीं।

चैन ढूँढ़ने के लिए साहब क्लबों तथा शराब में गलतान रहता है और मेमसाहब दुःख बाँटने के लिए किसी का सहारा चाहती हैं। चन्द्रमुखी अब अक्सर हमारे घर आने लगी। मुझे भी उसका इस तरह हमारे में घुल-मिल जाना अच्छा लगता। हम इकट्ठे बैठकर टी.वी पर कोई फ़िल्म देखते। पाशी पकोड़ियाँ तल लाती। कभी मैं बाज़ार से आयीसक्रीम ले आता और कभी चन्द्रमुखी का नौकर कोई मीठी या नमकीन चीज़ बनाकर ले आता। पहले मुझे हर समय सिरदर्द की शिकायत रहती थी, मगर अब कई दिनों से मुझे सिरदर्द हुआ ही नहीं....ना ही रात में नींद की गोली खाने की जरूरत पड़ी है। मालूम है पाशी....आपके साथ गप्पें मारते, हँसते-खेलते वक्त कैसे बीत जाता है, मालूम ही नहीं चलता.....।" चन्द्रमुखी अक्सर कहती। हम अब फुरसत के समय ताश खेलने लगते। कभी कैरम खेलते और कभी बैडमिंटन। हाँ, चैस ना मुझे खेलने आती थी ना पाशी को मगर चन्द्रमुखी ने यह भी हमें सिखा दिया।

चन्द्रमुखी उसका असली नाम नहीं है। यह तो मैंने ही उसे अपनी ओर से प्यार भरा नाम दिया हुआ है। मेरे लिए वह चन्द्रमुखी ही है। सचमुच की चन्द्रमुखी। एकदम पत्ती जैसी नम्र और एकदम ख़स्ता। जीभ की नोक पर रखें तो पलक झपकते ही घुलकर अन्दर उतर जाये। वैसे है बड़ी सलीकेवाली। शौक भी उसका बस हफ्ते में एक बार किटी पार्टी में जाने से अधिक नहीं था। अब कभी-कभी वह और पाशी बाज़ार से शापिंग करने भी चली जाती और पाशी आकर

बताती, "ये सूट मुझे दीदी ने लेकर दिया है। अपने लिए लिया तो ज़बर्दस्ती मुझे भी ले दिया। बहुत ना-नुकर किया, मगर वह नाराज़ होने लगी, मुझे मज़बूरी में लेना पड़ा।" शायद मैं नाराज़ ना हो जाऊँ इसलिए पाशी स्पष्टीकरण देने लगती।

लेकिन मैं तो अन्दर ही अन्दर खुश होता। बेशक ज़ाहिर नहीं होने देना चाहता। मेरे खुश होने का कारण यह नहीं था कि मेरी बीवी को चार-पाँच सौ का सूट मुफ़्त में मिल गया और मेरी ज़ेब हल्की होने से बच गयी। बल्कि इन दोनों औरतों की आपसी आत्मीयत मुझे अच्छी लग रही थी, क्योंकि मुझे उदास चन्द्रमुखी के चेहरे पर आजकल बदले-बदले लाल रंग की झलक अच्छी लग रही थी। मैं महसूस कर रहा था कि अकेलेपन के अँधेरे से निकलकर वह रंगों से खेलने की कोशिश कर रही है। इकट्ठे बैठ ताश या कैरम खेलते हुए वैसे ही भूल या अनजाने में यदि कभी हमारे हाथ आपस में छू जाते तो मैं चोर आँख से उसके चेहरे की ओर देख लेता। लेकिन वह अपने भावों को लाख चतुराई से छुपाते हुए भी मेरे सामने ज़ाहिर हो ही जाता।

हम किराये पर रहने के कारण अपना निजी किराये का टेलीफ़ोन नहीं लगवाया था इसलिए अपनी जान-पहचान के लोगों पर और अन्य रिश्तेदारों को हमने मकान मालिकों का ही नम्बर दिया हुआ था। वक्त-बेवक्त मुझे या पाशी को चन्द्रमुखी के घर फोन सुनने जाना पड़ता था। पहले-पहले तो मैं स्वयं फ़ोन सुनने जाते समय झिझकता था और ज़बर्दस्ती पाशी को साथ ले जाता था। मगर अब क्योंकि हम आपस में काफी बेतकल्लुफ हो गये थे, इसलिए मेरा निजी फोन आने पर पाशी खीझकर कहती, "मुझे साथ क्यों घसीटते रहते हो। वहाँ कौन है जो तुम्हें खा जायेगा? दीदी से डरते हो? उनके तो बच्चे हमारी उम्र के हैं।" और मैं निश्चिन्त-सा होकर चन्द्रमुखी के कमरे में चला जाता। आजकल फोन भी कुछ ज्यादा ही आने लगे थे कमबख्त...।

एक दिन चन्द्रमुखी का नौकर घबराया-सा दौड़ता आया, "मेम साहब बहुत परेशानी में रो रही हैं। आप चलकर देखिए ज़रा..." हम घबराये हुए वहाँ पहुँचे देखा तो वह हिचकियाँ ले-लेकर रो रही थीं। आँखें सूजी हुई और चेहरा लाल। बहुत पूछने पर उसने बताया कि मायके से फ़ोन आया है। उसकी माता जी बहुत बीमार हैं। और फिर वह ज़ारो-कतार रोने लगी। बहुत मुश्किल से हमने उन्हें हौंसला दिया। चुप करवाने के बहाने ऐसे ही, उसे बातों में लगाना चाहा। उसके पति को नौकर ने फ़ोन पर सारी बात बता दी। उन्होंने जल्दी घर आने का वादा किया। चन्द्रमुखी ने थोड़ा सँभलकर हमें अपने बारे में बताना शुरू किया।

दरअसल वह दूर-दराज़ के एक गाँव की अल्हड़ मगर बेहद खूबसूरत लड़की होती थी (खूबसूरत तो वह आज भी है माशा अल्लाह...और तब कितनी रही होगी ...मेरी नज़र उसका भरपूर जायज़ा लेती है। मन ही मन मैं मुस्करा पड़ता हूँ। फिर

स्वयं को कोसने लगता हूँ क्योंकि चन्द्रमुखी सूँ-सूँ करती, नाक़ और आँखें पोंछती अपनी कहानी सुना रही है।) उसकी सास ने किसी शादी में उसे देखकर अपने पढ़े-लिखे शहरी पुत्र के लिए पसन्द कर लिया। पढ़ी-लिखी बेशक वह भी थी, मगर गाँव की लड़की होने के कारण शर्मीली स्वभाव की थी जबकि शहरी लड़के को अपने जैसी खुले विचारों वाली जीवन-संगिनी की तलाश थी, मगर माँ के हठ के आगे उसकी एक न चली और चन्द्रमुखी शहरी अफ़सर की अफ़सर रानी बनकर इस तिलस्मी काँच के रंगीन महल में कैद हो गयी। कोशिश के बावजूद वह खुद को शहरी रंगीलियाँ, बेबाक हँसी तथा क्लबों के मदहोश कल्चर में ढाल न सकी। इसलिए धीरे-धीरे अकेलेपन की गहरी खाई में गिरते-गिरते कई मानसिक बीमारियों की शिकार हो गयी। साहब की अपनी रंगीन दुनिया थी और मेम साहब की अपनी अँधेरी दुनिया। दोनों ही दरिया के दो किनारों के समान साथ-साथ तो थे, मगर बीच में बहुत कुछ पानी के तेज़ बहाव की तरह निरन्तर बह रहा था।

अगले दिन चन्द्रमुखी हमें सौ-सौ हिदायतें देती, नौकरों पर निगाह रखने की ताकीद करती, अपने मायके चली गयी। उसका पति नौकरी की मसरूकीयत के कारण उसके साथ नहीं जा सका था। इसलिए ड्राईवर ही उसे छोड़ आया था। हम दोनों ने उसके घर की पूरी हिफ़ाजत और देखभाल करने की उसे अच्छी तरह यकीन दिलाया था और अब हम अपने कमरे में बैठे उस बारे में बातें कर रहे थे।

उसे मायके गये अभी दो ही दिन हुए थे। मैं टूटोरियल से लौट आया तो देखा पाशी बड़ी परेशानी में, बल्कि गुस्से की हालत में भरी हुई मेरा इन्तज़ार कर रही थी। मेरे पहुँचते ही उसने हमेशा की तरह पानी का गिलास देने के बजाय अपना गुस्सा उगल दिया, “मालूम नहीं कैसा मर्द है यह कुत्ता...हरामज़ादा...” पाशी के मुँह से ‘हरामज़ादा’ लफ्ज़ सुनकर जैसे मुझ पर आसमानी बिजली गिर पड़ी हो। यह असल में नया शब्द पाशी की निजी डिक्शनरी में शामिल हुआ था। परन्तु उसका तमतमाया चेहरा और गुस्से में आपस में उलझ रही हाथों की अँगुलियों की बेचैनी देख मैं समझ गया था कि मामला अत्यन्त गम्भीर है।

“कहीं पाशी के साथ किसी ने...” सोचते ही मेरे शरीर में कँपकँपी होने लगी। मगर जल्दी ही स्वयं को सँभालते हुए मैंने उसे कन्धों से झिझोड़ते हुए पूछा, “क्या बात हो गयी, खैरियत तो है। तुम किसके बारे में बात कर रही हो? कौन हरामज़ादा...?” घबराहट और परेशानी में मैं मालूम नहीं कितने सवाल पूछ गया। अपनी घबराहट का अन्दाज़ा मुझे जल्दी ही हो गया, क्योंकि पाशी को दिलासा देते समय मेरे दोनों हाथ अनजाने में ही इतनी ताकत से उसके कन्धों पर दब गये थे कि पीड़ा से खीझते हुए उसने मेरे परे हटाये। मैंने देखा, वह लाल हो गये थे। मैंने थोड़ा नम्र पड़ते हुए फिर पूछा, “सॉरी पाशी...मगर यह बता, तू आज किस पर बरस रही है...।” वह थोड़ा सँभल चुकी थी, इसलिए ठहरे मगर जल-भुनकर बोली,

"ये सारे मर्द पता नहीं एक जैसे ही क्यों होते हैं, मौके की तलाश में कुत्तों की भाँति सूँघते फिरते हैं कि कब कोई मौका हाथ लगे तो बस...।" उसने दाँत पीसते हुए कहा। मगर अब मेरा सब्र जवाब दे गया। मैंने लगभग चीखते हुए पूछा, "सच बताओ आखिर हुआ क्या है? क्या तुम्हें किसी ने कुछ...?"

उसने मेरी बात बीच में से ही टोकते हुए कहा, "इतनी हिम्मत नहीं है किसी में, जो मुझे कुछ कह सके? लेकिन हमारा वह मकान मालिक...बड़ा अफ़सर... बीवी तीन दिन की अपनी बीमार माँ के पास गयी हुई है और यह हरामी (पाशी ने दूसरी बार दाँत पीसते हुए फिर कहा) अपनी बीवी की गैरहाज़िरी में किसी 'परकटी' कंजरी को घर लाया था, रंगरेलियाँ मनाने के लिए।" पाशी की बात सुनकर मुझे भी बहुत हैरानी हुई थी, लेकिन फिर भी मैं कोई सिरा पकड़ने की कोशिश कर रहा था, "हो सकता है, उनकी कोई दोस्त, कोई जान-पहचान वाली या रिश्तेदार हो। इतना बड़ा आदमी है। उसका सामाजिक दायरा भी तो इतना ही बड़ा होगा। हो सकता है, तुम्हें ऐसा ही भ्रम हुआ होगा।" मैंने उसकी तसल्ली करवानी चाही, मगर वह तो जैसे मकान मालिक का सारा गुस्सा मेरे ऊपर ही निकालने पर तुली हुई थी। "हाँ...हाँ...आप भी तो मर्द ही हो। आप तो उसकी तरफ़दारी करोगे ही। लेकिन मैं बेवकूफ हूँ? मैंने उन दोनों को गाड़ी से उतर सीढ़ियाँ चढ़ते देखा था दरवाज़े की ज़ाली में से। तौबा। तौबा। कैसे एक-दूसरे की बाँहों में झूलते और लिपटकर चूमा-चाटी करते हुए अपने कमरे में घुस गये। सच बताऊँ? मुझे तो देखकर ऊबकाई आ गयी थी।" पाशी ने सचमुच ही वाशवेसिन में ज़ोर से थूक दिया। मैं अभी इस स्थिति को भी समझने का यत्न कर रहा था। इसलिए पाशी के आगे फिर से शंका ज़ाहिर की, "उनका नौकर भी तो घर में ही होगा, क्या उसके सामने ही...?" वह पानी का गिलास भर लायी और मुझे ज़बर्दस्ती पकड़ाते हुए बोली, "उनके कमरे में जाने के दस मिनट बाद मैंने नौकर को तेज़-तेज़ कदमों से बाहर जाते देखा। मैंने आवाज़ देकर उसे धीमे से बुलाया भी, मगर वह जानबूझ कर अनसुना कर बाहर निकल गया और फिर तब तक अन्दर न आया जब तक वह दोनों बेशर्म घर से दफा नहीं हो गये।" भरे मन से पाशी ने सारा आँखों देखा हाल बयान किया।

मैं सोच रहा था कि बेड़ा गर्क हो इन कंजरों का, जिन्होंने मेरी सुन्दर, सुशील और मितभाषी बीवी की जुबान पर 'हरामज़ादा' और 'बेशर्म' जैसे भद्दे और वाहियात शब्द ला रखे थे। लेकिन मैं जानता था इसमें बेचारी बीवी का कोई दोष नहीं, बल्कि परिस्थिति ही ऐसी थी, खासकर जब दोनों ने ही चन्द्रमुखी को उसके घर की हर चीज़ की हिफाज़त करने का वादा किया था। लेकिन क्या हम उसके घर की हिफाज़त कर पाये थे? क्या जवाब देंगे हम चन्द्रमुखी को। "मैं तो दीदी को सब कुछ बता दूँगी।" पाशी अभी भी गुस्से में थी। उसका कोमल नारीमन दूसरी

नारी की हकतल्फ़ी होते देख बर्दाश्त नहीं कर पाया था। "नहीं पाशी नहीं... पति-पत्नी का रिश्ता बहुत नाज़ुक होता है। आपस में विश्वास तड़क जाये तो रिश्ते टूट जाते हैं। इसलिए इन रिश्तों का भ्रम बना रहना चाहिए। हमें क्या फायदा चन्द्रमुखी को सब कुछ बताकर उसका घर तोड़ने का...? तुम ऐसे दिखाना जैसे हमें कुछ मालूम ही नहीं। हमें क्या लेना-देना परायी आग में कूदने से...। हमने चार दिन रहना है, चुप-चाप रहेंगे...चलो छोड़ो...।"

"यही तो मैं पूछ रही हूँ कि रिश्तों की पवित्रता और नज़ाकत का एहसास क्या मर्दों को नहीं होता? अगर यही सब कोई औरत करे तो..." पाशी ने दाँत पीसते हुए पूछा। मालूम नहीं क्यों उसकी बात सुन मेरा मन बेचैन होने लगा और मैंने बात टालने के बहाने उससे स्ट्रोंग-सी कॉफी की माँग कर दी। वह भरे मन से किचन की ओर चली गयी और मेरा ध्यान चन्द्रमुखी की ओर...।

मेरी हैरानी की हद ना रही जब अगले दिन भी शाम को घर लौटने पर पाशी ने मुझे बताया कि आज भी साहब के साथ कोई और औरत आयी थी और तीसरे दिन कोई और। मैं सोच रहा था कि इस आदमी को इस बात की भी शर्म नहीं कि घर में कोई किरायेदार भी रहते हैं, मगर जवाब मैंने स्वयं ही ढूँढ़ लिया। वह बेचारा सुबह नौ बजे घर से निकलता है, जबकि मैं स्वयं मुँह-अँधेरे सात बजे जा चुका होता हूँ। पाशी तो सारा दिन घर से बाहर ही नहीं निकलती। जब वह दस या ग्यारह बजे लौटता है, तब तक हम सो चुके होते हैं। उसके आने का भी पता हमें तब चलता है जब नौकर, उसका ड्राईवर और चपरासी उसे बाहों से घसीटते हुए सीढ़ियाँ चढ़ाकर ऊपर ले जाते हैं। वह स्वयं चलने या सीढ़ियाँ चढ़ने के काबिल नहीं रहता। ऐसी स्थिति में उसे क्या मालूम कि घर में कौन रहता है और कौन नहीं। उसे बस अपने नौकर का ही पता होगा, जिसे वह ऐसे समय बाज़ार या कोई फिल्म देखने भेज देता होगा। कोई करारा-सा नोट पकड़ाकर। अपनी आदतानुसार मैं इस समय भी हँस देता हूँ, इन सफेदपोशों की मस्रूफियत के बारे में सोचकर। अगले पल मुझे इस बूढ़े खूसट अफसर पर गुस्सा आता है। रिटायर होने में दो साल रह गये हैं साले के, मगर फिर भी यह रंगरलियाँ। भगवान भी साला कितनी बेइन्साफी करता है। क्या उसकी मेहरबानियों के पात्र सिर्फ़ ये लखपति और करोड़पति ही होते हैं? उसकी कोई मेहरबानी हम जैसों पर क्यों नहीं होती? क्या हम उसके सगे नहीं हैं? मालूम नहीं गुस्सा आते-आते मुझे रश्क-सा आने लगा। अन्दर कोई जलन-सी महसूस होने लगी। अब समझ में आ रहा है कि जब हम लोग नैतिक मूल्यों, समाज से खारिज हो रहे आदर्शों और फलाँ-फलाँ की दुहाई देकर शोर मचाते हैं तो कहीं न कहीं हमें गुस्सा इस बात का भी होता है कि साला, वह क्यों खा गया, उसके स्थान पर यह सब कुछ मुझे नहीं मिल रहा...।

हमारी बेटी डिम्पी का एडमिशन कालोनी के ही एक बढ़िया स्कूल में हो

गया। पाशी भी किसी स्कूल में नौकरी करने की बात कई बार कर चुकी थी। मैंने भी अपने जान-पहचान वालों से इस बारे में बात छेड़ी हुई थी, शायद कहीं कोई जुगाड़ बन भी जाये। चन्द्रमुखी भी वापस लौट आयी है। बहुत उदास और ज़र्दा हुई। वह आते ही पाशी के गले लगकर सिसकने लगी, "लगता है, मेरी माँजी अब थोड़े ही समय की मेहमान हैं। जी तो नहीं करता था मेरा आने को, मगर घर..." मालूम नहीं क्यों 'घर' कहते हुए उसकी जीभ जैसे अटक गयी। मेरी और पाशी की नज़र भी आपस में मिली, परन्तु घबराकर झुक गयी। चन्द्रमुखी ने जैसे हमारे चेहरों से कुछ पढ़ लिया था, परन्तु फिर बात टालते हुए बोली, "मैं थोड़ा फ्रेश हो लूँ, फिर बातें करेंगे...।" कहकर वह चली गयी। मैंने पाशी को अच्छी तरह से समझा दिया था कि वह भावुकतावश ऐसी कोई बात ना कर बैठे, जिस कारण उनके घर में क्लेश हो।

अगले दिन टटोरियल से मेरी छुट्टी थी। पाशी सुबह-सुबह तैयार होकर किसी स्कूल में इंटरव्यू देने चली गयी थी। आजकल उसकी यही व्यस्तता हो गयी है। डिम्पी भी स्कूल गयी हुई है। मैं बेपरवाह-सा घर बैठा हूँ। अचानक चन्द्रमुखी अन्दर आ गयी। हमारे घर में आते समय उसे कभी दस्तक देने की जरूरत नहीं पड़ती थी। क्योंकि घर में इस समय सिर्फ़ पाशी ही होती है। परन्तु आज पाशी की जगह मैं अकेला ही घर में था। वह भी बड़े रिलैक्स मूड में थी। नहाकर मैंने सिर्फ़ शार्ट्स ही पहने हुए थे। बनियान उतारकर मैंने कूलर चलाया हुआ था और सामने टी.वी. पर कोई फिल्म चल रही थी। मेरे हाथ में रिमोट था, मगर मेरा ध्यान फिल्म में बिल्कुल भी नहीं था। मेरा ध्यान किसी ताने-बाने में उलझा हुआ था। अनजान ही मेरे हाथ रिमोट के बटन दबते जा रहे थे। मेरी खोपड़ी का शैतानी दिमाग शैतानी योजनाएँ बना रहा था। मगर इन शैतानी योजनाओं का ताना-बाना इतनी सूक्ष्मता तथा कलात्मकता से बुनना पड़ रहा था कि मेरी एक-एक हरकत क्लासिक छुअन बन जाये, जैसे कोई मूर्तिसाज़ कोई शाहकार तराश्ता है। छैनी की नाजुक ठोकरों से। अब मेरी कलात्मकता का इम्तहान था। मैं मुस्करा दिया।

चन्द्रमुखी अन्दर आ तो गयी, मगर ठिठक कर दरवाज़े में ही खड़ी हो गयी। मैंने भी शर्मिन्दा होने का स्वांग करते हुए सामने टँगी हुई स्लीवलैस टी-शर्ट पहन ली। "आइए...आइए...प्लीज़ खड़ी क्यों हैं, बैठिए न?"

मैंने कुर्सी की ओर इशारा किया और शीशे के सामने अपने बालों में ब्रश मारते हुए चोर नज़रों से उसकी ओर देखा। वह झिझकती-सी कुर्सी पर बैठ गयी। "पाशी कहाँ है?" उसने पूछा तो मैंने हँसकर आजकल पाशी के इंटरव्यू के बारे में उसे बता दिया। अब वह थोड़ा नार्मल होकर बैठ गयी। "मुझे बताना था, मैं तो आराम से उसे किसी भी अच्छे स्कूल में एडजस्ट करवा सकती हूँ।" हम छोटी-छोटी बातें करने लगे। चन्द्रमुखी प्लेट में मुरब्बा लेकर आयी थी। शायद उसके मायके

के शहर की सौगात थी। मैंने आँवले का छोटा-सा टुकड़ा उठाकर मुँह में डालते हुए कहा, "बहुत मीठा है।" मेरी नज़रें उसकी नज़रों से जा मिलीं। वह शर्माकर हँस दी "और लो न" और मैंने और ले लिया। फिर एक और। मुझे लगा यह मौका बहुत अच्छा है और इसका सही उपयोग करना चाहिए। क्लासिकल छुअन बड़े नम्र और हल्के ब्रुश से दी जाती है। मैंने उसके हाथ से प्लेट लेकर स्वयं उसके सामने कर दी, "आप भी लीजियेगा" वह खिलखिला दी, "वाह भई! बड़े चालाक हो आप, मेरी ही चीज़ से मेरी मेहमान निवाज़ी? भई वाह प्रोफेसर साहब आप तो बहुत कंजूस निकले...।" उसकी टकोर सुनकर मेरी नसों में खून का दौरा बढ़ गया। मैं मुस्कराते हुए रसोई से मीठे की कटोरी भर लाया। "लीजिए, हमारी ओर से यह सौगात...मगर देखना, यह बहुत गर्म चीज़ होती है...कहीं...।" मैंने जानबूझकर बात बीच में ही छोड़कर उसके चेहरे के हाव-भाव देखने चाहे। मगर उसने चालाकी से बात पलटते हुए कहा, "अरे, इतने गर्म मौसम में पंजीरी? कहीं पाशी दुबारा...।"

"नहीं, नहीं जी, तौबा कीजिए। हम से तो एक भी ठीक से नहीं संभाला जाता। दरअसल पाशी को कुछ दिनों से 'पीरियड' आने पर बड़ी दर्द होने लगी थी। किसी ने उसे यह देसी इलाज बताया था, बस इसलिए...।" वह हँस दी। मैं अपना तीर आज़माने लगा।

"आप बताओ, मायके सब ठीक-ठाक था? माँजी का क्या हाल है अब?"

"हाँ, माँ तो ठीक हैं। आप बताओ यहाँ पीछे सब ठीक-ठाक रहा?"

"हाँ, ठीक तो रहा...मगर सब कुछ नहीं...मेरा मतलब...हमने आपसे वादा किया था कि आपके घर की हिफाज़त करेंगे परन्तु...।" मैंने शर्मिन्दा होने का स्वांग रचते हुए अटकते हुए कहा। मुझे यकीन था कि चन्द्रमुखी घबराकर पूछेगी कि क्या हुआ। और फिर मैं धीरे-धीरे उसे सारा किस्सा कह सुनाऊँगा। फिर जब वह सिसकने लगेगी तो मैं उसे दिलासा दूँगा...उसके आँसू पोछूँगा।...फिर...फिर। शायद इसलिए मेरे शैतान मन ने पाशी को चन्द्रमुखी से कुछ भी कहने से मना कर दिया था। यह सब कुछ मैं अपने ढंग से उसे सुनाना चाहता था, एकदम कलात्मक अन्दाज़ से। अगर सब कुछ जानने के बाद उसने टूटना ही था तो उसे समेटने वाला भी तो कोई चाहिए था और इस काम में मैं स्वयं को सबसे अधिक माहिर समझता था। मगर चन्द्रमुखी ना तो उछली, ना हैरान हुई और ना ही परेशान।

"मैं सब कुछ जानती हूँ। जो कुछ आप आज देख रहे हो वह सब कुछ मैं पिछले बीस वर्षों से देखती आ रही हूँ। आपको भी मेरी तरह धीरे-धीरे आदत हो जायेगी।" वह उठकर जाने लगी तो मैंने धीरे से उसका हाथ पकड़ लिया। उसने पलटकर मेरी ओर देखा तो मैंने अपने चेहरे पर बेहद मासूमियत ला, दुःख से

कहा, "मुझसे आपका यह दुःख...यह अकेलापन...यह घुट-घुटकर ज़हर पाने की सज़ा देखी नहीं जाती। आप अपने हालात से विद्रोह क्यों नहीं करतीं।"

चन्द्रमुखी की आँखें भर आयीं और मैंने उसे दिलासा देते हुए धीरे से उसे अपने सीने से लगा लिया। मुझे उम्मीद थी कि वह झटके से अलग हो, बाहर चली जायेगी और फिर मुझे शर्मिन्दगी ज़ाहिर करने के लिए पता नहीं कितने स्वांग भरने पड़ेंगे। मगर यहाँ तो परिस्थिति मेरी सोच के उलट हो गयी। चन्द्रमुखी मेरे सीने से लगी आँसू बहा रही थी और उसके हाथ मेरी कमर को अनचाहे ही कस रहे थे। मेरे होंठों पर चिरपरिचित मुस्कान थी। स्वयं को पहली सफलता और मुबारकबाद देने वाली मुस्कान। मैंने उसके बालों पर होंठ रख दिये। पीठ पर कोमलता से हाथ फेरा और अपनी आँखों में उदासी भर उससे कहा, "चलो छोड़ो। आप हौंसला रखें...जहाँ इतनी ज़िन्दगी कट गयी बाकी भी कट जायेगी। वैसे मैं आपके हौंसले की दाद देता हूँ। इतना दुःख कोई औरत चुपचाप सह जाये और उफ़ तक ना करे...आप जैसे को ही 'सन्त' कहा जाता है। आप सचमुच महान् हैं।" और मैंने एक बार ज़रा और कसकर उसे सीने से लगा लिया।

मैंने आपको बताया था न कि मैं जल्दबाज़ी में कोई काम नहीं करता। चन्द्रमुखी को सोने के पिंजरे से निकाल अपनी बाँहों के घेरे तक लाने के लिए मुझे खुद को बेहद सँवारना और निखारना पड़ा। उसकी ही सिफारिश पर पाशी को एक प्राइवेट स्कूल में नौकरी मिल गयी। आजकल बच्चों के इम्तहान चल रहे थे, जिस कारण मुझे टीटोरियल से छुट्टियाँ थीं। पाशी अपने स्कूल में बिज़ी थी। डिम्पी अपने स्कूल में और मैं घर में। पाशी को खुश रखने के लिए मैं नाश्ते से लेकर लंच तक का सारा खाना अपने हाथों से बनाकर रखता। किचन की टाइलें रगड़-रगड़कर चमका दी थी। बर्तन चमकाकर रैक में सजा देता। आते ही पाशी को ताजा फ्रूट जूस पेश करता तो वह निहाल हो जाती। कभी-कभी हैरानी से छेड़ भी देती कि पति अगर पत्नी की बढ़-चढ़कर सेवा करने लगे तो समझो उसकी नीयत में कोई खोट आ गया है। मैं हँसकर टाल जाता।

चन्द्रमुखी अब अक्सर ही मेरी ओर आ जाती। हम कभी कोई फिल्म देखते, कभी ताश खेलते, कभी चैस। बातें करते, टी.वी. देखते अक्सर हमारे हाथ एक-दूसरे के हाथों में होते। मैंने कभी भी उतावलापन या बेहूदगी ज़ाहिर नहीं होने दी थी। बेशक मन में काफी बेहूदगियाँ उथल-पुथल मचाये रखती, मगर मैं कमाल के ज़ब्त से खुद को सँभाल लेता। मैं चाहता था, जो भी हो वो चन्द्रमुखी की ओर से हो। मैं यह भी चाहता था कि वह अपने जज़बात के सारे बाँध तोड़कर खुद ही टूटकर बिखर जाये और फिर मेरी सान्त्वना प्राप्त करने के लिए तड़पकर मेरी बाँहों में ढेर हो जाये। यह सब कुछ एक झटके से न होकर, धीरे-धीरे एकदम कलात्मक अन्दाज़ से हो न कि ज़ाहिल ढंग से। अकेले में मैं धीरे से उसके पति की

बेवफाई की बातें छेड़ देता। उसे यह भी बता देता कि जब वह घर नहीं होती तो कोई न कोई स्वीट डिश उसके पति के लिए होम-डिलीवरी की तरह पहुँच जाती है। वह आह भरकर कहती, यह तो कुछ भी नहीं। उसने कई बार, इसी कमरे में, जो अब हमारे पास किराये पर है, में अपने अफसर पति को बेगानी औरतों के साथ नाजायज़ हालत में देखा है।

"आपके घर में होते हुए भी?" मैं हैरान होकर पूछता। "हाँ, दरअसल, यह कमरा बनावाया ही उन्होंने बाहर के लोगों से मुलाकात करने के लिए था। दफ़्तरी कामों के लिए आये लोगों को वह यहीं मिलते थे। इन लोगों से मेरा किसी प्रकार का कोई सम्पर्क या नाता नहीं हाता था। सिर्फ़ नौकर ही चाय-पानी ले जा सकता था। वह तो मैं कभी नौकरों को पैसे, कपड़े या दीवाली-ईद पर गिफ्ट देकर अपने विश्वास में लिया, तो वह डरते-झिझकते मुझे यह सब बातें बताने लगे। मगर जब उन्हें इस बात का एहसास हो गया कि मेरी तुच्छ हस्ती से उन्हें कोई खतरा नहीं तो वह बेखौफ हो मुझे सब बताने लगे। कई बार सीढ़ियाँ चढ़ते-उतरते मैंने उन्हें अपमानजनक हालत में देखा...मगर...।"

"मगर...क्या आपने कभी कोई ऐतराज़ नहीं किया। आखिर आप उनकी ब्याहता बीवी हो।" मेरे हाथ सान्त्वना दे रहे होते और वह अपना दुःख बाँटती रहती, "वह सख्त अफ़सर ही नहीं सख्त पति भी हैं। मुझमें इतनी हिम्मत नहीं और न ही हैसियत कि मैं उनके सामने जुबान खोलूँ। इसलिए मैंने सारा ज़हर अपने अन्दर ही सँभाल लिया...।"

चन्द्रमुखी अपने ज़हर को सँभालकर रखने की बात कर रही है और मैं सोच रहा हूँ कि अब वही ज़हर अपनी हदों से उछलकर बाहर छलकने के लिए उतावला नहीं हो रहा? और क्या उसी ज़हर को शिव की तरह निगलकर अपना कंठ नीला कर लेने का पागलपन मैं नहीं कर रहा? फिर इस पागलपन में मुझे कोई महानता या त्याग नज़र नहीं आ रहा। बल्कि यह एक फितूर या कहो कि सदियों से मर्द के अन्दर का अहम् या कमीनापन है जो हमदर्दी के नाम पर अपनी बीवी के होते हुए भी किसी दूसरे की बीवी को अपने वश में करने के मौके तलाश रहा है, बड़ी चतुराई के साथ। वह भी ऐसी औरत, जिसके बच्चे मेरे हमउम्र के या कुछ ही छोटे हैं।

पल भर के लिए मुझे ग्लानि हुई, मगर तभी मुझे यह एहसास हुआ कि जिस औरत के बारे में सोचकर मैं हीन भावना महसूस कर रहा हूँ, वह स्वयं भी तो बिन पानी की मछली की तरह सूखी रेत पर नहीं, बल्कि मेरी गोद में आने के लिए छटपटा रही है।

उन्माद के उन पलों में हमें घड़ी देखने का होश ही नहीं रहा था कि अचानक सीढ़ियाँ पर ठक-ठक की आवाज आयी। पाशी की हाई हील की सैंडल की विशेष

ठक-ठक भला मैं कैसे न पहचानता? 'पाशी' मेरे मुँह से घबराहट से निकला और चन्द्रमुखी किसी गेंद की तरह उछल कुर्सी पर जा बैठी। आनन-फानन में उसने अपना चेहरा, कपड़े, बाल, लिपस्टिक यथाशक्ति सँवार लिए। मगर नंगा अपने ही नंगेज़ से शर्मसार होता है। यही हालत हम दोनों की थी। हमारे कमरे का दरवाज़ा पहले कभी भी बन्द नहीं रहता था, मगर आज वह बन्द था, शुक्र है कि चिटकनी नहीं लगी हुई थी। हम दोनों अन्दर और पाशी बाहर दरवाज़े पर हैरत की मूर्ति बनी खड़ी थी। चन्द्रमुखी ने जल्दी से अपने घर से बनाकर लाये बैगन के पकौड़ों की प्लेट उठा ली। जिसकी ओर अभी तक हमारा ध्यान ही नहीं गया था। "आज नौकर से बैगन के पकौड़े बनवाये थे, सोचा इकट्ठे खाते हैं। वही लेकर मैं इधर आ गयी।" चन्द्रमुखी ने स्वाभाविक होने की कोशिश की मगर उसकी आवाज़ की लरज़िश को मैंने महसूस कर लिया था।

पाशी ने मुस्कराकर एक पकौड़ा प्लेट से उठा लिया। मुझे लगा जैसे पाशी की नज़र एक पल के लिए चन्द्रमुखी के बालों पर अटकी, मगर शायद, यह मेरा वहम ही हो। "मैं चाय बनाकर लाती हूँ", कहते हुए पाशी किचन की ओर चली गयी। मैंने और चन्द्रमुखी ने एक-दूसरे को देखकर प्रभु का ध्यान किया कि आज उसने हम दोनों की इज्ज़त रख ली थी।

उस रात मैंने महसूस किया, जैसे पाशी सारी रात करवटें बदलती रही थी। वह बार-बार उठकर बैठ जाती। कभी बाथरूम जाती, कभी फ्रिज से पानी का गिलास भरकर पीती।

"क्या बात है पाशी? तू ठीक तो है?" मैं भी उठ बैठा।

"पता नहीं क्यों बेचैनी-सी हो रही है। सिर में अजीब-सा दर्द उठ रहा है, जैसे बी.पी. लोअर हो गया हो।" उसने सिर को दोनों हाथों से दबाते हुए कहा। 'बी. पी. लोअर....?" मैंने हैरानी-सी पूछा, क्योंकि पाशी अगर बी.पी.हाई कहती तो हैरानी की बात नहीं थी, मगर लोअर....? उसके बाद भी मैंने पाशी को कई बार अपने हाथों से सिर दबाते देखा। जब रहा न गया तो पूछ ही लिया, "आजकल ऐसा क्यों हो रहा है?" "मालूम नहीं, मुझे कल-परसों भी स्कूल में काफी तेज़ सिर दर्द हो रहा था। डॉक्टर को बताया, उसने कहा बी.पी. लोअर है। दवा खायी तो ठीक हो गया मगर....।"

"मगर पाशी तूने मुझे बताया क्यों नहीं।" मैंने शिकायत की।

"नहीं, ऐसी कोई बड़ी बात तो थी नहीं जो बताती। सिरदर्द तो आम ही होता रहता है। इसमें ढिढोरा पीटने वाली कौन-सी बात थी।" पाशी उठकर गोली ढूँढ़ने लगी। "मैं कॉफी बनाकर लाता हूँ। बी.पी. लोअर में यह बेस्ट रहती है", कहकर मैं किचन की ओर जाने ही लगा तो उसने रोक दिया। "आधी रात को कॉफी पी तो बाकी रात नींद कैसे आयेगी। मैंने गोली खा ली है शायद रिलीफ मिल जाये

और नींद भी आ जाये। वह लेट गयी और मैं उसका माथा सहलाने लगा। उसका माथा सहलाते हुए मेरा मन भटकने लगा। दो आकार आपस में एकाकार होते नज़र आये। पाशी-चन्द्रमुखी, चन्द्रमुखी-पाशी। मैंने दिमाग को झटककर ध्यान हटाने की कोशिश की। शायद पाशी सो चुकी थी। मुझे भी अपना शरीर टूटता महसूस हो रहा था और ऐसी स्थिति में भी मैं अपनी आदत अनुसार मन ही मन हँस दिया, अपनी थकावट के बारे में सोचकर। थकाबट हो क्यों न? दो-दो शिफ़्टों में काम करना आसान भी तो नहीं होता।

सयाने सच ही कहते हैं कि मुज़रिम कितना ही चालाक क्यों न हो, मगर जाने-अनजाने वह अपने जुर्म के निशान कहीं न कहीं छोड़ ही जाता है। मैं मैथ्स का तुजुर्बाकार ट्यूटर हूँ। इसलिए हर समय जमा-घटा, गुणा और तकसीम की योजनाएँ बनाता ही रहता हूँ। मगर कभी-कभी ये सब आपस में इतने गुत्थम-गुत्था हो जाते हैं कि सारा फ़ार्मूला ही गलत सिद्ध हो जाता है।

डिम्पी के पेपर खत्म हो चुके हैं और आजकल वह घर पर ही रहती है। पाशी को स्कूल के बच्चों का रिजल्ट बनाने के लिए रूटीन में स्कूल जाना पड़ता है। मेरा भी अभी नया सेशन शुरू नहीं हुआ इसलिए मैं घर पर ही होता हूँ।

डिम्पी टी.वी. पर कार्टून देखने में मस्त है। मैं कुछ सोचकर उसकी ओर जाता हूँ, "**डिम्पी** बहुत देख लिया टी.वी. अब थोड़ा आराम कर ले। आँखें खराब हो जायेंगी।" मैंने रिमोट हाथ में ले लिया। वह मचलने लगी, "पापा, अभी तो इलेवन-ओ-क्लॉक हुआ है। प्लीज़ यह टॉम एंड ज़ैरी वाला कार्टून खत्म होने दों, फिर मैं सो जाऊँगी।" मैंने हिसाब लगाया, अभी टॉम एंड ज़ैरी आधा घंटा और बाकी है।

"दीप, तुम्हारा फोन है," चन्द्रमुखी की शहद-सी आवाज आती है। मैं डिम्पी की ओर देखता हूँ। "डिम्पी बेटा, इलैवन-थर्टी पर टी.वी. बन्द कर देना। मैं फोन सुनने ऊपर जा रहा हूँ....ठीक है।"

"ठीक है पापा....." कहकर डिम्पी फिर चूहे-बिल्ली में मस्त हो गयी।

चन्द्रमुखी के कमरे में ए.सी. फुल स्पीड पर है। लॉबी में गर्मी होने के कारण, वहाँ फोन सुनने के बजाय उसने मुझे अपने ठंडे कमरे में ही बुला लिया है। मैंने देखा, वह बड़े ही रिलैक्स मूड में पलँग पर लेटी हुई है। दुपट्टा कहीं है, बाल शायद उसने अभी-अभी धोये हैं। शैम्पू और कंडीशनर की महक जैसे मुझे इशारा कर रही है। मैं एक नज़र उसे देखता हूँ, हल्की ग्रे शेड की लिपस्टिक उसकी साँवली रंगत पर सज रही है। मैं फोन पर बात तो कर रहा हूँ, मगर मेरे हाथ कहीं और व्यस्त हो जाते हैं। चन्द्रमुखी का नौकर बाज़ार गया हुआ है और जाते-जाते गेट ऊपर से बन्द कर गया है। इसलिए बाहर से आने वाला कोई आदमी कुंडा खोलकर आसानी से अन्दर आ सकता है। मगर इस वक्त हमारा ध्यान उधर-इधर....?"

ध्यान हमारा तब उखड़ता है, जब कमरे में से पाशी चीखकर मेरा नाम ज़ोर से पुकारती है। पल में ही हम घबरा जाते हैं और तेज ए.सी. के बावजूद मेरे माथे पर पसीने की बूँद चमक पड़ती है। मैं माथा पोंछते हुए कमरे की ओर भागता हूँ। पाशी गुस्से से मेरी ओर देखकर पूछती है कि मैं डिम्पी को अकेले यहाँ छोड़कर वहाँ क्या कर रहा था। "मेरा फोन आया था डार्लिंग, वही सुनने गया था।" पहली बार आज मेरे मुँह से पाशी के लिए डार्लिंग शब्द निकलता है, चन्द्रमुखी के लिए तो सम्बोधन ही यही है।

"कितने बजे गये थे दीप?" वह तीखी नज़रों से सवाल करती है। मेरी नज़र घड़ी से होते हुए डिम्पी के चेहरे पर पड़ती है और मुझे झटका-सा लगता है। डिम्पी का चेहरा रो-रोकर सूज गया है। मालूम नहीं वह कब से रो रही है। मैं पाशी के सवाल को नज़र अन्दाज़ कर डिम्पी को पुचकारने के लिए बाँहों में उठा लेता हूँ, "क्या हुआ मेरे बच्चे को? रो क्यों रही है?"

"पापा, इलैवन-ओ-क्लॉक पर आप आंटी के घर गये थे....मैं कार्टून देख रही थी कि अचानक टी.वी. से निकलकर, टॉम एंड ज़ैरी वाला (चूहा) कमरे में दौड़ने लगा। पापा कभी टी.वी के पीछे, कभी कुर्सी के पीछे.....। वह तो बेड पर भी चढ़ने लगा था, पापा...." वह फिर से हिचकियाँ लेने लगी और पहली बार मेरा अन्तर्मन का शैतान मासूम-सी बेटी के सामने अपराधी महसूस करने लगा। मैंने दोनों हाथों को कानों से लगाकर कहा, "सॉरी बेटा,....वह....असल में।" मैं अभी कुछ बोलने ही लगा था कि पाशी बाथरूम में घुस, दरवाज़ा ज़ोर से बन्द कर दिया। ऊपर से गिरते तेज़ शॉवर की आवाज़ ने मेरे मन को बेचैन कर दिया। मैं डिम्पी को उठा बाज़ार आ गया। इस समय स्थिति को टालने की लिए इससे बढ़िया हल मुझे और कोई न सूझा।

मगर पाशी इस तरह खामोशी से बाथरूम के शॉवर के नीचे क्यों खड़ी हो गयी। नार्मल औरतों की तरह उसे मुझ पर चीखना चाहिए था। कालोनी की सड़कों पर चलते हुए अचानक बचपन का एक दृश्य मेरी आँखों के सामने घूम गया। छोटा-सा ही था तब मै। हम सभी घरवाले किसी रिश्तेदार की शादी में गये हुए थे। मेंहदी-रात थी, हर तरफ हंगामें जैसी हालत। ढोल बज रहा था, भँगड़ा डाला जा रहा था कि अचानक रंग में भंग पड़ गया। मेरे डैडी के यार-दोस्तों ने मिलकर खूब देसी चढ़ा ली थी और रिश्ते में लगती अपनी किसी भाभी को छेड़ दिया था। बड़ा शोरगुल हुआ। माँजी तो कितने महीने गुस्से में मायके ही जा बैठी थी। फिर धीरे-धीरे यह बात भी निकल आयी कि डैडी का उस भाभी से तब का चक्कर चल रहा था, जब से वह ब्याह कर इस गाँव में आयी थी। मगर डैडी का सब्र छलक उठा था विवाह के ढोल-ढमाके में देसी ठर्रा पीकर। माँजी बड़ी मुश्किल से सौ-सौ शर्तें रखकर मायके से लौटी थी। मुझे याद है, मम्मी ने आते ही बरामदे

में खड़े होकर हम चारों भाई-बहनों को अपने साथ सटाते हुए गुस्से से कहा था, "दीपे के बापू, यह ना सोचना कि मैं बुद्धू हूँ और कुछ नहीं जानती। मुझे शुरू से ही सब मालूम था जो खिचड़ी पकती रही थी। मगर मैं अपने छोटे-छोटे बच्चों के कारण चुप रही थी। मगर अब मैं आखिरी बार तुम्हें बता रही हूँ, यदि फिर से ऐसी कोई हरकत की तो मैं अदालत में जाकर फैसला करवाऊँगी....।" बचपन का यह दृश्य याद कर मेरा शैतान मन गुस्सा या शर्मिन्दा होने की बजाय, अपनी आदत अुनसार फिर से मुस्करा पड़ा। अगर आज मेरे मम्मी-डैडी जिन्दा होते और उन्हें मेरी इन बेहूदगियों के बारे में पता लगता तो क्या होता? डैडी शायद मूँछों में ही मुस्कराते हुए सोचते, "शेर का पुत्र शेर ही निकला साला.....।" और माँ उस दिन की तरह ही कमर पर दोनों हाथ रख कड़ककर कहती, "नासपीटे, तूने साबित कर दिया कि तू किस बाप की औलाद है?" इस दृश्य की कल्पना करते हुए मेरे मुँह से ठहाका फूट पड़ा। कौन किस बाप का बेटा है, भला इसका दावा कौन-सा बेचारा बाप कर सकता है, वह तो बस माँ ही दावा कर सकती है जो स्वयं जानती हो। अच्छा ही है, जो आज जैसा नामुराद डी.एन.ए. टेस्ट पहले नहीं होता था, नहीं तो इस सृष्टि पर हर समय महाभारत ही मचा रहता।

बाज़ार से डिम्पी को कुछ थोड़ा-बहुत लेकर देते हुए काफी समय बीत गया। वापस लौटते समय मैं सोच रहा था, कि शायद अब घर जाते ही पाशी मुझ पर बरस पड़े। मन ही मन मैं उसकी ओर से किये जाने वाले सवालों का क़यास लगा जवाब ढूँढ़ने की कोशिश की। मगर यदि पाशी भी माँजी की तरह शर्तें रखने लगी तो? खैर में घर आया। यहाँ सब कुछ मेरी सोच के एकदम उलट था। पाशी हमेशा की तरह नार्मल नज़र आ रही थी, मगर भयानक-सी खामोशी यहाँ पसरी हुई थी। डिम्पी जाते ही सो गयी। मैंने टी.वी. चला दिया। शायद मैं भी नार्मल नज़र आने की कोशिश कर रहा था। पाशी कोई दवा खाकर कूलर के आगे सो गयी। मैं सोचने लगा, इन पढ़ी-लिखी माडर्न औरतों की मानसिकता कैसी है? क्या स्टेटस कांशस होने के कारण ऐसी किसी भी असहनीय स्थिति को ज़हर की तरह पीने के लिए मज़बूर हैं? मुझे तो अपनी माँ और उस जैसी ही औरतें अच्छी लगती हैं जो ऐसी किसी स्थिति में चीख-चिल्लाकर अपनी भड़ास निकाल लेती हैं और फिर गरज़-बरसकर शान्त भी हो जाती हैं। मगर आजकल की औरतें चीखने-चिल्लाने की बजाय एक घुटन भरी खामोशी का वातावरण बना टॉर्च करने लगती हैं। मुझे याद आया मैंने किसी पुस्तक में 'चाईनीज़ मैथडॅ ऑफ टॉर्च' के बारे में पढ़ा था। लिखा था, चीन में सबसे संगीन सज़ा के तौर पर अपराधी का सिर मूँड़ दिया जाता था। एकदम सफाचट। फिर उसे किसी कुर्सी पर बिठाकर सिर ऊपर पानी का घड़ा टाँग दिया जाता था। पानी की एक-एक बूँद वक़्फ़े के बाद अपराधी की गंजी खोपड़ी पर गिरती रहती। ठंडे बर्फ के पानी की एक बूँद के गिरने के बाद अगली

बूँद के गिरने तक जो मानसिक कष्ट अपराधी भोगता था, वह किसी फाँसी की सज़ा से कम नहीं होता था। बल्कि पल-पल बाद मौत की सजा। क्या यह खामोशी भी उसी चाईनीज़ मैथड ऑफ टॉर्च जैसे असहनीय सज़ा नहीं?

अगले दिन पाशी ने छुट्टियाँ होने के कारण घर वापस जाने का फैसला कर लिया। "मगर पाशी, मेरी तो ट्यूशन्स अब शुरू होने वाली हैं....मैं किस प्रकार?" परेशानी में मैं कह बैठा। "आपको कौन मज़बूर कर रहा है चलने को। आप बेशक यहीं रहो। मैं तो डिम्पी को साथ लिए जा रही हूँ।" वह अपना और डिम्पी का सामान पैकर करने लगी। अपने कमरे में मैं अकेला रह गया और ऊपर के कमरे में चन्द्रमुखी। मालूम नहीं क्यों, मुझे इस खामोशी से डर लगने लगा और मैं कमरे से निकल बाहर खुली सड़कों पर चलने लगा।

पाशी, डिम्पी को लेकर चली गयी थी। घर खाली-खाली लग रहा था। मैं घर से निकलकर कुछ पुराने दोस्तों से मिला। फिर से ताज़ादम होकर नयी फुर्ती से अपने रौं में आ गया। सुबह-सवेरे हल्का-सा नाश्ता कर, बाद में मैंने आराम से नहा-धोकर शेव की, वेल-ड्रेस होकर परफ्यूम छिड़का और टी.वी.ऑन कर बैठ गया। तभी दरवाज़े पर ठक-ठक हुई। सामने चन्द्रमुखी खड़ी थी। हाथों में कलाकन्द की प्लेट पकड़े। स्वयं भी वह निखरी-सी कलाकन्द के टुकड़े-सी ताजी लग रही थी। "आज मेरी शादी की सालगिरह है",कहते हुए वह प्लेट रखकर चली गयी। कल जाते समय पाशी उसे बड़े अपनत्व से मिलकर गयी थी। जाते-जाते उसका चन्द्रमुखी को मेरा ध्यान रखने के लिए कहना मेरे लिए अचम्भा भरा था। मगर फिर में इस बात से लापरवाह हो गया। चन्द्रमुखी के नौकर को बाहर जाते देख मैंने पूछ लिया कि "कहाँ जा रहा है।" "आज मेमसाहब की मैरिज एनवरसिरी है न। उन्होंने खुश होकर फिल्म देखने के पैसे दिये हैं।" वह खुशी से सीढ़ियाँ उतर गया।

मुझे अपनी अशिष्टता का भान हुआ। चन्द्रमुखी इतनी मेहनत से सज-सँवरकर मुझे अपनी सालगिरह की सूचना देने आयी थी, मगर मैंने तो उसे बधाई भी न दी। मैं उसके कमरें में चला गया। हमेशा की तरह वह अपने ए.सी. कमरे में लापरवाही से लेटी हुई थी। मगर उसकी आँखों में उदासी थी। "चन्द्रमुखी" मैंने उसके पास जाकर उसे छूते हुए हौले से पुकारा। उसने शिकायत भरी नज़रों से मेरी ओर देखा, मगर कुछ बोली नहीं।

"चन्द्रमुखी, तुम सोचती होंगी कि मैंने तुम्हें बधाई नहीं दी। मगर मेरी जान तू ही बता, मैं तुझे तेरी इस शादी की बधाई कैसे दे सकता हूँ।" मैंने उसके होंठों पर अँगुली फेरते हुए कहा, "मुझे मालूम है कि शादी के नाम पर तू मुझे सलाखों में कैद कोई मासूस-सी हिरनी लगती है....तू ये सलाखें तोड़ क्यों नहीं देती? आज़ाद क्यों नहीं हो जाती अकेलेपन के इस नरक कुंड से....क्यों ज़हर पी रही हैं मेरी

जान?" मैं स्वयं को उसकी गोदी में गिरा-सा लिया। उसकी नग्न अँगुलियाँ मेरे बालों में फिरने लगीं।

"दीप, मेरे इस भयानक ज़हर का तोड़ इससे भी तीखे ज़हर से ही सम्भव था। इसीलिए मैंने इस दूसरे ज़हर का अविष्कार कर लिया। जानते हो किसके?"

"बता" मैंने मन्त्र मुग्ध होते हुए पूछा।

"तू....तू है....उस ज़हर का तोड़। यह भी तो एक भटकाव ही है न दीप? पति की ठुकरायी-प्यासी औरत प्रेमी के पहलू में सकून तलाश रही है। मगर मैं भी क्या करती दीप? कोई भी औरत अपने पति को किसी और के पहलू में देख सहन नहीं कर सकती। मगर जहाँ वश न हो वहाँ खामोश रहकर ज़हर के घूँट भरने पड़ते हैं। मगर कभी-कभी यही ज़हर परलो ले आता हैं। जानते हो, मैंने कितनी मानसिक बीमारियाँ, कितना डिप्रेशन भोगा है। अपने पति के जिस्म से आती दूसरी औरतों के अलग-अलग परफ्यूमों की महक मुझे पागल कर देती थी। मैं तो सारी ज़िन्दगी उसके साथ वफ़ा निभायी? मगर मुझे फिर सज़ा क्यों मिली? मैं भी तो इनसान हूँ, दीप। आखिर कब तक ज़हर पीती रहती। पति की बेवफाई का दर्द मैं प्रेमी की बाँहों में भुलाने के लिए मज़बूर हूँ, दीप। नहीं तो मेरा मानसिक तनाव, यह डिप्रेशन, मुझे पागल कर देगा। तुम्हें क्या बताऊँ, यह भटकाव कितनी भयानक सज़ा है।"

चन्द्रमुखी पता नहीं क्या-क्या कह रही है। मगर मुझे उसका दुहराया एक लफ्ज़ 'डिप्रेशन' बार-बार मेरे ज़ेहन में बम की भाँति फट रहा है, "पति की बेबफाई का दर्द, मैं प्रेमी की बाँहो में भूलाने के लिए मज़बूर हूँ, नहीं तो यह डिप्रेशन....।" मुझे लगता है कमरा गोल-गोल घूमने लगा है। सब कुछ अस्त-व्यस्त और तहस-नहस होता जा रहा है। चन्द्रमुखी की जगह मुझे पाशी नज़र आ रही है। उस दिन स्कूल से आते पाशी का अचानक बन्द कमरे में हमें बैठे देखना। उसका सिरदर्द, गोलियाँ, बी.पी. लोअर। मेरा सिर फटने लगा? क्या पाशी को भी डिप्रेशन है? तो क्या पाशी भी.....?

"पाशी" मैं अचानक चीख उठा। कोमल और रोमांटिक भावनाओं में मदहोश चन्द्रमुखी अचानक किसी बिच्छू के डंक के समान चौंक उठी। मगर मैं उसकी उदासी की परवाह किये वगैर वहाँ से दौड़ आया।

कुछ ही देर बाद, मैं बैग में कुछ कपड़े डाल बाहर निकल आया। चन्द्रमुखी अपने दरवाज़े पर बुत बनी खड़ी सब देख रही है। कमरे से निकलते हुए मैं दरवाज़ा बन्द करने के लिए लपकता हूँ, फिर कुछ सोच कर दरवाज़ा वैसे ही खुला छोड़कर गेट से बाहर निकल जाता हूँ।

मांसाहारी / *भगवन्त रसूलपुरी*

आज भी जब बैल बजी तो मेरे हाथ से काँच का गिलास सिन्क से गिरकर टुकड़े-टुकड़े हो गया। रसोई में बर्तन धोते हुए मैं मुँह घुमाकर खुले गेट की ओर झाँकती हूँ....गेट के सामने सल्लण पन्सारी स्टोर वाला पवन खड़ा है। "माटी मिला....आज फिर आ मरा। ज़ीना मुहाल कर दिया है इसने।" सोचते ही मेरे दिमाग़ की नाड़ियों में गुस्सा पसरने लगा।

"छिन्दो, तुम्हें कोई मिलने के लिए आया है, देख तो सही....। सुक्खा भाजी बाहर लॉन में कुर्सी पर बैठे अखबार पढ़ते हुए लापरवाही से कहते हैं। मैं दुपट्टे के पल्ले से गीले हाथ पोंछते हुए गेट की ओर बढ़ती हूँ। नज़दीक पहुँचने पर वह घबराया-सा बस इतना ही कहता है, घर चल....अभी.....भी।"

"काम खत्म करके आऊँगी, अभी रसोई में बर्तन सँभालने वाले पड़े हैं, रसोई साफ करनी है.... पोंछा लगाना है....तू चल मैं आती हूँ....।" मैं घबराहट में कहती हूँ।

.....मैं रसोई में लौट फिर से काम करने लगती हूँ। एक कप का टूटा हिस्सा मेरे हाथ में रह जाता है.....। बर्तन टकराकर बजते हैं और उधर सिर में कई खयाल टकराकर उथल-पुथल मचा रहे हैं। कुछ देर बाद सुक्खा भाजी अखबार पकड़े रसोई के निकट आ जाता है, "यह क्या करने आया था, मैंने देखा है, वह अभी भी बाहर खड़ा है....कौन है यह?.....क्या लगता है?.....इसे कह दे, फिर कभी यहाँ न आये, वरना....।" सुक्खा भाजी ने तल्खी से कहा।

मैं रसोई का काम निपटाकर गेट की ओर चल दी। सुक्खा भाजी की नज़रें मुझे पीठ में चुभती महसूस होती हैं। मगर मैं नज़रें झुका गेट से निकल जाती हूँ। बाहर पवन अभी भी खड़ा है। मालूम नहीं उसे क्या जल्दबाज़ी पड़ी हुई है। सूरनी के बच्चों की तरह वह मेरे पीछे पैर घसीटते चला आता है। कुछ दूरी पर आकर वह मेरे बराबर आकर खीझते हुए कहता है, "क्यों लोगों के घरों में जाकर काम करती है....। तेरी माँ, तेरा भाई मालूम है क्या कहते थे मुझे? याद है तुझे? इस कमीनी का ध्यान रखना, इसकी आँखों पर पट्टी बँधी हुई है। रंडी को ज़रा खयाल नहीं, इतने बड़े बच्चे हो गये हैं....साली, अगर पैसों की ज़रूरत है तो मैं मर गया

हूँ क्या।" गुस्से से आग उगलते हुए वह बोलता जा रहा है।

"मैं मेहनत करती हूँ,....तुझे कौन-सा शूल चुभता है। बच्चों को रोटी-टुक भी देना है कि नहीं.....।" मैं भी एकदम गुस्से में हूँ।

"कोठी वाली मास्टरनी तो सुबह-सुबह चल देती है स्कूल, पीछे उसका खसम होता है....। मुझे मालूम है, बाद में क्या कुछ होता है।" वह अभी भी गुस्से में था।

"मैं तेरी रखैल नहीं, तू मेरे बाप का साला है, कहता है तेरी माँ कहती थी, तेरा भाई कहता था.....।" मैं बस इतना ही कह पाती हूँ।

"टुकड़े कर दूँ मैं....कंजर की....।" वह गुस्से में मेरी ओर बढ़ता हूँ। मैं तेजी से कदम बढ़ा अपने घर में घुस जाती हूँ। गली में बूढ़ी औरतें, लड़कियाँ, बहुएँ सभी दरवाज़ों में आ खड़ी होती हैं। मैं घर जा, थकी-हारी-सी तख़्तपोश पर गिर जाती हूँ। मेरे दिमाग में बीती घटनाएँ घूमने लगती हैं।

....अपने ससुराल से यहाँ आये मुझे तीन वर्ष हो गये थे। मन बहुत खराब रहता था। यहाँ तीन महीने बीतने पर मेरा मन बहुत खराब रहने लगा। बैठे-बैठे घबराहट होने लगे, जैसे ब्लड बढ़ता हो....यह हालत तब होती है, जब मुझे 'पीरियड' आकर गया हो। सिर में दर्द होता है। कोई काम करने का मन नहीं करता। मुझे ऐसा लगता है जैस मेरे अन्दर आग का गोला घूम रहा हो। मेरा बर्फ खाने को जी करता है। बर्फ़ के टुकड़े मुँह में डालूँ, शायद अन्दर लगी आग का गोला ठंडा पड़ सके। फिर किसी ने सलाह दी कि ऐसे चारपाई पर पड़े रहने से कुछ नहीं होगा। किसी डॉक्टर के पास जा। मैं फिर एक दिन कुछ पैसों का जुगाड़ कर डॉक्टर के पास गयी। उसने मुझे अच्छी तरह से देखा-जाँचा। मुझसे छोटी-छोटी बातें पूछी। कब शादी हुई? कितने अर्सा हो गया पति से अलग हुए? ज्यादा सेहत कब खराब होती है?....और भी मालूम नहीं क्या-क्या....। सारे टेस्ट किये, जाँच-परख की। फिर मुझसे कहने लगा, कि बेटी, यदि तुम ठीक-ठीक रहना चाहती हो तो किसी व्यक्ति से सम्बन्ध बना ले, ठीक रहेगी। यह बात बेशक कहने वाली तो नहीं है, फिर भी अपनी रिश्तेदारी में से ही किसी को ढूँढ़ ले या अड़ोस-पड़ोस में देख ले।" मुझे डॉक्टर की बातें सुन-सुनकर शर्म आये। मैं पानी-पानी हो गयी। डॉक्टर की बातें मेरे दिमाग़ में घूमने लगीं। घर आकर संयत होकर, डॉक्टर की सलाह अपने-आप ही पूरी हो गयी। कह लो संयोग से ही किराने वाले सल्लण ने बना दिया। डॉक्टर ने सच ही कहा था।"

"आंटी जी दही दे दो?" किसी ग्राहक ने आ अचानक ही मेरी लड़ी को तोड़ दिया। मैंने मुश्किल से उठकर उसे दही दिया। सोचों ने फिर मुझे आ दबोचा....

पिछले महीने मैं शीला मास्टरनी की कोठी में सफाई का काम करने लगी थी। संयोग मेरी पड़ोसन ने ही बनाया था। वह शीला मास्टरनी की दूर की रिश्तेदारी में से थी। उसका पति सुक्खा भाजी की बिज़ली के सामान का कारोबार था शहर में।

उनकी एक बेटी है,, पाँच वर्षों की। मेरे घर का गुज़ारा मुश्किल में चलता था। दो बच्चों का बोझ फिर घर का नमक-तेल सभी कुछ का मुझे फ्रिक था। गाँव के नज़दीक कालोनी बनने लगी। जिसमें नौकरीपेशा और अमीर लोगों ने कोठियाँ बना लीं। चमारली की बहुत गरीब घर की औरतें, बहुएँ कोठियों में सफाई करने लगीं। पिछले कुछ महीनों से मेरा हाथ भी तंग रहने लगा था। फिर शीला मास्टरनी के घर काम करने का जुगाड़ बन गया। मास्टरनी का स्वभाव अच्छा था। मैं सवेरे ही सफाई का काम निपटा आती। फिर अपने घर में डाली हुई दुकान पर बैठ जाती। जब कभी मास्टरनी ने कपड़े धुलवाने होते या कोई और काम करवाना होता तो स्कूल से आ मुझे सन्देशा भिजवा देती और मैं काम कर आती। इस सल्लण किराना स्टोर वाले से किसी ने कह दिया कि छिन्दो को घर से कोई जवान लड़का लेने आता है। एक-दो बार सुक्खा भाजी मुझे लेने आया था। मैं उसकी कार में बैठकर गयी थी।

एक शाम जब मैं उसकी दुकान पर सामान लेने गयी तो वह गुस्से में था। "छिन्दो....तू सुधर जा....। मुझे मालूम है तू मास्टरनी की गैरहाज़िरी में उसकी कोठी में जाती है। वह तुझे लेने भी आता है। अपनी इन करतूतों की वजह से तू अपनी इज्ज़त मिट्टी में मिला रही है। जब मैं हूँ, फिर तू किसी और की तरफ क्यों झाँकती है....।" वह मेरे गोरे शरीर को घूरते हुए कहता और मेरे लिए सामान डालने लगता।

"तू तो भाई ऐसे ही शक करता है। मैं तुझे ऐसी-वैसी नज़र आती हूँ क्या। उसकी घरवाली इतनी सुन्दर है। सुक्खा भाजी अपनी हूर परी को छोड़कर मुझ पर हाथ डालेगा....जिसके कपड़ों से पसीने की बदबू आती रहती है। मुझे तो पैसे-धैले की ज़रूरत है, मेरा गुज़ारा नहीं चलता।" मैंने कहा। सल्लण थोड़ा-सा किराना, मेरी दुकान के लिए दे देता है। वैसे अच्छा है, बाकी लोगों से। मेरी बहुत मदद करता है। कुछ दूध ले लेती हूँ, उसका दही जमाकर बेच देती हूँ। आटे-दाल का गुज़ारा चल जाता है।

मेरी सोच फिर शीला मास्टरनी की ओर मुड़ जाती है। एक दिन शीला दीदी ने मुझे कपड़े धोने के लिए बुला भेजा। कपड़े धोते हुए मेरे बारे में पूछताछ करने लगी। मैं उसे सब कुछ बताया....। अगर प्रभु के बन्दों ने मेरे साथ ऐसा ही सलूक करना था तो परमात्मा ने मुझे इतना रूप क्यों दिया। हर ऐरा-गैरा बस मुझे मुँह में डाल लेना चाहता है। अभी तो मैं कुछ भी नहीं रहीं, जवानी के समय तो....। मेरा विवाह छोटी उम्र में ही हो गया। यहाँ मेरा मायका है, यहाँ अब मैं रह रही हूँ। विवाह के समय मैं अत्यन्त सुन्दर लग रही थी। अब तो दुःखों ने मार लिया। घर के गरीब थे, स्कूल पढ़ते ही मेरा विवाह कर दिया। गाँव के सारे लड़के मेरे पीछे लगे हुए थे। घरवाले किस-किस से लड़ते। मैं ससुराल चली गयी।

मेरी ससुराल वाले 'महे फ़ार्म हाऊस' में खेती का काम करते थे। उनके बहुत खेत थे। खेती का सारा काम मेरी ससुराल वालों के हाथ में था। मेरा आदमी जमा ही मूढ़ छाप....वह ट्रैक्टर चलाता था। ससुर कुएँ पर रहता था। चौधरी महे का लड़का सरबण मुझ पर फिदा हो गया....मेरा रूप ही बेशुमार था। समय निकलता गया। मेरा ससुर भी मुझ पर लट्टू हो गया। एक बार खेत जाने पर, मुझे अकेले देख मेरे ससुर ने मुझ पर हाथ डाल दिया, "साली तू जादूगरनी कहाँ से आ गयी हमारे घर में। अपने रूप की झलक दिखलाकर बन्दे को अपने वश में कर लेती है.... ।" मगर मैंने अपने ससुर की एक न चलने दी। आदमी देखकर ही पीठ रगड़ायी जाती है। इस बात से मेरा ससुर ताव खा गया। उसने अपने लड़के के कान भरने शुरू कर दिये। मेरा घरवाला मुझे मारने-पीटने लगा। मैं दुःखी रहने लगी। जब कभी दाँव लगता, चौधरी का लड़का भी मेरी पीठ रगड़ देता। मेरा मन भी करता था कि मेरी पीठ रगड़ी जाये। घरवाले का स्वभाव रूखा-रूखा-सा रहने लगा। महे वालों ने खेती का काम घटा दिया। फिर ससुराल वालों खेती का काम छोड़ दिया। मेरा घरवाला किसी की सूमो गाड़ी चलाने लगा। दूसरे-तीसरे दिन जब भी घर आता तो नशे में टुन होता। मालूम नहीं क्या-क्या खाता—आकर मुझे बहुत तंग करता। मेरा मन बहुत खराब होता। मरती क्या न करती। घर बिखरने लगा। ससुर रह गया था। इस दौरान मैं 'महे' वालों के घर में काम करने जाने लगी। एक बार तो मैंने महे के लड़के सरवण के साथ कहीं चले जाने का मन भी बना लिया। फिर पता नहीं क्या हुआ। इसी तरह पाँच-सात साल निकल गये। दो बच्चे भी हो गये। एक लड़का-एक लड़की। आगे और बच्चा ना हो मैंने सरबण की सलाह से आप्रेशन करवा लिया। बच्चों का टंटा खत्म। इस बात से मेरा घरवाला और भी गुस्सा हो गया। एक दिन आकर उसने मुझे बहुत मारा-पीटा। तब सभी घर में थे। मेरा ससुर भी बोलने लगा, "अब कंजर की सरेआम साले महे से मिला करेगी?" दिनों-दिन मेरे घरवाले ने मुझे और भी ज्यादा तंग करना शुरू कर दिया। कोई नशा खाकर वह पागलों की तरह मुझे तंग करता...जबर्दस्ती मेरी जाँघों में हाथ डालकर मुझे खींचता-नोंचता..."कंजरी की, तुझे मैं किसी काम लायक नहीं छोड़ूँगा।" इसी कारण मेरे अन्दर ज़ख्म हो गये। जलन होने लगी। मैं बहुत घबरा गयी। इसी समय मैं बच्चे ले मायके लौट आयी। इस दौरान सरबण ने मेरी बड़ी मदद की। अपने पल्ले से पैसे खर्च कर मेरा इलाज़ करवाया। बातें करते-करते कपड़े धुल गये। निचोड़कर सूखने डाल दिये। शीला दीदी चाय बना लायी, "फिर क्या हुआ?" उसने गम्भीरता से पूछा।

बस मैं मायके आ गयी। हमारी कौन-सी मिलें चलती थीं। भाई खुद भी दिहाड़ी करते थे, बाप तो कब का भी मर गया था। मगर मेरे घरवाले का भूत यहाँ भी पीछा ना छोड़ता। वक्त-बेवक्त वह यहाँ आ धमकता। मेरी खींच-तान करता।

घर के कहते, तू इस के साथ जा, यहाँ क्यों बैठी है? एक दिन वह सवेरे-सवेरे घर आ गया। साइकिल खड़ी कर, मुझे गालियाँ देने लगा। बच्चे उस समय स्कूल जाने की तैयारी कर रहे थे। मैं शायद चाय पी रही थी। उसने आते ही मुझे बालों से पकड़ लिया और घसीटते हुए गली में ले गया। मैंने भी कहा, "कुत्ते, मुझे जीने दे। मैं तेरी कुछ नहीं लगती। मेरे बाप के साले...मुझे छोड़ दे। मैं तेरे टुकड़े-टुकड़े कर दूँगी।" मैं गुस्से में बोल रही थी। बच्चे चीखने लगे। गली में औरतें-बूढ़ियाँ आदि इकट्ठी हो गयीं। उन्होंने मुझे छुड़वाया। वह अभी भी बकता जा रहा था, "कंजर की, तू अब यहाँ धन्धा करने लगी है।" वह मेरे घरवालों तथा गली के लोगों से कहने लगा, "तुम्हें शर्म नहीं है, तुम्हारे सीने पर अपने यार को ला रही है। डायन, भूखी ...साली की भूख एक-दो से पूरी ही नहीं होती। तुम लोग इसे घर से क्यों नहीं निकालते।" मेरा मन करे, इसे कच्चा खा जाऊँ। मैंने भी पागलों की तरह उसे गालियाँ बकना शुरू कर दिया।

फिर गाँववालों ने पंचायत की। सरेआम मुझे ज़लील किया। अड़ोस-पड़ोस वाले दुःखी थे कि 'हमारी बहू-बेटियों पर क्या असर पड़ेगा।' बात यहाँ तक पहुँच गयी कि मेरी माँ ने मेरी चोरी पकड़कर मुझे बाहर निकालने के लिए घसीटा। मैं भी ज़िद पर अड़ी रही। मैं भी वहीं रही...ज़बर्दस्ती...जो मर्ज़ी करते जाओ। मुझे कोई परवाह न रही। महे भी मेरे पास यहाँ आ जाता। मैं तो उसके साथ विवाह करवाने को भी तैयार हो गयी थी। मैंने तो 'चूड़ा' भी पहन लिया। मेरे भाई नहीं मानते थे। मगर मेरे मन में मैल था। एक दिन मुझे पैसों की ज़रूरत थी, मैंने माँग लिए। मुझे उसने कार में बिठा लिया। कहने लगा, हम उसकी बुआ के लड़के के पास जा रहे हैं। उससे बेशक तू बीस हज़ार ले लेना। मैं तभी उसकी कार से उतर गयी। वहीं 'चूड़ा' भी उतार दिया। बात सिर्फ़ यहीं नहीं थी, और भी थी, यह तो कारण बन गयी। सोचा, किस्मत में सारी उम्र धक्के ही खाने लिखे हैं दर-दर पर. ..। बोलते-बोलते मैं चुप हो गयी। "पवन, कौन है? जो किराने की दुकान करता है?" शीला दीदी ने पूछा। शायद वह पूछना चाह रही थी कि, "मैं अब किराने वाले के साथ रहती हूँ?"

"दीदी, यह तो हमारे में से ही है। हमारी बिरादरी से। इसने मेरी बहुत मदद की। इसी के कारण मेरी बदनामी हुई। मैं भी कौन-सी परवाह करती हूँ, भला मैं कहाँ से गुज़ारा करूँ। यह मुझे अपनी किराने की दुकान से थोड़ा-सा सौदा दे देता है। वो मैं बेच देती हूँ। कभी फुटबाल-सी लेती हूँ, कभी-कभी चप्पलों की फैक्टरी में से फीते काटने का काम भी मिल जाता है।"

"कहते हैं, इस सल्लण के कारण गाँव में पंचायत भी हुई?" उसने एक और सवाल कर दिया।

मैंने संयत होकर कहा, "गाँव में पड़ोस में रहते लोगों ने मेरा जीना मुहाल कर

दिया। पड़ोस की बुढ़िया औरतें तो मुझे मारने के लिए भी आयीं। मैंने भी सरेआम कह दिया, "हाँ, मैं इसके साथ रहती हूँ। तुम क्या मेरे बाप की औरतें हो..., मैं यहीं पर रहूँगी, जिसने जितना ज़ोर आज़माना है, आज़मा ले।" मैं तो वहाँ से न निकली, मगर मेरी माँ, भाई किसी और गाँव में जाकर रहने लगे। मुझ अकेली को इस नरक में छोड़कर...दीदी। मेरी इतनी बुरी हालत होनी थी तो भगवान् मुझे इतना रूप ना देता। अब भी मेरी दुकान के सामने लफंगे लड़के खड़े रहते हैं। मैं परवाह नहीं करती। मैं अपने काम में मस्त रहती हूँ। अब तो बच्चे भी जवान हो गये है। लड़का नवीं में पढ़ता है, छोटी लड़की आठवीं में पढ़ती है। क्या करूँ दीदी, मेरा तो गुज़ारा मुश्किल से चलता है। पिछले हफ्ते से गैस खत्म हुई पड़ी है। थोड़ी-थोड़ी लकड़ियाँ लाकर गुज़ारा कर रही हूँ। आटा है नहीं। एक वक्त का आटा मुश्किल से लाती हूँ। घर का नमक-तेल मुश्किल से चलता है। मेरी कोई ज़िन्दगी है। सारे बात-उमंगें अधूरे रह गये। कभी ढंग का खाकर नहीं देखा, अच्छा पहनकर नहीं देखा।" कहते-कहते मैं रो दी। शीला दीदी भी मेरी आप-बीती सुन उदास हो गयी। चाय पीकर मैं मुश्किल से अपने घर तक पहुँची।

दो बच्चों की ज़िम्मेवारी मेरे ऊपर है, फिर बिजली का बिल, दूध-दही खराब हो जाता था। किश्तों पर फ्रिज लेना पड़ा। सोचती हूँ दो-तीन कोठियों में और काम पकड़ लूँ। फिर दुकान भी देखनी पड़ती है। शीला दीदी तो जल्दी स्कूल चली जाती है। जब कभी मैं काम करते-करते लेट हो जाऊँ तो बाहर मोड़ पर अपने पोते-पोतियों को लिए बैठी छिन्नो बुढ़िया गौर से मेरी ओर ताकती हुई कहती है, "छिन्दो, मास्टरनी तो सुबह ही चली जाती है। तूने तो दिन ही चढ़ा दिया। अब आयी है काम करने...लेट हो गयी।"

मेरा मुँह कड़वा हो जाता है, फिर भी चेहरे पर हँसी लाकर कहती हूँ, "चाची, भाजी घर में थे, फिर लड़की भी थी घर में। मैं घर से ही लेट आयी थी। अब कहीं जाकर काम निपटा है।"

"ये हाथ में क्या है तेरे।" वह फिर सवाल करती है।

"चाची, रात की दाल बची थी और ये रोटियाँ। वह तो बाहर फेंक देते हैं, किसी गरीब के मुँह में पड़ जायेगी, मैं ले आयी।" मैं चलते-चलते जवाब देती हूँ।

छिन्नो बुढ़िया घूर-घूरकर देखते हुए मुँह में बुदबुदाने लगी, मैं चप्पल से मिट्टी झाड़, आगे निकल आयी।

एक दिन शाम को काम करते हुए मैं सोच रही थी कि एक दिन शीला दीदी को मेरे बारे में मालूम हो ही जाना है, क्यों ना मैं खुद ही बता दूँ, "दीदी जी, मुझे काम की बहुत ज़रूरत है। लोग तो आपसे बहुत कुछ कहेंगे। जो लोगों ने कहना है, मैं ही आपको बता देती हूँ। लोग मुझे अच्छा नहीं समझते। मुझ पर बहुत तोहमतें लगायी गयी हैं। एक बार तो मैंने दुःखी होकर गेहूँ में रखने वाली गोलियाँ

खा ली...मगर बुरी तकदीर, मैं बच गयी। पड़ोसी मुझे उठा डॉक्टर के पास ले गये। डॉक्टर ने सँभाल लिया और मैं बच गयी।"

"छिन्दो, तू फ्रिक न कर, हम तुझे नहीं हटायेंगे।"

"इससे पहले दीदी मैं भट्ठे वालों की कोठी में काम करने जाती थी। सारा दिन वहीं रहती थी। उन्होंने मेरी बहुत मदद की। जब भी मैं बीमार हो जाती तो मेरा इलाज़ भी करवाते। तंगी-तुर्शी में पैसे भी दे देते। इस नासपीटे सल्लण ने मुझे वहाँ भी काम नहीं करने दिया। कहता है, तू काम क्यों करती है। वहाँ कई तरह के आदमी आते हैं। हर आदमी यही समझता है जैसे औरत उसकी गुलाम होती है, कठपुतली, जैसा मन करे, नचा लो। इस दोज़खी ने रोज़-रोज़ वहाँ आकर मुझे काम से निकलवा दिया। अब यहाँ लगी हूँ तो यहाँ भी मेरे पीछे आने लगा है।"

"अच्छा।" दीदी ने हैरान होकर कहा।

सोचती हूँ, यह सल्लण लगता तो हमारे दूर-नज़दीक से चाचे-ताये का भाई है। मौका देखकर अपनी मनमर्ज़ी भी कर लेता है। वैसे बाल-बच्चेदार है...मेरी भी ज़रूरत होती है। मेरे साथ हमदर्दी भी करता था। ज़रूरत समय रुपये-पैसे भी दे देता था। मेरी गर्ज़ पूरी कर देता था। जब कभी गली-मुहल्ले वाले मुझ पर गाली-गलोच का कीचड़ फेंकते तो, यह सल्लण ही मेरा पक्षधर बनकर खड़ा होता है। मेरे घरवाले की भी इसने अच्छी खींच-तान की थी। इस बेचारे की पीठ पर गहरी रगड़ लग गयी थी, लहु निकलने लगा था। मैं कई दिन इसकी खबर लेने जाती रही। कभी-कभी सल्लण पर गर्व भी होता है, जब कभी मेरे पक्ष में खड़ा-होता है तो लगता है हम एक ही कोख से पैदा हुए हैं। जब कभी मौका देखकर अपनी मनमर्ज़ी कर लेता है या कह लो कि मैं ही उसकी बाँहों में गिर पड़ती तो मुझे अपना घरवाला-सा लगता है। जब कभी किसी जगह पर जाने से मुझे रोकता है तो लगता है मेरा बाप है। जब कभी मेरी रोजी में टाँग अड़ाने लगता है तो दुश्मन लगने लगता है।

पहले-पहल जब मैं यहाँ शीला दीदी की कोठी में काम करने आयी तो ज्यादा बात नहीं करती थी। सुक्खा भाजी से तो बिल्कुल भी नहीं। एक दिन मेरी नीयत खराब हो गयी। मैं धीरे-धीरे सफाई करने लगी। पोंछा लगाते समय मैंने दुपट्टा उतारकर रख दिया ताकि सुक्खा भाजी मेरी खुले गले में से मेरे गोरे जिस्म की ओर पूरी तरह से झाँक लें। मुझे वह डरपोक-सा लगा। मुझे समझ में आ गया कि इसे अपने पीछे लगाना पड़ेगा।

मैंने मार्बल के फ़र्श पर पोंछा लगाते हुए कहा, "भाजी, दीदी जब स्कूल चली जाती है तो आप पर शक तो नहीं करती।"

वह मेरे गले में से झाँकता हुआ बोला, "नहीं भला शक कैसा।"

मैंने देखा सुक्खा भाजी का रंग लाली पर आ गया था। फिर वह बाहर जाने

का बहाना कर मुझसे घिसटकर निकला। मेरे शरीर में जैसे बिजली दौड़ गयी। कई दिनों बाद जैसे मर्द की छुअन मिली हो। कुछ देर बाद वह अन्दर आकर बोला, "तुम बहुत सुन्दर हो। आदमी तो वैसे ही मर जाये तुम्हारा रंग-रूप देखकर। मुझे भी लगता है जैसे मुझ पर तुम्हारा जादू चल गया हो।"

मुझे अपने ससुर की वह बात याद आयी, जब उसने मुझे जादूगरनी कहा था। मैं सोचती हूँ, मेरा यह छलकता यौवन, गोरा रंग, कसी छातियाँ हर आदमी पर जादू कर देती होगी...क्या सचमुच मैं जादूगरनी हूँ? मेरे अन्दर से सवाल उठते हैं। सारे गाँव में खासकर बूढ़ियों में यह बात फैली हुई है कि छिन्दो जहाँ भी काम करने जाती है, आदमी को अपने वश में कर लेती है। फिर आदमी उसके इशारे पर नाचने लगता है। लोग कहते हैं, किराने वाले पवन पर भी इसने जादू किया हुआ है।

"छिन्दो, बाहर फूलों को पानी दे दे, सूखकर मुरझा गये हैं।" सुक्खे भाजी की बात से मेरा ध्यान टूटता है। मैं फटाफट पोंछा लगाकर नल से पाईप लगाने लगती हूँ। फूलों वाले गमलों को पानी देते हुए मैं कहती हूँ, "भाजी, सचमुच फूल पानी बग़ैर मुरझा गये हैं।" पानी का काम खत्म कर जब मैं अपना दुपट्टा उठाने लगती हूँ तो सुक्खा भाजी मुझे पीछे से पकड़ लेता है। मैं उसके हौंसले पर हैरान होती हूँ। उसकी छुअन से मेरे दिल की धड़कन बढ़ जाती है।...इस प्रकार की धड़कन भट्ठे वालों की कोठी में काम करते भी बढ़ी थी। पवन सल्लण के घर भी बढ़ी थी।... और वह मुझे खींचकर अपने बैडरूम में ले गया। इसी प्रकार अब हफ्ते में दो-तीन बार हो जाता है।

एक दिन सुक्खा भाजी मुझसे पूछता है, "छिन्दो, तू जहाँ-जहाँ काम करती है, सभी के साथ ऐसा कुछ करती है?"

"नहीं भाजी, आपको वहम है। मैं ऐसी नहीं हूँ।" मुझे लगता है, सुक्खा भाजी पर भी मेरा जादू चल गया है।

"फिर गाँव के लोग जो बातें बनाते हैं। ये पवन किराने वाला, जो यहाँ तेरे पीछे-पीछे आता है, भट्ठे वाला, सरबण महे फ़ार्म हाऊस वाला...।" सुक्खा भाजी भावुक-सा हो जाता है। "आपको वहम है, ऐसा कुछ नहीं है। यह जो पवन है, हमारा रिश्तेदार है। भट्ठे वाली कोठी में सारा दिन मेरे साथ उनकी घरवाली रहती थी। सरबण महे से थोड़ी सांझ थी, आखिर मैं भी औरत हूँ। अभी तो पैंतीस बरस की मुश्किल से हुई हूँ।" मैं बड़े धीरज से कहती हूँ।

"छिन्दो, तू सब कुछ छोड़कर बस यहीं पर काम कर। जिस चीज़ की ज़रूरत हो, माँग लेना, मगर इस किराने वाले के पास न जाया कर। तेरा यह जिस्म गन्दे-गन्दे लोगों के लिए नहीं बना।"

मैं हैरान हो सुक्खा भाजी की ओर देखती हूँ। उसके चेहरे पर गुस्से के भाव

हैं। सोचती हूँ, भला मैं इसकी क्या लगती हूँ? दो-चार दिनों में ही मुझे अपनी समझने लगा है। इसकी तो सुन्दर-सयानी बीवी है, एक बेटी है, इतना बड़ा कारोबार है। मैं सहजता से कहती हूँ, "भाजी, मुझे इसका बहुत सहारा है।"

"तुझे मालूम नहीं, लोग तेरे नाम उसके साथ जोड़कर क्या-क्या बातें करते हैं।"

"लोगों ने तो मुझे आपके साथ भी जोड़ देना है। लोगों की जुबान नहीं पकड़ी जाती। फिर अब तो मैंने कानों में रुई दे दी है। लोग जो मर्ज़ी कहते जायें। मुझे अच्छा कहें या बुरा, मुझ पर कोई असर नहीं। पत्थर बन गयी हूँ मैं।"

"अगर अब यह पवन तेरे पीछे यहाँ आया तो मैं साले की टाँग तोड़ दूँगा।" सुक्खा भाजी के दिमाग में पवन का नाम अटक गया है। वह गुस्से से बोल रहा था। तब मैंने उसे अपनी बाँहों में लेकर शान्त किया था। मैं ठीक-ठीक करती रही, मगर छोड़ किसी को भी न सकी। कोई मुझे एक ओर खींचता, दूसरा दूसरी ओर।

पिछले दस दिनों से तो मैं बहुत परेशान हूँ। बिजली का बिल हज़ार रुपये आ गया है। फ्रिज की किश्त देनी है। लड़की के पेट में दर्द होता रहता है। जब डॉक्टर के पास लेकर गयी तो उसने किसी नाड़ी का बढ़ा हुआ बता आप्रेशन कह दिया। इतने खर्च हैं, काम कोई है नहीं। भाइयों ने तो लकीर ही खींच दी है। माँ को तरस आता है। वह कभी-कभी आकर रह जाती है, मगर उसके हाथ-पल्ले में कुछ नहीं। रात काफी बीत गयी है। सोचें दिमाग में घडकस मचा रही हैं। बच्चों ने सुक्खा भाजी के घर से लायी दाल के संग रोटी खा ली है। मेरा मन कुछ भी खाने को नहीं कर रहा। दिमाग उलझा हुआ है। शुक्र नींद आ घेरती है। "मम्मी उठो, तुमने सफ़ाई करने नहीं जाना।" मेरी लड़की मुझे उठाती है।

मगर मेरा मन नहीं कर रहा। सुबह वाली घटना से मैं शीला दीदी के घर जाने से घबरा रही हूँ। उस नासपीटे पवन किराने वाले की बेड़ी में पत्थर पड़े।

कब सुबह से ही आसमान में बादल थे। जब शीला दीदी की कोठी में काम करने जाने लगी तो बारिश होने लगी। शीला दीदी भी स्कूल छतरी लेकर गयी थी। सफाई करते हुए मेरा मन मचल गया, मैं खुद ही सुक्खा भाजी को खींचकर बेड पर ले गयी। कुछ देर बाद बेल बजी, "साला, तेरा यार होगा, किराने वाला पवन।" वह बेड से उतर, चप्पल पहन गेट की ओर बढ़ा। मैंने पोंछा उठा लिया और लगाने लगी।

"हाँ, क्या चाहिए?" सुक्खा भाजी गुस्से में था।

"वह है..., वह?" बारिश में खड़ा वह भिनभिनाने लगा।

"कौन?"

"वह छिन्दो? छिन्दो है जी...?"

बात सुन सुक्खा भाजी को गुस्सा आ गया, "साले, तू उसका खसम लगता

है। जो रोज़ उसके पीछे आ जाता है।" कहते हुए सुक्खे ने उसे गिरेबान से पकड़ कर धक्का दिया।

पोंछा लगाते हुए मैं घबरा गयी। भागकर गेट के पास पहुँची। गुस्से में सुक्खा उसे धक्के मार रहा था। मेरी हिम्मत न पड़ी, दोनों को छुड़ाने की।

"इसके घर में जाकर मुँह काला कर मजनूँ, यहाँ क्या लेने आते हो। पाँच-सात दिन से तुझे देखता जा रहा हूँ। आदमी थोड़ा शर्म करता है।"

अन्दर से मैंने भी कहा, "जा रे, क्यों मेरा जीना हराम किया हुआ है। मुझे काम करके, रोटी क्यों नहीं खाने देता।"

बाहर लोग कानाफूसी करने लगे हैं। पवन भी बुदबुदाता हुआ लौट गया है। सुक्खा भाजी गेट से अन्दर आया है। मैं डर से दीवार से लगी खड़ी हूँ। वह मेरे पास आ कहने लगा, "छिन्दो, यदि फिर कभी तुझे इसके साथ देख लिया तो इस घर में पैर न रखना।"

सुक्खा भाजी की बात सुन मैं पत्थर हो गयी। पोंछा मेरे हाथ से गिर गया। मैं भला इसकी क्या लगती हूँ। काम खत्म कर घर से बाहर निकली तो मेरे कानों में आवाज़ें पड़ने लगीं, "इस जादूगरनी ने देख लो, चार दिनों में ही सुक्खे पर भी जादू कर दिया। नहीं तो उसे क्या ज़रूरत थी इस किराने वाले से झगड़ने की। अब यह अपने त्रिया-चरित्र से बन्दा मरवायेगी।"

मैं नज़रें झुकाये चलती जा रही हूँ। मालूम नहीं, घर तक कैसे पहुँची हूँ। अब मुझमें हौंसला नहीं कि मैं शीला दीदी के घर जाऊँ...।

पाए से बँधा हुआ काल / *जतिन्दर हाँस*

वाहेगुरु...सतिनाम...वाहेगुरु...वाहेगुरु

पेशाब का ज़ोर फिर से पड़ा। जब बैठती हूँ तो बूँद-सा भी नहीं आता। वैसे कमरे के अन्दर तो छप्पड़ लग जाता है। बाहर निकल नहीं सकती। इस कमरे में जान छुपाये बैठी हूँ। निपूत्ती मौत से इसका डर ज्यादा बुरा होता है। हाथ माला के मनके भी नहीं हिलाना चाहते। वाहेगुरु की ओर भी ध्यान नहीं जाता। ध्यान तो पल-पल कार्निस पर पड़े कागज़ों की ओर चला जाता है। जो मैंने कार्निस पर फेंके थे। पंखे की हवा से शरीर का पसीना तो सूखता ही नहीं। काग़ज लगातार फड़कते जा रहे थे। नासपीटों ने मेरी जान सुखाकर रख दी है। केसर यमदूत बना आँगन में घूम रहा है। सच्चे पातशाह! आज तो तू ही हाज़िर-नाज़िर होकर बचा ले...।

वाहेगुरु...सतिनाम...वाहेगुरु...वाहेगुरु

गोल्डी की बहू (मेरे पोते की बहू) कई बार मज़ाक करते हुए कहती है, फैशन की मारी मज़ाक करती है या दिल से कहती है, "मॉम, कौन-सा काला कौआ खाकर पैदा हुई है, तुम्हें भगवान् के घर से बुलावा आता ही नहीं। मालूम नहीं रावण समान तेरा काल भी पाए संग बँधा हुआ हो।"

मन में खीझ उठती है। निपूत्ती से कहूँ, "मैं तेरा क्या खाती हूँ हरामण। मेरे टुकड़ों पर तो तुम लोग पलते हो।" मगर मैं खोखली हँसकर कहती हूँ, "बुलावा आये, खुशी से आये, मैं तो सामान बाँधकर बैठी हूँ।" मगर मरने का दिल कहाँ करता है। शरीर के सारे अंग जवाब देते जा रहे हैं। कोख का जन्मा केसर, जिसे बुढ़ापे की लाठी समझती थी, मेरी जान का दुश्मन बना घूमता है। गोल्डी की बहू भी इतनी हरामी है, मॉम कहते हुए दाँतों से काटती जाती है। साथ ही ज़ख्मों पर नमक छिड़कती जाये। इस घर में मुझे कुत्ते जैसा समझते हैं। सभी घरवाले दुतकारते हैं। शरीर साथ नहीं देता, फिर भी मरने का मन नहीं करता। नहीं तो आज जान छिपाकर न बैठी होती। केसर से कह देती, "बेटा, गर मुझे मारकर तेरा जीना आसान होता है, तो बेशक मार दे।"

मुँह सूखता जाता है। लगता है, प्यासी ही मर जाऊँगी। किसी नासपीटे ने पानी भी सिरहाने नहीं रखा। कौन रखता। फैशन-मारी तो शादी पर मरने गयी है।

मैं तो जब भी बीमार होती हूँ, पपीहे की तरह पानी-पानी माँगती मर जाती हूँ। मज़ाल है, कोई पानी की बूँद भी मेरे मुँह में डाल दे।

आज सभी विवाह पर मरने गये हैं। मुझे साथ लेकर नहीं गये। भई नासपीटों, मैं किसी से कुछ कहती हूँ। बड़ा आदमी बच्चे जैसा हो जाता है। रिश्तेदारों से मिल आती ज़रा। वैसे भी आजकल के विवाह भी कैसे विवाह हैं। जब केसर का बापू मुझे ब्याहने गया था, तीन दिन बारात रही थी। अब तो हर कोई घंटे-दो घंटे के लिए विवाह पर जाता है। हाथ लगाकर लौट आता है। मगर फैशन-मारी ने तो वहाँ पर छावनी ही डाल ली। वैसे भी केसर संग आती अच्छी भी न लगती। लोगों की जबान कौन पकड़ेगा। ये नासपीटे तो बातें बनाने से नहीं हटते। कहते हैं, "केसर ने गोल्डी को बाहर के मुल्क भेज दिया और खुद...।"

वाहेगुरु...सतिनाम...

'रहिरास'* का समय हो गया था। भइया पशु-डंगर बाँधकर बाहर निकल गया। मैं सतिनाम-वाहेगुरु की माला फेर रही थी। गुरुद्वारे बाबा 'कीर्तन सोहले' का पाठ करने लगा। केसर विवाह से लौट आया। स्कूटर अन्दर खड़ा कर मेरे पास आ गया। लड़खड़ाते हुए। मालूम नहीं क्यों मेरे कलेजे में कुछ होने लगा। मेरे सामने चारपाई पर बैठे झूमता जाये। मुँह से कुछ न बोले। उसकी चुप्पी से मुझे और भी डर लगने लगा।

मैंने पूछा, "बेटा, विवाह अच्छा हो गया?"

"...।"

"जा, जाकर लेट जा, आराम कर ले।"

"आराम, कहाँ है मेरे नसीब में। न तूने सारी उम्र आराम लेने दिया।"

वह अन्दर चला गया। कागज़ से निकाल आया, "इन पर अँगूठा लगा दे, और सुबह मेरे साथ कचहरी चलना।"

"क्यों बेटा?"

"मेरा सिर। पानी सिर के ऊपर आ गया, पूछती है, क्यों?" मैं समझ गयी, यह ऐसा क्यों बोल रहा है।

"ज़मीन तेरी है बेटा। मुझ बुढ़िया का क्या है, आज मरी, कल दूसरा दिन। पीछे से सँभालते रहना। मौज़ करना, ऐश करना। जीते-जी मैं नहीं बेचूँगी।"

फिर निपूत्ते पर कोई पागलपन सवार हो गया। मेरे गले पर अँगूठा रखकर कहने लगा, "नहीं ऐसा कर, मरकर भी साथ ही ले जा। ऐसे तो तू मरेगी नहीं। मैं ही तुझे मार देता हूँ...कितने दिन हो गये टालते हुए। लगा, इन कागज़ों पर अँगूठा लगा दे।"

---

* संध्या-समय पढ़े जाने वाला पाठ।

"पुत्र! ज़मीन तो जट की माँ होती है, भला माँ को कोई बेचता है।"

"अगर ज़मीन माँ होती है तो गोल्डी भी मेरा बेटा है। तेरा भी कुछ लगता है। 'गर तू मेरी सगी माँ होती तो भी ऐसा ही करती? गोल्डी तो तुझसे सगे से अधिक चाहता है। वह बाहर के मुल्ख में भटक रहा है, तू यहाँ लोहे का थन बनी बैठी है। एजेंट साला कहता है और पैसे दो तो कनाडा जायेगा। भलमानसी इसे में है कि तू इन कागज़ों पर लगा दे अँगूठा। नहीं तो मेरे पास एक ही इलाज है।" उसने मेरे गले को अँगूठे से और भी दबा दिया। मेरी साँस तो "तू मेरी सगी माँ होती, तो भी ऐसा ही करता" सुनकर ही रुक गयी थी।

मैंने माला फेंककर उसके हाथ पकड़ लिए। ऐनक नीचे जा गिरी। आँखें बाहर निकलने लगीं। शोर मचाने के लिए आवाज़ कहाँ से निकलती। साँस भी नहीं आ रही थी। नासपीटा, ये थोड़ा-सा और दबा देता-जो दो साँस बाकी थी, वो भी खत्म हो जाती।

बाहर से किसी ने केसर कह आवाज़ दी। उसने मुझे चारपाई पर फेंक दिया। मरा जानकर। कागज़ मुझ पर फेंक, तेज़ी से बाहर निकल गया। कहीं आवाज़ लगाने वाला अन्दर आकर उसकी करतूतें न देख ले। मैंने खुद को सँभाला। अन्दर घुसकर कागज़ कार्निस पर फेंक दिये। खिड़की-दरवाज़े बन्द कर बीच में कील फँसा दिया। चारपाई पर आ गिरी। तब से मेरी यही हालत हुई पड़ी है।

केसर ने बाहर से आकर दरवाज़ा पीटा। गालियाँ निकालीं। यह कहकर चला गया, "देखता हूँ, कब तक अन्दर छुपी रहेगी। जब बाहर निकलेगी तब सही।"

शायद वह बाहर चारपाई पर लेट गया है। शायद फ्रिज में पड़ी शराब की आधी बची बोतल में से शराब पीने चला गया है। "हे काली कमली वाले। वह फ्रिज में पड़ी शराब पी ले। मैं तेरी मन्नत दूँगी।"

मेरे तो कहीं दिल-दिमाग में नहीं था, आज यह ऐसा भी कर सकता है। थप्पड़-मुक्के तो पहले भी लगा लेता था। इसीलिए इसे वश में करने के लिए काली कमली वाले बाबा से राख ली थी। सिरहाने पड़े महीना हो गया था। समझ में नहीं आ रहा था, इसे कैसे खिलाऊँ। इसकी बुद्धि ठीक हो जाये। मेरे साथ क्लेश न किया करे। आज मौका मिला था। जब सारा परिवार शादी में चला गया। मैंने काली कमली वाले का नाम ले, सिरहाने पड़ी पुड़िया उठायी। फ्रिज में पड़ी शराब की आधी बोतल में चुटकी-सी डाल दी। मन में बाबा को ध्याया। भई, इसे आते ही पी ले। ये आते ही पी लेता, तो कागज़ों पर अँगूठा लगवाने के लिए मेरे गले पे अँगूठा ना देता। बाबा ने मन को सुमति दे देनी थी। भगवान् को पहुँचे हुए बाबा हैं।

इसके पत्थर-दिल से मोह-मुहब्बत खत्म ही हो गयी है। मैं ज़मीन कोई सीने पर रखकर ले जाऊँगी? यह ज़मीन को भुट्टे की तरह दाना-दाना कर खाने लगा।

मेरा मन दुःखी होता, तड़पता। इसे क्या मालूम मैंने ज़मीन कैसे खून-पसीना बहाकर बचायी है। इस निर्मोही का कोई भरोसा नहीं। मालूम नहीं कब, किसकी जान का दुश्मन बन जाये। खून इसके मुँह लगा हुआ है।

अपनी बीवी गुरमीत को इसने ऐसे ही मार डाली थी। आधी रात को आया। शराब से टल्ली हुआ। वह भूखी ही बैठी थी। जैसे इसी 'होनी' का ही इन्तजार कर रही हो। कब यह आये, इसे रोटी खिलाकर खुद खाये। वह जबसे इस घर में आयी थी, उसने यह नियम नहीं तोड़ा था। इसने पहले तो रोटी गर्म है, ठंडी है, कहकर बीस चक्कर लगवाये। फिर नमक ज्यादा है, कह डंडा उठा लिया। बेचारी सत्यवान-सी...डंडा कही कुस्थान पर लगा। वह रात भी आज जैसी भयानक थी। मैं इस नासपीटे का पाप छिपाने के लिए ज़ोर से भी नहीं रोयी थी। उसकी लाश के पास बैठी आँसू बहाती रही। माला फेरती रही। लगता है, मेरे साथ भी गुरमीत की तरह ही करेगा। निपूत्ता, आज मुझसे कहता है, "तू मेरी सगी माँ होती तो भी ऐसा करती।" मैं उसे कैसे कलेजा चीरकर दिखाऊँ, मैंने ही नौ महीने से ज्यादा तुझे अपना खून पिलाया, जिसका तू अब प्यासा बना घूम रहा है। अब शराबी हुआ आँगन में पड़ा है। मालूम नहीं सोया कि जाग रहा...।

जब भी बाहर से हल्की-सी भी आहट होती है तो मेरा खून सूखने लगता है। नासपीटे ने मेरी जान सूली पर टाँग दी हुई है। मुँह पानी बगैर सूख रहा है। लगता है, अन्दर पड़े ही मर जाऊँगी। वैसे भी मुँह प्यास से कम, डर से ज्यादा सूखता है। पहले ज़माने में हड्डियों में जान होती थी। अब तो अन्न में प्राण हैं। वैसे करवाचौथ का व्रत भी रख लेते हैं। व्रत भी नसीबों वाली रखती हैं। मैंने तो अभी ज़िन्दगी में एक ही व्रत रखा। पिछले जन्म में पता नहीं कौन-सा पाप किया। भगवान् ने मेरे साथ लड़ाई ही लगा रखी। दो दिन सुख से नहीं बीतते। तीसरे ही दिन कोई न कोई स्यापा पड़ जाता है। पहले केसर का बापू धोखा दे गया। बड़ा दरवेश आदमी था। था वह भी किस्मत का मारा। उसके माँ-बाप, सगे-सम्बन्धी प्लेग ने खा लिए थे। मुझसे ब्याह हुआ। पहली ही रात कहने लगा, "बहुत देर बाद इस घर में कोई आया है। अकेला एक होता, दो ग्यारह। हम चाहे दो शरीर हैं, मगर जान एक है। मुझे धोखा न देना।" मगर खुद साल बाद ही धोखा दे गया। मैं तो ऐसी हो गयी जैसे जान निकल जाने के बाद शरीर। बस दौरा पड़ गया। दाँत जुड़ गये। गाँव की औरतों और माँ ने मुझे सँभाला। जब दाँत खुले उसकी लाश से लिपटती जाऊँ। बस यही कहती जाऊँ, "हाय, कोई मेरा भी दिल फेल कर दे," उसकी चिता जलायी गयी। मैं कूदने को तैयार। कई लोगों ने मुझे पकड़कर रखा।

मैंने माँ से कहा, "यहाँ अब मेरा कौन है। मैं तेरे दर पर बैठा रुखी-सूखी खा लूँगी।"

उन्होंने एक बार तो घर से भेजकर सिर से बोझ उतारा था। बापू जो कहता

था "ससुराल से आने वाली बेटी का मुँह न देखो। ससुराल जाती की पीठ देखो।" वह मुझे अपने घर में कैसे बिठा लेता। माँ मेरे घर आ बैठी। मालूम नहीं वहाँ की भूख डरती या मेरा रँड़ापा कटवाने को। ज़मीन-जायदाद सँभालने को आ गया मोहना। मेरी मासी का पुत्र। मासी के चार पुत्र थे। बीच वाले दोनों ब्याहे हुए थे। मोहना सबसे छोटा था। नासपीटा दो आदमियों के बराबर काम करता। दो हलों की खेती अकेले ही कर लेता। घर फसल से भर जाता। मगर भरा हुआ घर खाली-खाली लगता। मन तो हर समय चले गये के साथ ही लगा रहता। सिर फटता रहता। माँ-बेटी चरखा कातती रहती। पूनी खत्म ही न होती, माँ अन्दर से फिर पूनी की टोकरी भर लाती। मुझे समझ में न आता, यह सब किसके लिए कर रहे हैं। माँ कहती,"आदमी को काम में व्यस्त रहना चाहिए नहीं तो दिमाग रूहों की तरह भटक जाता है।"

"मोहना खेत से घर आता। घर में रौनक-सी हो जाती। नासपीटा मज़ाकिया बहुत था। तब हमारे घर में चाय नहीं बनती थी। वही आकर चाय बनाने लगा। मुझे चाय का गिलास देते हुए कहता, "ले ले, संजीवनी बूटी, सिर दर्द गायब हो जायेगा, जैसे गधे के सिर से सींग।"

सचमुच चाय पीकर मेरा सिर दर्द करने के हट जाता।

एक दोपहर को माँ गाँव में किसी के घर गयी हुई थी। मैं केसर के बापू को रो-रोकर, निढाल हो, चारपाई पर जा पड़ी। मुझे लगा, कोई दबे पाँव अन्दर आया हो। मोहना था। उसे तो मैं महक से पहचान लेती थी। आँख खोलकर देखा तो वह एकटक मुझे ही देखता जा रहा था। इस तरह, देखने की चोरी, मैंने पहले भी कई बार पकड़ी थी। जगह साफ करते हुए ग़िरेबान में झाँकते हुए मुझे बहुत बुरा लगता। मैंने सिर पर बँधा कसकर दुपट्टा खोलकर गले में डाल लिया। बाद में उसका इस प्रकार झाँकना मुझे अच्छा भी लगता था।

जब मैंने आँखे खोलकर उसकी ओर देखा। वह कील पर टँगे कपड़ों में हाथ मारकर कुछ ढूँढ़ने का बहाना-सा करने लगा।

"क्या ढूँढ़ रहा है?" मैंने बैठते हुए पूछा।

"कुछ नहीं.....मेरा कुरता।" फिर वह मुझे एकटक देखने लगा। पागलों की तरह। उसकी नज़रें मुझे शूल-सी चुभने लगीं, "क्या पागलों जैसा देख रहा है।"

"एक बात कहूँ। गर गुस्सा न करें तो?"

"बको।" मैं हँसने लगी। जैसे उसने कोई चुटकला सुनाया हो।

"तू विवाह करवा ले।" वह गम्भीर होकर बोला।

"मुझ अभागन से कौन विवाह करवायेगा।"

"एक बात कहूँ यदि गुस्सा न करें तो?"

"......"

"अपने गाँव वाले मुसलमान मासी-मामे की बेटियों संग विवाह करवा लेते हैं। तुझे देखकर मेरा मुसलमान होने को दिल करता है।"

मैं अचम्भित-सी उसे देखती रही। मैंने गुस्सा न किया। वह बाहर निकल गया। उस रात मुझे नींद न आयी। चारपाई के गुदेले में मालूम नहीं कुछ चुभता जाये। सुबह पता नहीं मेरे मन में क्या आया। सन्दूक में रखी चूड़ियाँ पहन ली। उसमें से दातुन निकाल दंदासा मल लिया। माँ कितनी ही देर तक मेरा मुँह देखती रही। शायद उसे मुझ पर तरस आ रहा था या गुस्सा। उसे ऐसे देख मुझे शर्म आने लगी।

उसने होंठ टेढ़े कर कहा, "तूनू चूड़ियाँ क्यों पहनी?"

".....।"

"दंदासा क्यों मल लिया?"

"वैसे ही.....मैंने सन्दूक खोला....बीच में पड़ा था। मैंने कहा, चल.....।"

"तुझे ये चोंचले अच्छे नहीं लगते पुत्र।" उसने आह-सी भरी

"माँ मरा भी तो नहीं जाता।" मैंने सर्द आह भरी। गहरी साँस ले, वह साग तोड़ने खेत की ओर चली गयी।

मुसला खेत में आ गया।

"हनुमान जी, संजीवनी बूटी तैयार करो, मेरा सिर दुःखता है।" मैंने चारपाई पर पड़े हुए कहा।

"लाओ मैं सिर दबा देता हूँ।" वह मेरा माथा दबाने लगा। सारे शरीर में कँपकँपी-सी होने लगी। पहले बीसियों बार भी उसने छुआ था। मगर इस प्रकार की झनझनाहट कभी नहीं हुई थी।

"बस कर अब।" मैंने कहा, हालाँकि दिल चाहता था, वह इसी प्रकार माथा दबाता रहे।

अब जब वह खेती चला जाता, मैं उसकी प्रतीक्षा करती रहती। माँ धोने वाले कपड़े इकट्ठे कर रही थी। किली से कपड़े उतारने लगी तो देखा, मेरी कुरती पर मोहने का कुरता था। शाम को जब मोहना आया तो वह कहने लगी, "तू बेटा डंगरों की तरफ लेट जाया कर। रात को कई बार डंगर-पशु खुल जाता है।"

वह तो बातों-बातों में मुझे भी समझाने लगती। "जवान भाई-बहन को एक छत के नीचे नहीं सोना चाहिए। बल्ली टूटकर गिर जाती है।"

मैं हँसकर कहती, "लो अपने यहाँ तो डाटें लगी हुई हैं।"

मगर बात माँ पर डाट गिरने वाली ही हो गयी थी। मुझ पर तो गिर ही पड़ी थी। मोहने की मिन्नतें की, मुझे लेकर कहीं भाग चल। वह हूँ-हाँ करता रहा। फिर रात को ही कहीं भाग गया। उसके भाग जाने पर मेरा दिल करे, उसी प्रकार चूड़ियों वाली कलाई दीवार पर मार तोड़ दूँ जैसे केसर के बापू के मरने पर तोड़ी

थी। रोयी-पीटी। सिर में राख डलवा ली। राख तो अपने सिर में मैंने खुद ही डाल ली थी या फिर मोहना डाल गया था। सारी रात रोती रही। तब भी मरने को जी चाहा था। मगर मरा नहीं गया था।

सुबह माँ ने चरखा रख दिया। पूनियों से भरी टोकरी ले आयी। मैं ऐसे ही चरखा घुमा रही थी। तान तो टूटी पड़ी थी। मुसला पता नहीं कहाँ भाग गया।

जब माँ ने पूछा, "क्यों बेटा, तबीयत ठीक नहीं?"

मेरी सिसकी निकल गयी। अब कुछ छिपा भी कैसे रह सकता था। मैंने सब कुछ बक दिया। "मैं चरखा उलटा घुमा बैठी माँ।" वह ऐसे बैठ गयी जैसे उसका सब कुछ लुट गया हो। फिर उसने मुझे कलमुँही, कलजोगन, पापिन, कमीनी, कुत्ती और पता नहीं क्या-क्या कहा। उसी समय ओड-पोड करने लगी। शहर के वैद से दवा ला, काढ़ा बनाकर दिया। मैंने आँख बचा कर गिरा दिया। किशमिश, छुआरे, खोया और कई कुछ खाने को दिया। मैंने खाने से इनकार कर दिया। वह मेरे साथ लड़ने लगी,

"कुत्तिया, तेरे पेट में कीड़ा है, कमजात साँप।"

"यह मेरी रग का टुकड़ा है। मैं इसे नहीं मारूँगी, मुझे बेशक मार दे।" जब मैंने सौ की एक सुना दी तो वह लड़ते-लड़ते मिन्नतें करने लगी, "बेटी मेरी लाज रख ले। मेरी लाज रख ले। बेटे, आदमी का कोई दीन-धर्म भी होता है, यदि भाई-बहन सम्बन्ध बनाकर बच्चे जनने लगे तो दुनिया ग़रक हो जायेगी।"

परन्तु मैंने तो पत्थर की लकीर ही खींच दी थी। मुझमें इतनी शक्ति मालूम नहीं कहाँ से आ गयी थी। मैं अन्य औरतों की तरह घुट-घुटकर मरना नहीं चाहती थी। मेरा मन चाहता था, बेशक कोई मुझसे सारी ज़मीन-जायदाद, सारे सुख ले ले, मगर मुझे माँ कहकर पुकारने वाला कोई हो। बच्चे की किलकारी सुनने को मेरे कान तरस रहे थे।

सारी रात मैं और माँ जैसे शूलों भरी सेज़ पर पड़ी रही। सुबह उसने पेट पर पूनियों भरा 'गलोडा' बाँधा हुआ था। वह हर एक को बताने लगी, "मैंने तो तारों के लिए ऐसा किया इसी के लिए भगवान से माँगा। भगवान कोई ढंग की चीज़ दे दे अब मैं तो इसे इसी की झोली में डाल दूँगी। इसका दुःख मुझसे देखा नहीं जाता। बेचारी की जड़ लग जायेगी।"

मैं 'बड़ी माता' निकले होने का बहाना कर कपड़ा लपेट अन्दर ही लेटी रहती। इसकी खातिर आठ महीने ज़ेल जैसी सज़ा काटी।

वह रात भी आज की रात की तरह डरावनी थी। जब मुझे 'जन्म पीड़ा' उठी परन्तु मैंने हिम्मत नहीं हारी। माँ शहर जाने के लिए अँधेरे का इन्तज़ार करने लगी। आह। ये 'जखाणी' बसें कहाँ होती थीं। मुँह झाखरे हम माँ-बेटी शहर को चल दी। जहाँ अब 'जीरी' लगती है, वहाँ ऊँचे-ऊँचे टीले होते थे। टीलों के रास्ते

में निपूत्ती पगडंडी ही खो गयी। दर्द ने बेहाल कर दिया। पाँव आगे रखूँ तो पीछे पड़े। माँ सहारा देकर चले, "हिम्मत कर, कदम बढ़ा ले बेटी, नहीं तो मर जायेगी इस बियाबान में।"

"अच्छा ही होगा....मगर इसे बचा लेना माँ।" मैंने कहा

"इसे तो मैं ज़हर की चुटकी चटाऊँगी।" वह खीझते हुए बोली।

दर्द के कारण मेरी जान पर बन आयी थी। मैं रेत को मुट्ठियों में भींच रही थी। सूखी रेत मुट्ठियों में से फिसलती जा रही थी। मेरी चीखें बन्द हो गयीं। इसकी टाँय-टाँय शुरू हो गयी। लहू साफ करने के लिए हमारे पास कोई कपड़ा नहीं था। मालूम नहीं कितना खून रेत पर गिरा। माँ ने अपने पेट से कपड़ा खोल कर उसमें मांस के इस लोथड़े को रख दिया। मेरे अन्दर से जैसे कलेजे को किसी ने मुट्ठी में भींच लिया। इसे उठाकर छाती से लगा लिया। माँ सिर पकड़ कितनी ही देर पता नहीं क्या सोचती रही। फिर उसने मुझे सहारा देकर खड़ा किया। सुबह होने से पहले ही हम घर वापस आ गयी।

वाहेगुरु.....सतिनाम....वाहेगुरु....

बाहर बिल्ली रो रही थी। नासपीटे की जान निकाल लेनी चाहिए थी। एकदम बच्चों की तरह रोती है। इसके बंलूगड़े पता नहीं कहाँ चले गये। यह बलूंगड़े लेकर सात छतें फाँदती है। ना रो नासपीटी मैं भी रो रही हूँ, कुपुत्रों पर कैसा मान। कितनी मुश्किलों से इसे पाला। मोहने के उजड़ जाने के बाद एक नौकर रख लिया, दो हलों की खेती की। डंगर-पशुओं संग पशु हुई। मिट्टी संग मिट्टी हुई। यह सब इसी के लिए किया तो ही ज़मीन बची। केसर अब उसी ज़मीन को थोड़ा-थोड़ा करके खाने लगा है। मैंने औरत होकर ज़मीन बचायी है। यह आदमी होकर नहीं बचा सकता।

केसर से कोई पूछे, मैंने भी खेती की है। गड्डे पर दाने मंडी ले जाते थे। तब भी गुज़ारा किया। अब ट्रालियाँ भर-भर ले जाता है। यदि कोई पूछे कि खेती के पैसे कहाँ जाते हैं तो कहेगा, "जहन्नुम में जाते हैं।"

जहन्नुम भी इन्होंने खुद बनाया है। सिर से अपनी जड़े खोदी हैं। मैंने कई बार समझाया, "पुत्र, जाट को लोहा, चूहड़े को गोबर मार देता है। मगर उसने मेरी एक न सुनी। कभी मेरे अँगूठे लगवा कर ट्रैक्टर का लोन करवा लियाँ कभी ट्राली का लोन, कभी खेत समतल करवाने का लोन, कभी खेत में मोटर लगवाने का लोन। गाँव वाली सोसायटी और जितने भी आस-पास के बैंक हैं, सभी के पैसे देने हैं। जाटों को इन्तज़ार होता है फसल के पकने का। यह मन्नत माँगता है, फसल न पके। जब फसल पक जाती है तो चारों ओर से कीड़े निकल कुलबुलाने लगते हैं, इनके शरीर से चिपट जाते हैं। फिर कहेगा, "मैं तो तंग आ गया हूँ। मेरी साँस निकलती जाती है।"

मैं कहती रही, “बेटा, ट्रैक्टर न ले।”

“क्यूँ न लूँ। अब बैलों से खेती का ज़माना नहीं रहा। लोग पागल हैं जो ट्रैक्टरों पर चढ़े घूमते हैं?”

अब जब मैंने इसकी भलाई के खातिर अँगूठा लगाने से मना कर दिया, तो मेरी जान का दुश्मन बनता घूमता है।

मैंने इसे बेहद समझाया। गोल्डी को बाहर के मुल्ख न भेज। इधर कौन-सा काम का घाटा है। बहू की दो लड़कियाँ ही हैं, भगवान उसे कोई अच्छी चीज़ देगा। फिर बेशक जाकर बाहर मुलखों की सैर कर आता। गोल्डी पढ़ा-लिखा काफी था। वो एम.ए.बी.ए. करे बैठा था। सोलह बरस पढ़कर मिले कागज़ उसने मेरे सामने गुस्से में चूल्हे में जला दिये थे। कहता, “मैं तो हार गया, नौकरी तो मिलती नहीं। अपने देश में अब मुश्किल है।” फिर बाहर के मुल्क चला गया। कहते हैं, अभी रास्ते में ही है। एजेंट लाखों रुपये और माँगता है जैसे लाखों रुपये झाड़ पर लगते हों। अब तो नौकर-कामें भी लाखों रुपयों से नीचे की बात नहीं करते। हमारे समय में तो लाखों रुपयों की बात या तो झूठे की ज़बान पर होता था या सरकारी खज़ाने में।

वाहेगुरु....सतिनाम....वाहेगुरु....वाहेगुरु

बाहर एकदम चुपचाप है। चुप्पी से मुझे बहुत डर लगता है। बसते घर में चुपचाप हो। मेरा दम घुटने लगता है। इसीलिए अकेले बैठे बोलती जाती हूँ या वाहेगुरु की माला फेरती जाती हूँ। गोल्डी की बहू कहती है, “बेबे, तेरी जबान बन्द नहीं होती। लोगों के घर जाकर हमारी चुगली करके आती है।”

भला मैं कोई पागल हूँ जो अपना कपड़ा उठाकर लोगों को पेट दिखाती फ़िरूँ? मैं तो इस उम्र में जब टाँगे मार तक नहीं उठाती। मैं अपने मन में कितना भार उठाये घूम रही हूँ। फैशन-मारी के मायके की बातें सुनकर किसी ने क्या करना है। उनकी बातें तो कौए, कुत्ते भी नहीं खाते।

नासपीटों को कोई शर्म न हया। नंगे सिर अधनंगी-सी मेम बनी आँगन में घूमती फिरती है। सारी दिहाड़ी टी.वी. के सामने बैठी नाटक देखती रहेगी। कभी वी.सी.आर चला लेगी। ये टी.वी., वी.सी.आर बीमारियाँ हैं नये जमाने की। टी.वी. की बीमारी का दुनिया में कोई इलाज नहीं। वी.सी.आर का डसा पानी भी नहीं माँगता। यह टब्बर चाहता ही कब है कि मैं लम्बी उम्र भोगकर मरूँ। मेरी दरी फटी हुई थी। मैंने फैशन-मारी से कहा, “बहू, नयी दरी निकाल दे।” तो दाँत निकालते हुए कहने लगी, “इसी से काम चला ले मॉम, नयी दरी तेरे बाद जमादार ने ही लेकर जानी है।”

निपूती, जरा-सा सुख नहीं लेने देती। कोई पूछे इससे मैं भला तुम्हारा क्या खाती हूँ। बाहर मैं कुछ नहीं फेंकती। लुच्ची-बदमाश मैं नहीं। अभी भी कई बार कंडे लगा आती हूँ। बैठे-बैठे बर्तन माँज देती हूँ। दरवाज़े से कुत्ता-बिल्ली अन्दर

नहीं आने देती। रोटी खुद डालकर खा लेती हूँ। कपड़ा नहीं लेकर देना, ना लेकर दे, मगर इस तरह दुत्कारे तो नहीं। कमी-बेशी तो चलो जीते-जी लगी रहती है। इस तरह से खून तो सफेद नहीं हो जाते। इन नासपीटों की सतायी पड़ी हूँ।

एक दिन मन बहुत ही दुःखी हो गया। इस प्रकार तिल-तिल मरने से तो आदमी मर जाये अच्छा। शहर से ज़हर ले आयी। उसमें से थोड़ा-सा गिलास में घोल लिया, मगर पीने की हिम्मत नहीं पड़ी। गिरा दिया। वह बाकी बची पुड़िया अभी भी मेरे सिरहाने पड़ी है।

बाहर कुत्ते रोते जा रहे हैं। बुरा होता है। इन्हें यमदूत दिखायी देते हैं। हे सच्चे पातशाह! सुख रखी। ये नासपीटे कागज़ भी फड़कते जा रहे हैं। पेशाब का ज़ोर पड़ा हुआ है। पानी के लिए जीभ तालू से लगी पड़ी है। अगर बाहर न निकली तो अन्दर ही मर जाऊँगी। फिर पानी-पानी कहकर पुकारा करूँगी। अन्दर मरने से बाहर पड़ी अच्छी हूँ। हो सकता है, केसर ने फ्रिज में पड़ी शराब पी ली हो। 'गर शराब पी ली तो बाबा ने इसके मन में सुमति डाल देनी है। धीरे-धीरे दरवाज़ा खोला। फ्रिज की ओर चल दी। केसर की ओर देखा, वह गहरी नींद में सोया पड़ा था। खाली बोतल देखकर मन को चैन-सा आ गया। फ्रिज से निकाल पानी पिया। पेट आफरने लगा। पेशाब करने बैठी, मगर आया ही नहीं। फिर और पानी पिया।

पता नहीं कौन-सी शक्ति खींचकर केसर के पास ले गयी। शायद खाली बोतल देखकर मन से डर निकल गया था। वह गहरी नींद में सोया पड़ा था। मगर पहले की तरह खर्राटें नहीं मार रहा था। उसका मासूम चेहरा बड़ा प्यारा-सा लगा। पता नहीं नासपीटे में शैतान कहाँ से घुस जाता है। उसके माथे पर हाथ रखा। एकदम ठंडा। मेरी नब्ज़ रुकने लगी। पेशाब को ज़ोर पड़ा सिर को चक्कर आने लगे, जैसे ब्लड घटने या बढने पर आते हैं। मेरे अन्दर से घुटी-घुटी-सी चीखें निकलने लगीं। यह मैं क्या कर बैठी। कहीं सिरहाने पड़ी राख की बजाय ज़हर तो नहीं डाल बैठी। जिसे सारी दुनिया से लड़कर लिया था, जिसकी किलकारी सुनने के लिए....मैं सब कुछ कुर्बान करने को तैयार थी, उसे ही मार बैठी। टाँगों ने जवाब दे दिया। मैं उसी जगह पर बैठ गयी। अन्दर से चीखें निकलने लगीं।

उसने करवट ली। वह बुदबुदा रहा था। कानों पे जोर देकर उसकी बुदबुदाहट सुनी। पता नहीं शराबी हुआ क्या ऊल-जलूल बोल रहा था। मुझे लगा जैसे कह रहा हो, "यह साला मोहना कौन था?" हाय रब्बा! अब मेरी खैर नहीं। इसे मुसले के बारे में भी पता लग गया। दिल तेज़ी से धड़कने लगा।

जल्दी-जल्दी में कमरे की ओर चल दी। दहलीज़ पर ठोकर खा गिर पड़ी। तेज़ी से धड़कते दिल में बुरा-सा खयाल आया, "शराब में राख की बजाय ज़हर क्यों न डाल दिया।"

वाहे गुरु....सतिनाम....वाहेगुरु.....वाहेगुरु

लेखकों से जान-पहचान

1. **बलवन्त गार्गी**

   पंजाबी के सुप्रसिद्ध नाटककार रंगमंचकर्मी अन्तर्राष्ट्रीय ख्याति प्राप्त, साहित्य-अकादेमी से सम्मानित। नाटकों के अलावा इनके द्वारा लिखे शब्द-चित्र बेहद चर्चित रहे। अनेक कहानियों की रचना। (स्वर्गवासी)

2. **प्रेम प्रकाश** (1932)

   आधुनिक पंजाबी कहानी में स्त्री-मर्द के सम्बन्धों को एक अन्तर्दृष्टि और स्पष्टता से बयान करने वाले चर्चित कहानीकार। इनकी कहानियों में हिन्दू-ग्रन्थों, पुराणों तथा मिथकों से सम्बन्धित अनेक विवरण मिलते हैं। लम्बे अर्से तक 'लकीर' त्रैमासिक का सम्पादन। साहित्य अकादेमी पुरस्कार से सम्मानित। **कहानी संग्रह**–नमाजी प्रेम कहानियाँ, कुछ अनकहा भी, श्वेताम्बर ने कहा था, कथा अनन्त, सुनता है खलीफ़ा। नये लेखकों को प्रोत्साहित करने वाले इस लेखक ने अनेक पुस्तकों का अनुवाद तथा सम्पादन भी किया है।

   पता–593, मोता सिंह नगर, जालन्धर-144001

   फोन–0181-2231941

3. **इकबाल दीप**

   साहित्य की विभिन्न विधाओं में रचना करने वाले लेखक। काव्य, उपन्यास, लघु कथाएँ तथा कहानियों की रचना।–

   कहानी-संग्रह–नमक की डली, रूह का द्वार

   पता–W/600/2A, गली न. 19, शिव नगर, नयी दिल्ली-56

   फोन–25510759

4. **सुखवन्त कौर मान** (1937)

   स्त्री-लेखक के रुदन और विमर्श से परे पंजाब के मध्यमवर्गी किसानों के जीवन तथा समस्याओं को पैनी और सूक्ष्म दृष्टि से प्रकट करने वाली लोकप्रिय कहानीकार।

   कहानी संग्रह–भखड़े के फूल, इसके बावजूद, मोह-मिट्टी, चादर के नीचे वाली आदमी, मनमत्तियाँ, मकड़ियाँ।

पता–2398, फेज-10, मुहाली
फोन–0172-212475

5. **कृपाल कज़्ज़ाक (1943)**

वरिष्ठ लेखक, पत्रकार, दलित/सामाजिक/मिथक सन्दर्भों से सम्बन्धित अनेक निबन्ध तथा लेख, विभिन्न पत्र-पत्रिकाओं में प्रकाशित।

कहानी-संग्रह–काला इतमु सूरजमुखी पूछते हैं, आधा पुल और हुमंस।

पता–2687, फेज-II, अरबन एस्टेट, पटियाला-147002
मो.–09872644428

6. **जोगिन्दर सिंह निराला (1945)**

पंजाबी कहानी पर अच्छी पकड़ रखने वाले आलोचक तथा कहानीकार।

कहानी संग्रह–परिस्थितियाँ, नायक की खोज, सन्ताप, शुतुर्मुर्ग, उत्तरकथा, शुतुर्मुर्ग की वापसी। आलोचना की पुस्तकें तथा विभिन्न लेखकों से की गयी मुलाकातें सराहनीय।

पता–बी II/747, साहित्य मार्ग, बरनाला, (संगरूर)-148101
फोन–01679-231364
मो.–09892161644

7. **गुरपाल सिंह लिट्ट (1947)**

पंजाबी कहानी–जगत् में अपने कुछ विषयों और अन्तर्मन में उतरने वाली कहानियों से चर्चित कहानीकार।

कहानी संग्रह–मुट्ठी से फिसलता मरुस्थल, जब भी चाहे माँ, कुछ सलीबो के संग, अल्फ नंगी ज़िन्दगी, एक हादसा इत्यादि।

8. **हरजीत अटवाल (1952)**

कहानीकार, उपन्यासकार इंग्लैंड निवासी लेखक, जिसने अपनी रचनाओं में यूरोपियन तथा भारतीय दोनों जीवन-पद्धतियों का सुयोग्य मेल प्रस्तुत किया। त्रैमासिक 'शब्द' का सम्पादन।

कहानी संग्रह–सूखा पत्ता तथा हवा, माला लल्लू, साँपों का घर ब्रितानिया, कुएँ वाला घर, एक सच मेरा भी।

पता–67, Hillside Road, Southall, middlesex, England UBI 2PE
फोन–020-85780393
मो.–07782-265726

9. **रशिपन्दर रश्म**

कुछ उत्कृष्ट कहानियों की रचना, एक उपन्यास।

कहानी संग्रह–अंजीर का वृक्ष, औरत मन की मर्द

पता–ए-16, अमृत तारा यारी रोड, मुम्बई-400061
मो.–09833168840

10. **जिन्दर (1952)**

पंजाबी कहानी में अन्तर्द्वन्द्व की परतें उधेड़ने और मन में बँधी गाँठों की जकड़न को बयान करने वाला चर्चित कहानीकार। 'शब्द' त्रैमासिक के सम्पादन से जुड़ा।

कहानी-संग्रह–मैं कहानी और वह, आप नहीं समझ सकते, नहीं मैं नहीं, बिना वजह तो नहीं, ज़ख्म। अनेक लेखकों के शब्दचित्र तथा मुलाकातें चर्चित।

पता–984 माडल हाऊस, सुरिन्दर वेल्डिंग के नज़दीक, जालन्धर-144003

मो.–09814803254, 08146076742

11. **तलविन्दर सिंह (1955)**

पंजाबी में नवीन शैली और गम्भीर लेखनी के कारण लोकप्रिय कहानीकार। दो उपन्यासकारों की रचना, पाकिस्तानी पंजाबी साहित्य को शहमुखी से गुरुमुखी में लिप्यन्तर कर अनेक पुस्तकों का सम्पादन।

कहानी-संग्रह–रात चाँदनी, नायक की मौत, अन्दर की औरत, यह भी इस बार।

पता–61, फ्रैंड्स कालोनी, मजीठा रोड, अमृतसर-143001

फोन–0183-2422571, मो.–09872178035

12. **बलबीर परवाना (1955)**

वामपन्थी विचारधारा से सम्बन्धित पत्रकार तथा विविध विधाओं में लिखने वाला लेखक। अनेक काव्यसंग्रह, नावलिट, उपन्यासों तथा कहानियों की रचना के साथ अनुवाद-कार्य और नक्सलवाद से सम्बन्धित खोज-कार्य। पंजाबी दैनिक पत्र 'नवाँ ज़माना' में साहित्य सम्पादक।

कहानी संग्रह–गाथा एक गाँव की, धुआँ, अचानक सामने।

पता–दैनिक नवाँ ज़माना, नेहरु गार्डन रोड, जालंधर-144001

फोन–0181-2236845

13. **सुखजीत (1960)**

पंजाबी कहानी में खासे चर्चित कहानीकार। लिखने की रफ्तार काफी कम।

कहानी संग्रह–अन्तरा, मैं रेप को इन्ज्वाय करती हूँ।

पता–गुरों कालोनी, माछीवाड़ा, लुधियाना।

मो.–098158 96399

14. **सरूप स्यालवी**

दलित समस्याओं तथा मिथकों/पुराणों को समाहित कर रचना करने वाला कहानीकार।

कहानी-संग्रह–गाँव अभी जीवित है, अँधेरे के वासी

पता–गाँव माजरी, डाकखाना सिलबा (Sialba), जिला मुहाली-140110

15. **वीना वर्मा** (1960)

पंजाबी में स्त्री-मर्द सम्बन्धों पर बोल्ड होकर लिखने वाली इंग्लैंड निवासी लेखिका।

कहानी संग्रह–खरीदी हुई औरत, फिरंगियों की बहू, जोगियों की बेटी।

16. **सुरिन्दर नीर** (1966)

तेजी से उभरने वाली जम्मू-कश्मीर की आंचलिकता के रस्मों-रिवाज, महक और भाषा को समेटने वाली लेखिका।

कहानी-संग्रह–दस्तक की आहट, खुल जा सिम-सिम। दो उपन्यास काफी चर्चित हुए।

पता–बाबा दीपईंग नगर, शहीद पेट्रोल पम्प के पीछे, कुंजवानी, जम्मू-180010

मो.–09622006304

17. **भगवन्त रसूलपुरी** (1968)

दलित-चेतना और अन्तर्द्वन्द्वों से घिरी-लिपटी जटिल रचना करने वाला युवा कहानीकार। त्रैमासिक 'कहानी धारा' का सम्पादक।

कहानी संग्रह–मैं, शैतान तथा इन्दूमणी, तीसरा नेत्र, मरण रुत

पता–गाँव धर्मपुरा, डाकखाना खंबरा, जिला-जालन्धर-144026

मो.–09417064350

18. **जतिन्दर हाँस** (1971)

पंजाबी युवा चर्चित कहानीकार

कहानी संग्रह–पाए से बँधा हुआ काल, ईश्वर का जन्म।

पता–गाँव अलूणा तोला, डाकखाना अलूणा पलाह, जिला लुधियाना-141414

मो.–09463352107

□□